AF551284

SECRET PLACES
ALPEN

Traumhafte Orte abseits des Trubels

Georg Weindl
SECRET PLACES
ALPEN
Traumhafte Orte
abseits des Trubels
BRUCKMANN

INHALTSVERZEICHNIS

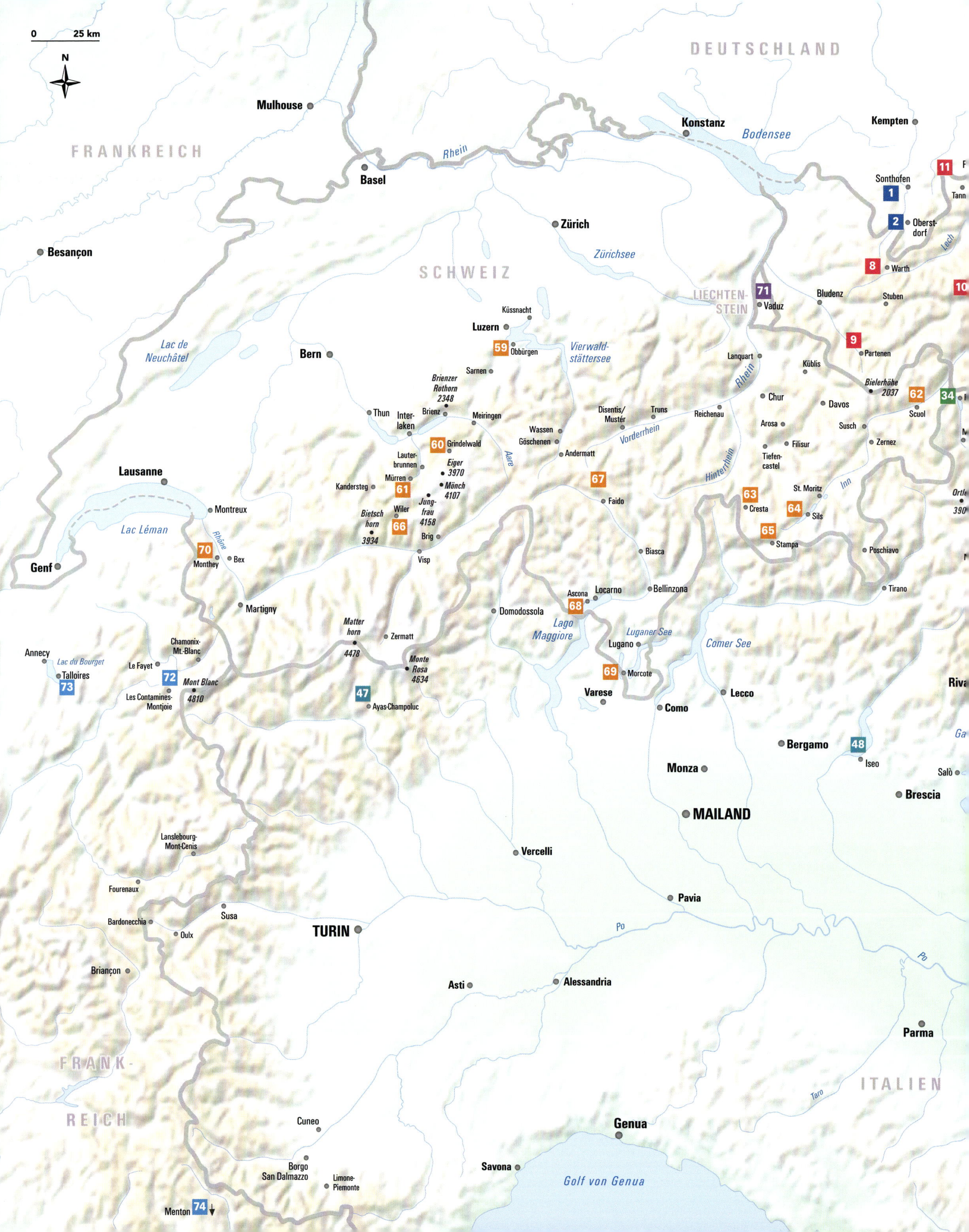

0 25 km
N
DEUTSCHLAND
FRANKREICH
SCHWEIZ
LIECHTENSTEIN
ITALIEN
FRANKREICH
Mulhouse
Basel
Rhein
Konstanz
Bodensee
Kempten
Sonthofen
Oberstdorf
Tann
Lech
Warth
Bludenz
Stuben
Partenen
Zürich
Zürichsee
Besançon
Vaduz
Küssnacht
Luzern
Obbürgen
Vierwaldstättersee
Lac de Neuchâtel
Bern
Sarnen
Brienzer Rothorn 2348
Brienz
Thun
Interlaken
Meiringen
Grindelwald
Aare
Lauterbrunnen
Eiger 3970
Mönch 4107
Mürren
Kandersteg
Jungfrau 4158
Wiler
Bietschhorn 3934
Brig
Visp
Lanquart
Küblis
Rhein
Bielerhöhe 2037
Scuol
Chur
Davos
Disentis/Mustér
Truns
Reichenau
Wassen
Göschenen
Andermatt
Vorderrhein
Arosa
Filisur
Susch
Zernez
Tiefencastel
Hinterrhein
Faido
St. Moritz
Inn
Cresta
Sils
Stampa
Poschiavo
Tirano
Biasca
Bellinzona
Locarno
Ascona
Lausanne
Montreux
Lac Léman
Rhône
Genf
Monthey
Bex
Martigny
Domodossola
Lago Maggiore
Luganer See
Lugano
Comer See
Morcote
Varese
Como
Lecco
Matterhorn 4478
Zermatt
Monte Rosa 4634
Ayas-Champoluc
Annecy
Lac du Bourget
Talloires
Chamonix-Mt.-Blanc
Le Fayet
Mont Blanc 4810
Les Contamines-Montjoie
Bergamo
Iseo
Monza
Salò
Brescia
MAILAND
Riva
Lanslebourg-Mont-Cenis
Vercelli
Fourenaux
Pavia
Susa
Bardonecchia
Oulx
TURIN
Po
Briançon
Asti
Alessandria
Parma
Taro
Cuneo
Genua
Borgo San Dalmazzo
Limone-Piemonte
Savona
Golf von Genua
Menton
1
2
8
9
10
11
34
47
48
59
60
61
62
63
64
65
66
67
68
69
70
71
72
73
74

ÖSTERREICH
ITALIEN
SLOWENIEN
KROATIEN
Golf von Venedig
Salzburg
Innsbruck
Klagenfurt
Villach
Bozen
Trient
Udine
Ljubljana
Triest
Treviso
V. Mestre
Venedig
Padua
Verona
Mantua
Ferrara
Bologna
Ravenna
Rijeka
Rosenheim
Bad Tölz
Garmisch-Partenkirchen
Zugspitze 2962
Wendelstein 1838
Kufstein
Wörgl
Traunstein
Inzell
Bad Reichenhall
Berchtesgaden
Hallein
Ramsau
St. Pantaleon
Gmunden
Ebensee
Bad Ischl
Bad Goisern
Hallstatt
Bad Aussee
Liezen
Leoben
Judenburg
Murau
Spittal a. d. Drau
Lienz
Bruneck
Brixen
Meran
Cortina d'Ampezzo
Sappada
Sauris
Venzone
Bovec
Triglav 2864
Jesenice
Bled
Gorizia
Monfalcone
Grado
Jesolo
Chioggia
Asiago
Torbole

SECRET PLACES ALPEN

ALPINE GEHEIMNISSE

Die Alpen sind voller überraschender Secret Places. Platz dafür gibt es auf 190 000 Quadratkilometern mehr als genug. Gerade weil sich kreative Menschen gerne in die Berge zurückziehen, entsteht dort oft Erstaunliches, egal ob Hütten, Hotels oder anderwertige kunstvolle Einrichtungen. Manches liegt abgelegen, anderes oft nur ein paar Meter oder Kilometer abseits des Weges.

Wer in die Alpen fährt, folgt meistens bekannten Wegen und steuert dann beliebte und entsprechend frequentierte Plätze an. Dafür gibt es auch gute Gründe. Die Infrastruktur ist dort in der Regel gut ausgebaut und es gibt genügend Quartiere und Lokale zum Einkehren. Charme und individuelles Erlebnis bleiben da oft auf der Strecke. Andererseits scheuen viele Bergliebhaber das Risiko, denn das kann, wenn es nicht so klappt wie geplant, auch ungemütlich werden. Einmal falsch abgebogen, landet man irgendwo in der finsteren Einsamkeit oder vor dem Misthaufen eines wenig begeisterten Bergbauern.
Aber eigentlich sehnen wir uns doch alle nach den Geheimtipps, nach dem bezaubernden kleinen Hotel, der romantischen Berghütte abseits des Trubels, nach einem Picknickplatz am Wasserfall. Und davon gibt es genügend. Die Alpen sind 190 000 Quadratkilometer groß. Dort leben 14 Millionen Menschen, womit nur 40 Prozent der Gesamtfläche ständig bewohnt sind. Es gibt also, rein theoretisch, noch sehr viel Platz für ruhige Orte, zu denen man sich vor dem Alltagstrubel

SELTEN HAT MAN DIE GELEGENHEIT, SOLCH EIN RUDEL STEINGEISSEN MIT KITZ ZU BEOBACHTEN.

flüchten kann. Die Alpen sind mit Secret Places reich gesegnet. Aber sie sind entweder so *secret*, dass sie wirklich nur Einheimische kennen oder sie sind, wenn es gastronomische Einrichtungen sind, mit Kundschaft so gut versorgt, dass sie Werbung nicht nötig haben.

Ruhe und Gelassenheit

Die Alpen sind eine sehr vielfältige Natur- und Kulturlandschaft. Oder pragmatischer ausgedrückt: Man kann hier sehr unterschiedliche Erfahrungen machen – von super-gestylt modern bis archaisch einfach und ohne Komfort. Es gibt Regionen, in denen es eigentlich wenig zu entdecken gibt und solche, die kaum bekannt und touristisch unbedeutend sind. Die bayrischen Alpen haben die höchste Bevölkerungsdichte aller Alpenregionen. Dank der leichten Erreichbarkeit aus den Metropolen ist hier vieles deutlich kommerzialisiert. Dann wiederum gibt es Regionen wie die italienischen Alpen nordwestlich von Turin entlang der französischen Grenze oder Gebiete im nördlichen Slowenien, die bisher wenig entdeckt sind. Dort schlummern noch viele authentische Schönheiten, die entdeckt werden wollen – oder vielleicht auch besser nicht. Auch in bekannteneren Regionen warten noch wahre Preziosen – selbst in Bayern. Das kann das kultige Berggasthaus in Kärnten sein, das sich oben an einem Berg versteckt, wo sich normalerweise kein Tourist hinverirrt; oder das Bergdorf im Friaul, das im Mittelalter von Tirol aus besiedelt wurde und wo man noch heute eine Art bairisch-tiroler Dialekt spricht und die Häuser aussehen wie in Tirol; oder das völlig abgelegene Hochtal im Trentino, wo idealistische Kunstliebhaber ein Gelände in einen raffinierten, avantgardistischen Kunstpark verwandelt haben, den garantiert noch nie ein Mensch per Zufall gefunden hat.

Keine Frage, es befinden sich noch viele Kostbarkeiten in den Bergen. Wer sie nicht nur finden, sondern auch wirklich genießen will, der sollte sich von jeglicher Hektik und Ungeduld befreien und eine gelassene Neugier entwickeln. Es kann nicht schaden, wenn man unterwegs im Auto einfach Fahrzeiten und Termine ignoriert, entspannt durch die Gegend fährt und den Blick auch auf die Seite streifen lässt und dabei auch mal einen Stopp einlegt, wenn man etwas Interessantes erblickt hat. Oder man gönnt sich eine kleine Kaffeepause in einem Dorf, geht ein wenig spazieren und studiert die Umgebung. Das kann im positiven Sinne zur Sucht werden. Das Reisen bekommt eine neue Qualität, weil man den Stress ablegt und das sonst so lästige Hin- und Zurückfahren zum Erlebnis wird. Nur so macht Reisen wirklich Spaß – und nur so entdeckt man unbekannte Schönheiten.
In diesem Buch werden 76 Secret Places vorgestellt, die sehr unterschiedlich sind. Das sollen sie auch sein, um möglichst viele Geschmäcker anzusprechen und den unterschiedlichen Stimmungslagen zu entsprechen.

BAYERN

BLICK ÜBER DAS VORALPENLAND MIT DEN ALLGÄUER ALPEN IM HINTERGRUND.

ALPENCHALET WIELENBERG – INDIVIDUELL & EXKLUSIV

LUXUS AUF DEM LAND

Seine eigene Villa mitten in der Natur in den Allgäuer Bergen – diesen exklusiven Wunsch erfüllt das Sonnenalp Resort in Ofterschwang. Wer abseits vom geschäftigen Hotelbetrieb individuellen Charme sucht, ist hier an der richtigen Stelle.

Zuweilen gelingt es leichter, als man glaubt, sich einen Traum zu erfüllen. Ein gediegenes Landhaus im Grünen mit dezentem Luxus und bestem Bergblick? Normalerweise ist dieser Luxus einem kleinen Kreis vorbehalten. Im Allgäu gibt es dieses Vergnügen auch auf Zeit. Das Sonnenalp Resort in Ofterschwang ist ein Traditionshotel, entstanden aus einem Bauernhof, und über mehrere Generationen gewachsen zu einem Fünfsternebetrieb mit umfangreichen Angeboten, von der Kulinarik bis hin zu Wellnesseinrichtungen auf Topniveau. 2018 wurden große Teile des Resorts inklusive der Zimmer und der Gastronomie renoviert. Auch die Chalets bekamen ein neues Interieur. Diese Alpenchalets in Wielenberg etwa 1,4 Kilometer abseits der Hotelanlage im Grünen bieten genau dieses Lebensgefühl, ohne die Nebenwirkungen eines Hotelbetriebs in privater und luxuriöser Atmosphäre zu logieren.

Moderner Lifestyle trifft auf Tradition

Die neu gestylten Alpenchalets wurden auf die Namen Gretl, Reserl und Roserl getauft – Mutter, Großmutter und Urgroßmutter von Hoteleigentümer Michael Fäßler. Bei der Neugestaltung der großzügigen, zweigeschossigen Wohneinheiten verbindet ein behutsames Designkonzept den alpin-traditionellen Chic der Sonnenalp mit der Leichtigkeit eines modernen Lifestyles. Zum Einsatz kommen vorwiegend Ma-

IM OFFENEN KAMIN LODERT DAS FEUER, DRAUSSEN LIEGT DER SCHNEE – GEMÜTLICHKEIT WIRD HIER GROSS GESCHRIEBEN.

terialien aus der Alpenregion, bearbeitet von erfahrenen Handwerkern aus der Region. Warmes Holz, hübsche Karomuster und Hirschmotive aus der Sonnenalp-Stoffkollektion, dazu gemütliche Ohrensessel und kuschelige Sofas verbreiten eine behagliche Wohnlichkeit. Der Charme ergibt sich auch aus dem Mix der ausgewählten Materialien: Zu Leinen und Baumwolle passen Decken aus Schurwolle oder Mohair.
Bis zu sechs Personen genießen in den Alpenchalets inmitten der herrlichen Allgäuer Natur die Vorzüge eines privaten Ferienhauses. 187 Quadratmeter misst jede Doppelhaushälfte und bietet drei Schlafzimmer mit XXL-Betten und zwei Badezimmern. Dazu können die Gäste nach Belieben alle Annehmlichkeiten des Resorts nutzen, etwa das überaus großzügige Wellnessareal mit Poollandschaft, Natur-Spa, einem eigens angelegten Bergsee und großzügigen Sonnen- und Yogadecks. Zudem lockt die vielfältige Kulinarikwelt mit Restaurants und Stuben für jeden Gusto. Und wer einmal keine Lust verspürt, morgens das Chalet zu verlassen, frühstückt im Pyjama in der gemütlichen Stube oder genießt auf der Terrasse im eigenen Garten den ersten Cappuccino des Tages mit Blick auf die Allgäuer Alpen. Interessante Details für Hundeliebhaber: Die Chalets sind mit Futter-»Minibar«, Hundedecken und Fressnäpfen ausgestattet.

Dinieren mit Stil

Wer nicht nur *Cocooning* praktizieren will, kann sich auch mit der vielfältigen Gastronomie beschäftigen. Neben dem Gourmetrestaurant »Silberdistel« mit Michelinstern stehen noch vier weitere Restaurants zur Wahl, darunter eine amerikanisch inspirierte Grillstube – besser und luxuriöser kann Landleben auf Zeit kaum sein. Das Vergnügen hat natürlich auch einen standesgemäßen Preis: Ab 452 Euro pro Person inklusive Halbpension mit 6-gängigem Abendessen ist man in Wielenberg dabei.

WELLNESS IM FREIEN UND VIELES MEHR

Zu den besonderen Qualitäten des Resorts gehört der Wellness-Park im Freien. Mit 16 000 Quadratmetern ist er der größte dieser Art im gesamten Alpenraum, umfasst einen Bergsee, sieben Pools, darunter einen Außenpool, Sprungpool, Sportpool, Naturpool, drei Whirlpools und einen weiteren Natursee. Dazu gibt es mehrere Sonnen- und Yogadecks. Für Erwachsene steht ein Natur-Spa mit Panoramasauna und eigenem Ruhebereich zur Verfügung. Teil des neuen Wellnessparks ist auch ein Naturspielplatz mit großzügiger Kletter-, Schaukel- und Rutschenanlage sowie zahlreichen Wasser- und Sandspielmöglichkeiten. Für Ausflüge in die Natur kann man sich einem Bergwanderführer und einem Landschaftsführer für spezielle Kräuterwanderungen anvertrauen.

WEITERE INFORMATIONEN

Sonnenalp Resort
Sonnenalp 1
D-87527 Ofterschwang
Tel. 0049 8321 2720
www.sonnenalpresort.de

2

GERSTRUBEN – EIN DORF WIE EINE ZEITREISE

EIN BERGDORF WIRD ZUM OPEN-AIR-MUSEUM

Rechts das Nebelhorn, links die Heini-Klopfer-Skiflugschanze – an Sehenswürdigkeiten mangelt es am Südostrand von Oberstdorf nicht. Wohl auch deshalb hat sich ein verstecktes Bergdorf nicht nur gut gehalten, sondern seine ungewöhnliche Authentizität in die Gegenwart gerettet.

Eine Bergwanderung wirkt zuweilen wie eine Zeitreise. Für den Weg von Oberstdorf hinauf nach Gerstruben trifft das geradezu perfekt zu. Der Weg beginnt erst einmal recht gemütlich, passiert die Talstation der Nebelhornbahn und folgt dem Trettachufer südwärts. So kommt man auf dem fast ebenen Weg hinein in das Trettachtal vorbei an den gerade erst für die nordischen Skiweltmeisterschaften renovierten Skisprungschanzen und dem Golfclub, bis es schließlich links mit etlichen Kurven recht steil bergauf geht. Vom Ortsrand von Oberstdorf sind es sechs Kilometer, bei 350 Höhenmetern muss man gut 1,5 Stunden rechnen, bis man das Ziel erreicht. Doch die Mühe lohnt sich allemal! Gerstruben ist eine archaische Siedlung aus alten Bergbauernhöfen auf 1150 Metern Höhe mit einer außergewöhnlichen Geschichte. Der Überlieferung nach soll das Dorf im 14. Jahrhundert von Walsern besiedelt worden sein. In seiner Blütezeit standen hier elf Gehöfte samt einer Kapelle. Heute sind es immer noch fünf Häuser, deren Geschichte bis ins 15. und 16. Jahrhundert zurückgeht, was man ihnen auch gut ansieht. Die denkmalgeschützten Bergbauernhöfe mit ihren massiven Steinfundamenten, Holztäfelungen und Schindeldächern wirken so solide, dass sie bestimmt noch etliche Jahrhunderte überstehen werden. Die einzige optische Ausnahme bildet links am Beginn der Siedlung das Gasthaus, ein vergleichsweise moderner Bau mit einer stattlichen Aussichtsterrasse.

IM HERBST, WENN SICH DAS LAUB VERFÄRBT UND DIE LUFT GANZ KLAR IST, IST HIER DIE BESTE ZEIT FÜR AUSGEDEHNTE WANDERUNGEN.

Alte Gemäuer voller Geschichte

Bis 1892 war Gerstruben ganzjährig bewohnt und einer der höchstgelegenen Orte Deutschlands. Dann sorgten jedoch die Pläne für den Bau eines Stausees dafür, dass die Bauern nach und nach ihre Anwesen verkauften und die Siedlung verließen. Aus dem Stauseeprojekt wurde allerdings nichts, und Gerstruben sollte schließlich in adeligen Besitz gelangen. Der Unternehmer Cornelius Wilhelm von Heyl zu Herrnsheim nutzte den Ort fortan als Jagdstation. Deshalb heißt das Haus Nummer 2 auch heute noch das Barone-Hüs. Seit 1953 ist es im Besitz der Oberstdorfer Rechtler, einer Vereinigung einheimischer Bauern, die über größeren Landbesitz verfügen und auch darauf schauen, dass Traditionen erhalten bleiben. So wurde z. B. die alte Sägemühle in Gerstruben restauriert. Die Oberstdorfer Rechtler besitzen insgesamt 5000 Hektar Fläche in und um Oberstdorf und sind neben der Gemeinde der größte Grundstückseigner vor Ort. Ihre Rechte gehen bis ins Mittelalter zurück. Die Organisation verwaltet heute 327 Anteile, die 271 Personen zugeordnet sind. Dafür, dass die Anteile zusammenbleiben, sorgt eine recht strenge Satzung. Anteilseigner müssen Grundbesitz im Ort haben. Früher waren die Rechte auf Häuser bezogen, heute sind es Personen, die den Besitz innerhalb der Familie vererben, verkaufen oder übergeben können.

Ein authentisches Bergbauerndorf

Das Besondere an Gerstruben ist, dass es sich hier ganz im Unterschied zu den zahlreichen nicht minder interessanten Bauernhausmuseen in Bayern um keine verpflanzten bzw. umgesiedelten Exponate und damit auch nicht um einen musealen Parcours handelt. Hier kann man das winzige pittoreske Bergbauerndorf tatsächlich so erleben, wie es immer war.

EINKEHREN WIE IN GUTEN ALTEN ZEITEN

Es ist das höchstgelegene Gebäude in Gerstruben und das einzige, das einigermaßen modern und zeitgemäß wirkt. Eine Pause im Berggasthaus Gerstruben hat man sich nicht nur wegen des recht steilen Weges verdient, die Einkehr bietet auch einen herrlichen Ausblick von der Terrasse. Drinnen wartet eine klassische Wirtshausstube inklusive Kachelofen. Stilgerecht – oder besser standesgemäß – ist auch die Küche, in der Wildspezialitäten eine Hauptrolle spielen, aber auch Vegetarisches angeboten wird. Außerdem gibt es Klassiker wie die Kässpatzen, Brotzeiten und hausgemachte Kuchen. Nur übernachten kann man hier leider nicht.

WEITERE INFORMATIONEN

Oberstdorf Tourist-Info
Prinzregenten-Platz 1
D-87561 Oberstdorf
Tel. 0049 8322 7000
www.oberstdorf.de

Berggasthaus Gerstrubenr
Gerstruben 1
87561 Oberstdorf
Tel. 0049 8322 8098364
www.berggasthof-gerstruben.net

SCHLOSS ELMAU – KÖNIGLICHE AUSFLÜGE

HIGH SOCIETY OHNE HEKTIK

Ein schmächtiges Bergtal im Werdenfelser Land mit erstaunlichen Qualitäten: Das Elmautal hat eine lange Tradition als Rückzugsgebiet für feingeistige und kunstsinnige Menschen. Dabei kann man es sich in einem der beiden Schlosshotels gutgehen lassen. Die Kunst – bis zu 200 Konzerte und Lesungen pro Jahr – gibt es Elmau noch oben drauf.

Es ist wie eine eigene Welt für sich mitten in den bayerischen Bergen. Allein die Anreise in das Elmautal zwischen Mittenwald und Garmisch-Partenkirchen ist ungewöhnlich. Durch den kleinen Ort Klais geht es weiter auf der schmalen Mautstraße in das Sacktal durch den Bergwald, bis sich zuerst rechts das Schloss Kranzbach und dann am Talschluss das Schloss Elmau auftun, zwei hochkarätige Fünfsternedomizile, jedes davon mit ungewöhnlicher Historie.

Wo einst der »Kini« logierte

Bis zu den Zeiten von König Ludwig II. war das schmächtige Tal eine Einsiedelei. Bekannt wurde es ab 1870, weil der König auf dem Weg zu seinem geliebten orientalischen Schachenhaus jeweils im Gut Elmau nächtigte. Gut vier Jahrzehnte später erwarb der Schriftsteller und Philosoph Johannes Müller das Gut und verwandelte es es in eine feine Kulturherberge mit vielseitigem Programm. Gleichzeitig ließ die britische Aristokratin Mary Portman auf der nahen Kranzbachwiese ein Schloss im Stil eines englischen Country House bauen, kam aber wegen des Ersten Weltkriegs nie dazu, dort auch zu logieren. Nach einer wechselvollen Geschichte als Freizeitheim für Kinder und Jugendliche und Drehort für Heimatfilme wurde es 2007 samt einem modernen Erweiterungsbau in ein Fünfsternehotel verwandelt, das sich auf Wellness und Gesundheitsangebote spezialisiert hat. Auch Schloss Elmau entwickelte sich weiter, wurde mit seinem hochkarätigen Kulturprogramm berühmt, nach einem Großbrand 2005 weitgehend neu aufgebaut und zu einem Luxusresort umgestaltet.

Gut erholt vom G7-Gipfel

Für Schlagzeilen sorgte das Tal 2015, als dort der groß inszenierte G7-Gipfel veranstaltet wurde, bei dem 20 000 Polizisten im Einsatz waren. Heute ist es wieder ruhig im Tal, das mit seiner Kombination aus Ruhe, Natur und Exklusivität wohl einzigartig im gesamten Alpenraum ist. Man muss hier auch nicht in die Welt von Glamour und Luxus eintauchen. Das Tal bietet vom Wanderparkplatz ganz hinten bezaubernde Exkursionen in die alpine Natur wie den Spaziergang zur idyllisch gelegenen Elmauer Alm nördlich der Talstraße, was man zu einer gemütlichen Rundwanderung erweitern kann. Oder man gönnt sich vom Parkplatz am Talschluss einen Ausflug hinüber Richtung Hintergraseck und weiter zum Eckbauer oberhalb Garmisch-Partenkirchen. Mountainbiker und E-Biker radeln hinunter zur Olympiasprungschanze und dann über Kaltenbrunn nach Klais und wieder zurück in das Elmautal. Ein Klassiker ist der lange und im oberen Bereich auch etwas steile Weg hinauf zum Schachenhaus, das König Ludwig wegen der phänomenalen Lage und des orientalischen Interieurs so sehr liebte. Vom Schloss Elmau zweigt eine breite Forststraße nach Südosten ab, auf der man zu den romantisch gelegenen Seen namens Ferchensee und Lautersee kommt. Dort gibt es auch Busverbindungen Richtung Mittenwald.

MALERISCH LIEGT SCHLOSS KRANZBACH ZWISCHEN SAFTIGEN BERGWIESEN UND DEN GIPFELN VON KARWENDEL UND WETTERSTEIN. DAS SCHLOSS WURDE 1915 VON DER BRITIN MARY ISABEL PORTMAN ERBAUT.

ALLEIN IM WALD

Das Elmautal zog schon immer außergewöhnliche Menschen an, Leute, die besondere Erlebnisse suchen. Das geht heute besser denn je. Wer etwa die absolute Ruhe sucht, wer Distanz zum stressigen Alltag haben und neue Kräfte sammeln will, ist hier genau richtig. Das Schloss Kranzbach hat seit einigen Jahren ein einsames Baumhaus mitten im Wald im Programm, das ganz aus Holz gebaut ist und perfekte Entspannung bietet. Dort gibt es auf 50 Quadratmetern Wohnfläche und 30 Quadratmetern Terrasse genügend Komfort und absolute Abgeschiedenheit. Die ideale Ergänzung dazu wäre die Waldtherapie rund um das nahe Meditationshaus, das ebenfalls einsam im Wald steht und das der japanische Architekt Kengo Kuma gestaltet hat. Zum Hotel mit Restaurant und üppigem Wellnessbereich sind es kaum mehr als eine Minute zu Fuß. Hin und wieder braucht man dann doch etwas Komfort und Zivilisation.

WEITERE INFORMATIONEN

Schloss Kranzbach
In Kranzbach 1
D-82493 Krün
Tel. 0049 8823 928000
www.daskranzbach.de

Schloss Elmau
D-82493 Elmau
Tel. 0049 8823 180
www.schloss-elmau.de

JACHENAU – ERHOLUNG IM TÖLZER LAND

VIEL SONNE UND NOCH MEHR TRADITION

Die Jachenau im Tölzer Land hätte gute Chancen, den Titel traditionsreichstes und ursprünglichstes Tal in den bayerischen Alpen zu ergattern. Kein Wunder, dass sich hier schon prominente Filmproduktionen verewigt haben.

Spektakuläre Errungenschaften sucht man hier vergebens – und das ist auch schon wieder etwas Besonderes. Wer von Lenggries kommend auf der Südseite des Braunecks in die Jachenau einbiegt, entdeckt ein Tal, das sich auf 15 Kilometern Länge ganz und gar bodenständig und traditionell präsentiert. Kleine Weiler liegen verträumt entlang der Straße, stattliche Bauernhöfe mit Lüftlmalereien erheben sich aus den saftigen Wiesen im Talgrund. Und dazu die Kulisse mit Brauneck und Benediktenwand im Norden, dem Staffel und dem Atlacher Hochkopf im Süden, dahinter das obere Isartal und das Karwendelgebirge – prominente Nachbarn, dabei mögen die Jachenauer den Trubel gar nicht.

Mit rund 900 Einwohnern ist die Jachenau die kleinste eigenständige Gemeinde Bayerns. Flächenmäßig gehört sie zu den ganz Großen mit über 128 Quadratkilometern. Umgerechnet sind das etwas mehr als sieben Menschen pro Quadratkilometer. Zum Vergleich: Der Bundesdurchschnitt liegt bei 233 pro Quadratkilometer. Platz gibt es also reichlich. Und jede Menge Sonne – nicht umsonst heißt die Jachenau auch das Sonnental. Beste Voraussetzungen, um sich ganz entspannt den Naturerlebnissen zu widmen und Bergwanderungen Richtung Hirschhörndlkopf, zur Rotwand oder Benediktenwand zu unternehmen. Ein gemütlicher Spaziergang führt zum kleinen Glasbach-Wasserfall (Badesachen nicht vergessen!) oder etwas weiter

Die Jachenau – nach dem Flüsschen Jachen benannt – vor der Kulisse des Herzogstands

entlang des Staffelbachs bis zur Pessenbacher Alm und im weiteren Verlauf zur Staffelalm.

Lernen von den Kräuterbauern

Eine interessante Erfahrung ist es, in der Jachenau den Bäuerinnen einen Besuch abzustatten, die sich den Bergkräutern verschrieben haben und Tees, Kräutersalze, Balsame und Kissen kredenzen. Solch regionale Spezialitäten inklusive eines kleinen Kräutergartens findet man übrigens auch am und im Dorfladen in Jachenau, dem Hauptort ganz hinten im Tal.
Im Sommer wird hier gewandert und geradelt, im Winter eignet sich die Jachenau als vortreffliches Langlaufrevier, das auch von Anfängern geschätzt wird, weil es hier ziemlich flach vorangeht.

Erholung fernab von Trubel und Lärm

In der ganzen Jachenau gibt es kein einziges größeres Hotel, sondern lediglich traditionelle Gastbetriebe, eine Handvoll Wirtshäuser und einige Privatvermieter. Und das war es dann auch schon. Wer die bayerischen Berge liebt und seine Ruhe haben will, ist hier genau richtig. Ein Vorzug der Jachenau ist zudem die Nähe zum Walchensee. Dort ist speziell an den Sommerwochenenden schon deutlich mehr los. Aber das stört kaum angesichts der soliden Entfernung von rund drei Kilometern auf der Mautstraße von der Ortschaft Jachenau durch den Wald bis zur Sachenbacher Bucht. Wer in Jachenau logiert, kann auch schnell für einen Badeausflug mit dem Rad auf der Straße durch den Wald zum See hinüberfahren. Und wenn einem der Trubel zu viel wird, was an Sommerwochenenden nicht ungewöhnlich ist, dann ist man rasch wieder zurück im herrlich ruhigen Tal.

EINE FILMGERECHTE KULISSE

Das Arrangement aus ursprünglichem Tal, hohen Bergen und einem nahen See, der an norwegische Fjorde erinnert, hat in der Filmbranche schon des öfteren die Fantasie beflügelt. Die Jachenau und der benachbarte Walchensee wurden bereits mehrmals zur Filmkulisse erkoren und das nicht etwa nur für bayerische Heimatfilme – ganz im Gegenteil. Da gab es schon in den späten 1950er-Jahren die amerikanische TV-Serie *Tales of Viking/The Bull* mit Christopher Lee. 2007 drehte Michael Herbig zusammen mit Joseph Vilsmaier den *Brandner Kaspar*. Ein Jahr später folgte die Verfilmung von *Wickie und die starken Männer*, wofür eigens ein Wikingerdorf direkt am Seeufer gebaut wurde. 2010 wurde hier die Fortsetzung *Wickie auf großer Fahrt* realisiert. Die Kulissen zusammen mit einer Ausstellung über die Wikinger kann man auch heute noch am See besichtigen.

WEITERE INFORMATIONEN

Gästeinformation Jachenau
Dorf 7 1/3
D-83676 Jachenau
Tel. 00490 8043 919891
www.jachenau.de

Tölzer Land Tourismus
Prof.-Max-Lange-Platz 1
D-83646 Bad Tölz
Tel. 0049 8041 505206
www.toelzer-land.de

5

KLOSTER REUTBERG – BRAUKUNST UND BADESPASS

KLOSTER REUTBERG: MEHR BAYRISCHE TRADITION GEHT NICHT

Im schönen Oberland, unweit von Tegernsee und oberem Isartal, versteckt sich ein bayerisches Kleinod inklusive Kloster, traditioneller Brauerei, gemütlichem Wirtshaus und Badesee.

Genau genommen liegt dieser Platz nicht in den Bergen, sondern knapp davor. Aber der Bergblick ist genial, und dazu gibt es keinen Ort weit und breit, der so viel bayerische Lebensart in sich vereint. Ein Hügel im Oberland, darauf ein altes Kloster, eine Brauerei und ein Wirtshaus dazu. Als Draufgabe der herrliche Blick über die Landschaft nach Süden bis zur Alpenkette. Kloster Reutberg gut 13 Kilometer nördlich von Bad Tölz ist ein Schmuckstück und – wie man sich denken kann – ein beliebtes Ausflugsziel. Gegründet wurde das Kloster 1618 als Kapuzinerinnenkloster von Johann und Anna von Papafava, den seinerzeitigen Hofmarksherren. Ab 1651 wurde es als Franziskanerinnenkloster geführt. Die barocke Klosterkirche steht dort seit 1735. Bis heute führen die Franziskanerinnen ein Leben in strenger Klausur. Eine gewisse Berühmtheit erlangte das Kloster durch die Ordensschwester Fidelis Weiß und ihre mystischen Erlebnisse, für die sie selig gesprochen wurde. Sie hat in der Klosterkirche ihre letzte Ruhestätte gefunden. Besichtigen kann man nur die Klosterkirche, die im 18. Jahrhundert neu gestaltet wurde.

Bayrische Braukunst und Gastlichkeit

Man findet hier alles, was zu einer echten bayerischen Landpartie passt. Oben auf dem Hügel das

Kloster, direkt daneben die sehr traditionsreiche und ein wenig altmodisch wirkende Brauerei, was aber bei Brauereien kein Nachteil sein muss. Schließlich wird hier vieles noch von Hand gemacht, wo anderswo Maschinen und Computer arbeiten. Zu diesem Arrangement gehört auch das Gasthaus direkt daneben mit seiner herrlichen Aussichtsterrasse und einem exzellenten Blick in die Berge. Drinnen erwartet einen eine klassische Gaststube mit Kachelofen, hübschem Mobiliar aus Holz inklusive des Klosterstüberls und Jagdstüberls. Die Küche ist klassisch bayerisch und recht regional ausgelegt, wie man es heute gerne hat und wie es gerade in solchen Gegenden naheliegend ist. Ausgeschenkt wird natürlich das Reutberger Bier.

NUR EINEN STEINWURF ENTFERNT VON KLOSTER REUTBERG LOCKT DER KIRCHSEE ZUM ERFRISCHENDEN BAD IM SOMMER ODER EISSPORT IM WINTER.

Badespaß und Langlaufeldorado

Aber nach Reutberg kommt man nicht nur zum Einkehren und wegen der schönen Aussicht. Im Sommer ist die Gegend nördlich von Bad Tölz ein idealer Ort für ausgedehnte Wanderungen und Radltouren. Man kann zum Beispiel den Besuch in Reutberg mit einer Tour auf dem Isarradweg kombinieren. Der nahe Kirchsee, der nur wenige hundert Meter entfernt liegt und bekannt für seine sehr gute Wasserqualität ist, ist im Sommer ein beliebter Badeplatz. Baden kann man allerdings nur am Nordufer und am Südufer. Letzteres ist nur zu Fuß erreichbar. Ansonsten steht der See unter Naturschutz. Sind es im Sommer Wanderer, Badegäste und Radler, kommen im Winter vor allem die Langläufer zu dieser Wallfahrtsstätte. Es gibt zwischen Bad Tölz und dem Kirchsee exzellente Langlaufloipen ohne große Höhenunterschiede. Und das lässt sich ja wiederum auch ganz gut mit einer Einkehr im Gasthaus verbinden.

EINE BRAUEREI UND 4500 BESITZER

Angefangen hat die Geschichte mit den Franziskanerinnen, die im Kloster harte Arbeit in der Landwirtschaft verrichten mussten und deshalb wohl nicht nur Wasser als Durstlöscher begehrten. So bekamen sie 1677 die Braukonzession. Seit 1924 ist die Brauerei in Händen einer Genossenschaft, die vom Pfarrer Alois Daisenberger gegründet wurde. Anfangs waren es 42 Mitglieder, heute sind es bereits über 5000. Da in Reutberg noch ganz traditionell gebraut wird, genießt das Bier, darunter vor allem das Dunkle und der zur Fastenzeit gebraute Josefibock, einen ausgezeichneten Ruf. Wer sich davon persönlich überzeugen will, hat im Büro im Innenhof Zugang zum aktuellen Sortiment und kann sich entsprechend eindecken.

WEITERE INFORMATIONEN

Tölzer Land Tourismus
Prof.-Max-Lange-Platz 1
D-83646 Bad Tölz
Tel. 0049 8041 505206
www.toelzer-land.de

Klosterbrauerei Reutberg
Am Reutberg 3
D-83679 Sachsenkam
Tel. 0049 8021 258
www.klosterbrauerei-reutberg.de

6

ADLGASS & FRILLENSEE – NATUR PUR

VERBORGENE SCHÖNHEITEN IM CHIEMGAU

Ein einstiges klösterliches Lehen, das heute Bilderbuchwirtshaus samt Biergarten ist, dazu ein verborgener See im Bergwald, der früher Schauplatz für winterlichen Spitzensport war. Gute Zutaten für einen ungewöhnlichen Ausflug im Chiemgau.

Es gibt sie tatsächlich noch, die versteckten Schätze in den bayerischen Bergen zwischen den bekannten Urlaubsorten mit ihrem schlichten Charme der 1960er-Jahre. Wer von der Autobahn München-Salzburg kommend auf der Deutschen Alpenstraße Richtung Berchtesgadener Land unterwegs ist, mag die Abzweigung bei Inzell leicht übersehen. Wer sich hier auskennt, weiß aber, dass dort links hinten besondere Attraktionen der traditionell bayerischen Art zuhause sind. Die Straße schlängelt sich gemütlich über das flache Terrain gut vier Kilometer ostwärts vorbei an Bauernhöfen, Bäckerei, Supermarkt und Sägewerk, bis man dem breiten Bergrücken des 1782 Meter hohen Zwiesel immer näher kommt. Ganz hinten gibt es einen Wanderparkplatz und rechts eine schmale Straße, die direkt zu dem historischen Forsthaus Adlgass führt – auf den ersten Blick ein versteckter und fast vergessen wirkender Ort eingebettet zwischen den Bergen. Dieser Ort aber hat seine Geschichte: Adlgass war schon im frühen 14. Jahrhundert bekannt als Lehen des Klosters St. Zeno in Bad Reichenhall und gehörte später auch zur Reichenhaller Saline. In den letzten beiden Jahrhunderten wechselte das Anwesen häufig den Besitzer, wurde als Forst- und Jagdhaus genutzt und ist heute glücklicherweise als

DER FRILLENSEE GILT ALS DER KÄLTESTE SEE IN MITTELEUROPA. HÄUFIG FRIERT ER BEREITS IM NOVEMBER KOMPLETT ZU.

Gasthaus wieder jedermann zugänglich. Die Wirtsfamilie betreibt es in der zweiten Generation und legt viel Wert auf gesunde, regionale Küche. Der Biergarten mit Blick über die Wiese zum Bergwald wirkt fast schon kitschig idyllisch. Zum Lokal gehört auch noch ein Wirtshauslad'l, in dem warme Gerichte, Kleinigkeiten aus der Küche, Milchprodukte, Brot, frisches Obst, Gemüse und Kräuter offeriert werden. Gründe genug, Adlgass einen Besuch abzustatten.

Postkartenidylle im Chiemgau

Aber hierzulande verbindet man gerne die Einkehr mit einem Exkurs in die Natur. Und das sollte man an diesem bezaubernden Platz auch keinesfalls versäumen. Die einen starten links bergauf zur herrlich gelegenen Stoißeralm auf dem Teisenberg. Gute eineinhalb bis zwei Stunden dauert die Wanderung auf der breiten Forststraße. Das lohnt sich allerdings schon allein wegen der Aussicht auf Chiemgau und Rupertiwinkel.

Eissport annodazumal

Andere machen einen gemütlichen Spaziergang nach rechts durch den Wald zum verborgen liegenden Frillensee. Ein malerisches kleines Gewässer, 340 Meter lang und 130 Meter breit, das bereits beim Anblick therapeutische Qualitäten hat. Als Badeplatz ist der Frillensee allerdings eher beschränkt empfehlenswert, gilt er doch als einer der kältesten Seen weit und breit. Aber das hat oder hatte auch sein Gutes. Denn früher, bevor in Inzell das moderne Eisstadion gebaut wurde, trainierten hier nicht nur Eisschnellläufer und Eishockeycracks. Hier fanden auch deutsche Meisterschaften im Eisschnelllauf statt. Erst in den 1960er-Jahren, nach der Eröffnung des Eissportzentrums in Inzell, wurde es wieder deutlich ruhiger am Frillensee.

BERGWALD ERLEBNISPFAD

Normalerweise geht man die eineinhalb Kilometer von Adlgass bis zum Frillensee auf 922 Meter Höhe in gut 20 Minuten. Um diese artenreiche Hochmoorlandschaft noch besser erleben und verstehen zu können, gibt es den Bergwald Erlebnispfad, der auf fünf Kilometern Länge viele eindrucksvolle Stationen mit Infotafeln und Baumartendarstellungen, mit einem Bodenparcours, auf dem man die unterschiedlichen Böden von Kiesel bis Baumrinde und Moos spüren kann, oder sich bei Sprungübungen mit den Tieren des Waldes messen kann. Weitab der gewohnten Zivilisation bekommt man rasch ein besseres Gespür für das Zwitschern der Vögel und die Düfte der alpinen Natur – nicht nur für Familien ein spannendes Erlebnis.

WEITERE INFORMATIONEN

Inzell Touristik
Rathausplatz 5
D-83334 Inzell
Tel. 0049 8665 98850
www.inzell.de

Forsthaus Adlgass
Adlgass 1
D-83334 Inzell
Tel. 0049 8665 483
www.forsthaus-adlgass.de

DIE FELSENINSEL AM HINTERSEE IST EIN WUNDERSCHÖNES FOTOMOTIV.

HINTERSEE – EIN ECHTER GEHEIMTIPP

EIN ZAUBERSEE FÜR GENIESSER UND ROMANTIKER

Er ist der kleine und kaum bekannte Nachbar des Königssees, und das ist auch gut so. Den Charme des Hintersees bei Ramsau im Berchtesgadener Land haben schon früh Landschaftsmaler entdeckt und dort gearbeitet und gefeiert. Ein Geheimtipp für Naturliebhaber ist der Hintersee trotzdem immer noch.

Das Programm klingt fast zu schön. Von Ramsau mit seiner Pfarrkirche, einem der meistfotografierten Motive in den bayerischen Bergen, spaziert man durch den Zauberwald zu dem versteckten See. Vom Dorf aus geht man am Ufer der Ramsauer Ache nach Osten, bis der Weg nach Norden abzweigt und man mit der Kalvarienbergkapelle, einer Rokokokirche aus dem 18. Jahrhundert, und der Kunterwegkirche, einer im Wald verborgenen Kirche gleichen Stils und Alters, zwei bemerkenswerte Bauwerke passiert. Am Lattenbach entlang wandert man leicht bergwärts über idyllische Bergwiesen, vorbei an stattlichen Bauernhöfen und repräsentativen Landsitzen. Wo früher ein österreichischer Graf residierte, wohnt heute ein Reeder aus Norddeutschland. Der Hintersee hatte eben schon früh illustre Liebhaber.

Bewegte Geschichte

Der kleine, malerische Bergsee ist nur 16 Hektar groß, aber bis zu 18 Meter tief. Früher hieß er Ferchensee wegen des starken Bestands an Ferchen, wie man früher die Forellen nannte. Erwähnenswert ist seine spezielle Historie. Denn er liegt direkt an einem Transportweg des einstigen Salzhandels. Damals gehörte der See zur Fürstprobstei Berchtesgaden und die wusste die Verbindung zwischen Lofer auf der Salzburger und dem Hintersee über Hirschbichl auf der bayerischen Seite zu nutzen. Apropos Geschichte: 1809, also zu Zeiten der Kriege zwischen den Bayern und Franzosen auf der einen und den Tirolern mit Andreas Hofer auf der anderen Seite, kam es rund um den See auch zu etlichen Kampfhandlungen. Heute geht es dort wesentlich friedlicher zu. Schließlich befindet man sich am Rand des Nationalparks Berchtesgadener Land.

Auf den Spuren der Landschaftsmaler

Doch zurück zur Tour. Der Weg führt schließlich an das nördliche Seeufer, wo einige Gasthäuser und Pensionen die Straße säumen. Einmal umrundet man das Gewässer und spaziert durch den schattigen Zauberwald und vorbei an den Gletscherquellen leicht bergab entlang des Ufers der Ramsauer Ache und kommt wieder zurück nach Ramsau. Der Weg ist keine Bergwanderung alpinen Zuschnitts, sondern eine gemütliche Tour, bei der die Schönheit der Landschaft und die spezielle Historie der Maler im Vordergrund stehen. Dazu sind 22 Bildtafeln entlang des Rundwanderweges aufgestellt worden, die das Schaffen der einstigen Künstlerkolonie dokumentieren. Von den Dreißigerjahren des 19. Jahrhunderts bis zur Jahrhundertwende war der Hintersee von einer bunten Künstlerkolonie bevölkert, die sich vor allem gerne im Wirtshaus aufhielt. Insbesondere Maler der Münchner und Wiener Schule, darunter Prominente wie der Hofmaler Carl Rottmann, zwischendurch besuchten auch Wilhelm Busch und Künstler aus Dänemark und Norwegen den Hintersee. Hier bietet sich auch die Möglichkeit des Vergleichs, wie

DIE RAMSAUER ACHE DURCHFLIESST AUF IHREN ETWA ZWÖLF KILOMETERN DIE ORTSCHAFTEN RAMSAU, BISCHOFSWIESEN UND SCHÖNAU AM KÖNIGSSEE. WER TRAUT SICH ÜBER DIE 55 METER LANGE UND 11 METER HOHE HÄNGEBRÜCKE IM KLAUSBACHTAL?

sich die Landschaft in hundert oder mehr Jahren verändert hat. Sehr viel kann es nicht sein, denn der Hintersee ist immer noch der verträumte Flecken, ein anachronistisches Refugium, wo die Zeit stehen geblieben scheint. Die passende Ergänzung zu diesem nostalgischen Ausflug wäre eine Partie mit dem Ruder- oder Tretboot auf dem See. Noch gemütlicher ist eine Rundfahrt mit dem Elektroboot Annerl, das auf dem See unterwegs ist. Zum Baden ist das Wasser selbst im Hochsommer doch etwas frisch. Mehr als 15 Grad Wassertemperatur sind meist nicht drin. Im Winter genießen vor allem die Einheimischen die Qualitäten des Sees, der recht rasch zufriert und ein ideales Terrain zum Schlittschuhlaufen und Eisstockschießen ist. Letzteres ist hierzulande ein sehr populärer Brauch.

Sportliche Herausforderungen

Eine Option wäre auch der Spaziergang hinein ins idyllische Klausbachtal in Richtung Hirschbichl. Gleich am Startpunkt befindet sich hier auch eine Informationsstelle des Nationalparks. Deswegen zieht es Wanderer und Mountainbiker auf der gut ausgebauten Straße weiter hinein in die Berge. Allerdings wird es später Richtung Hirschbichl recht steil. Alpinisten biegen links ab Richtung Hochkalter – im Sommer zum Klettern und im Winter zu sehr anspruchsvollen Skitouren. Die Reiteralm auf der Westseite des Sees ist militärisches Sperrgebiet. Und was macht der gemütliche Hintersee-Besucher? Er spaziert zur Mittagszeit ganz kommod durch das idyllische Klausbachtal, das im vorderen Bereich noch recht flach verläuft. Weiter hinten kommt man zum Bereich der Wildfütterung. Rund 65 Hirsche, Kühe und Kälber der Kategorie Rotwild sind hier zuhause. Im Winter ist die tägliche Fütterung ein großes Ereignis, wandern viele Leute zur Mittagszeit ins Tal hinein, um zu erleben, wie nach Bereitstellung des Futters plötzlich ganze Herden aus dem dunklen Wald auftauchen und sich stärken. Man kann sich dafür auch mit dem Pferdeschlitten transportieren lassen. Während des Winters werden die Tiere in einem 45 Hektar großen Gehege gehalten. Im Frühjahr wird es geöffnet, und das Wild kann sich wieder frei im Nationalpark bewegen.

EIN WIRTSHAUS NICHT NUR FÜR KÜNSTLER

Romantische Landschaftsbilder mit monumentalen Berggipfeln waren Mitte des 19. Jahrhunderts recht gefragt. Am Hintersee bildete sich deshalb eine kleine, aber feine Künstlerkolonie. Nachdem eine mächtige Lawine 1862 das Wirtshaus zerstört hatte, fand eine Gruppe Wiener Maler in der Ruine eine Kiste mit Wein, die aus heute nicht mehr nachvollziehbaren Gründen »Düsseldorfer Künstlersaft« hieß. Die Entsorgung des Fundstücks gipfelte in einem intensiven Trinkgelage, wie laut Chronik überliefert wurde. Rauschende Feste waren an dem See nichts Ungewöhnliches. Heute geht es hier wesentlich gemütlicher zu. Das Wirtshaus wurde damals neu aufgebaut und bietet heute echte bayerische Gemütlichkeit mit gepflegten Gästezimmern. Der Auzinger wird auch von den Einheimischen nicht nur wegen seiner vortrefflichen regionalen Küche sehr geschätzt.

WEITERE INFORMATIONEN

Tourist-Information Ramsau
Im Tal 2
D-83486 Ramsau
Tel. 0049 8657 988920
www.ramsau.de

Gasthaus Auzinger
Hirschbichlstr.8
D-83486 Ramsau
Tel. 0049 8657 230
www.auzinger.de

ÖSTERREICH

FRÜHMORGENDLICHER BLICK VON DER FRAUENALPE ÜBER DAS MURAUTAL.

8

KÖRBERSEE – KLEIN ABER FEIN

DER EINSAME SCHÖNLING IN VORARLBERG

Manchmal reicht es schon, an einem schönen Platz ganz allein zu sein. Beim Körbersee am Hochtannbergpass im Vorarlberg führte dies dazu, dass er zum schönsten Platz Österreichs gewählt wurde. Gut, ein gemütliches Berghotel gehört auch dazu – aber das ergänzt es auch perfekt.

Er liegt einsam, sogar sehr einsam, dabei aber strategisch günstig. Auf der einen Seite grenzt hinter dem Hochtannbergpass der Bregenzerwald an, auf der anderen Seite leuchten die Gipfel des Arlbergs rund um den Lech herüber. Keine schlechten Adressen also. Der Körbersee bietet sich da als romantischer Fluchtpunkt an. Ein eigentlich winziger Bergsee auf 1654 Metern Höhe mitten im Lechquellengebirge, eben jenem Fluss, der hier seine lange Reise durchs Tiroler- und Schwabenland Richtung Donau startet. Gut drei Hektar ist der Körbersee groß und hat, in dieser einsamen Lage wenig überraschend, eine exzellente Wasserqualität. Kühl ist das Wasser allerdings – zum Baden braucht es auch im Sommer etwas Überwindung. Aber in kaltem Wasser unterwegs zu sein, ist ja mittlerweile in. Der See bringt es zudem auf eine stolze Tiefe von immerhin rund acht Metern. Zu den Besonderheiten zählen seine Forellenpopulation und die seltenen Pflanzen, die sich hier recht wohl fühlen. Kein Wunder, dass der Körbersee wie auch sein Nachbar weiter östlich und etwas näher an der Straße, der Kalbelesee, unter Naturschutz stehen und das gesamte Gebiet ganz offiziell als schützenswertes Biotop ausgewiesen ist.

DIE WALSERDÖRFER WARTH UND SCHRÖCKEN AM HALDENWANGER ECK WERDEN IM SCHNEE ZU EINEM ECHTEN WINTERWUNDERLAND.

Urlaub im Biotop

Dass dieser See aber so viele Liebhaber hat, das dürfte vor allem mit der betörenden oder sollte man besser sagen entspannenden und inspirierenden Atmosphäre zu tun haben. Hier oben fühlt man sich sehr weit abseits des üblichen Trubels. Selbst die gut befahrene Tannbergstraße, die höchstens einen Kilometer Luftlinie entfernt verläuft, fühlt sich ganz weit weg an. Im Sommer sind es die Wanderer, die hier entweder Zwischenstation auf dem Weg zu höheren Gefilden machen, wie etwa der 2412 Meter hohen Juppenspitze, oder sich schlicht am Seeufer niederlassen und entspannen. Letzteres hat eindeutig therapeutische Wirkung. Im Winter liegt der Körbersee am westlichen Rand des Skigebiets von Warth-Schröcken. Ein Abstecher auf eine kleine Pause, auf einen Kaffee im Restaurant des Berghotels, ist also leicht zu bewerkstelligen. Diese Idylle hat auch mit einem speziellen Umstand zu tun: Es gibt keine Straße, die rauf zum See und zum Berghotel führt. Im Winter helfen die Lifte aus. Im Sommer geht es eben nur zu Fuß. Am schnellsten geht das noch von Neßlegg aus in einer halben Stunde. Allerdings sind dort unten an der Straße Parkplätze Mangelware. Eine Dreiviertelstunde läuft man vom Hochtannbergpass und eineinviertel Stunden von Schröcken aus. Für Logisgäste im Berghotel wird das Gepäck mit der Materialseilbahn transportiert.

Prämierte Beschaulichkeit

Seit 2017 hat der Körbersee seine Attraktivität sozusagen amtlich: In der Sendung *9 Plätze – 9 Schätze* wurde er zum schönsten Platz Österreichs gewählt. Das war dann zwar 2018 wieder ein anderer, aber trotzdem, angesichts der wirklich vielen schönen Plätze in Österreich ist das schon ein exzellentes Prädikat. Und solche Orte werden in diesen Zeiten immer wertvoller.

STILLE TAGE IM BERGHOTEL

Das traditionsreiche Hotel am Nordufer des Körbersees, keine 100 Meter vom Wasser entfernt, trägt natürlich viel zur Faszination dieses Ortes bei. Besucher können hier die unberührte Schönheit der Natur genießen und dabei auch den Komfort in Anspruch nehmen, sich auf der Terrasse leckeres Essen und Getränke servieren zu lassen. Oder sich gleich ein paar Tage auf eine alpine Auszeit einmieten. Das Haus bietet zwei Kategorien von Zimmern: die komfortablen Schneestern-Zimmer und die einfacheren Enzian-Zimmer. Relativ neu ist der Wellnessbereich mit Sauna, Dampfbad und Kneippbecken. Das Restaurant bietet bodenständige regionale Küche. Das Urlauben am Körbersee hat hier lange Tradition. Spätestens mit dem Bau der Hochtannbergstraße 1953 entdeckten viele Naturliebhaber die Qualitäten dieses Ortes, ahnten freilich nicht, dass das hier einmal zum offiziell schönsten Platz Österreichs werden sollte.

WEITERE INFORMATIONEN

Warth-Schröcken Tourismus
A-6767 Warth am Arlberg
Tel. 0043 5583 35150
www.warth-schroecken.com

Berghotel Körbersee
Körbersee 75
A-6888 Schröcken
Tel. 0043 5519 265
www.koerbersee.at

BIELERHÖHE – EINFACH MAL ABSCHALTEN

PERFEKTE WINTERROMANTIK AUF DER BIELERHÖHE

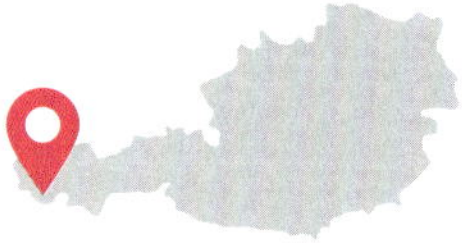

Im Sommer eine vielbefahrene Panoramastraße, im Winter pure Idylle. Die Bielerhöhe im Montafon ist ein Zufluchtsort für Schnee- und Naturliebhaber.

Die Anreise ist zugegebenermaßen schon etwas mühsam. Aber die Geduld wird hier schnell belohnt.

Von Partenen im hinteren Montafon aus schwebt die Seilbahn gute 700 Höhenmeter rauf bis auf 1700 Meter. Dann wechseln die Passagiere in schmale Busse, die durch dunkle und enge Stollen sausen, die Felswände oft nur wenige Zentimeter von den Fensterscheiben entfernt. Zum Schluss, nach dem Vermuntsee, gilt es noch einige Serpentinen zu meistern, bis die Endstation auf 2032 Metern Höhe erreicht ist. Im Sommer ist die Silvretta Hochalpenstraße, die das Montafon mit dem Paznaun verbindet, frequentiert wie eine zweite Großglocknerstrecke, ziehen Autos und Motorräder an sonnigen Tagen kolonnenartig hinauf auf die Passhöhe auf 2037 Metern. Dazwischen strampeln noch ein paar mutige Radler. Im Winter ist die Strecke geschlossen, und die Gegend um den Silvretta Stausee mutiert zu einem Refugium für die wenigen winterlichen Naturliebhaber, die wissen, wie man hier hinaufkommt. Die Bielerhöhe ist mit ziemlicher Wahrscheinlichkeit das kleinste Skigebiet in den Alpen: Bei einem Schlepplift und zwei Kilometern Piste ist weniger eigentlich nicht mehr möglich. Es gibt nur zwei Hotels und ein Berggasthaus, eine Piste, 21 Loipenkilometer und ansonsten viel Natur. Die

Gipfel rund um die Passhöhe liegen knapp unter oder über der 3000er-Marke. Ganz hinten im Süden erkennt man den Piz Buin, mit 3312 Metern der höchste Berg im Vorarlberg.

Auf den Spuren von Ernest Hemingway

Für Skitouren ist die Bielerhöhe eine exzellente Basisstation. Auch wer hier zu Fuß oder mit Schneeschuhen die Umgebung rund um den See oder zum nahen Madlenerhaus erwandert, ist weitgehend allein unterwegs. Das alte Berggasthaus errang dank Ernest Hemingway eine gewisse Berühmtheit, nachdem dieser im Winter 1925/26 hier öfters mit Skiern unterwegs war und Station machte. Später, in seinem Buch *Schnee über dem Kilimandscharo* schwärmte er davon, dass das Skifahren schöner sei als Fliegen oder irgendwas anderes.

DIE BIELERHÖHE – WAHRSCHEINLICH DAS KLEINSTE SKIGEBIET IN DEN ALPEN.

Fernab vom üblichen Skitrubel

Das Silvrettahaus mit seiner eleganten, sanft geschwungenen Bauweise ist der auffälligste der drei Gastbetriebe auf der Bielerhöhe. Das Interieur ist schlicht und klassisch reduziert. Der Blick über den See Richtung Piz Buin gehört wie die betont regionale Küche zu den besonderen Qualitäten des Hauses. Hier findet man auch auffallend viele Gäste, die an sonnigen Wintertagen einfach nur auf der Terrasse sitzen und abgesehen von Mittagessen, Kaffee und Kuchen weitgehend nichts tun. Einfach nur sitzen und das Gefühl spüren, dort zu sein, wo der Mensch nicht im Mittelpunkt ist, wo man sich weit weg wie auf einem tief verschneiten Planeten befindet, wo es keine Autos, keine Supermärkte und schon gar keinen Après-Ski gibt. In der Ferne auf dem Eis des Stausees bewegen sich Langläufer, Tourengeher und Spaziergänger wie winzige Käfer. Die einzige Abwechslung ist die Ankunft und Abfahrt des Busses, der die Passagiere von der Seilbahn abliefert und andere wieder mitnimmt.

EINE SAFARI IM SCHNEE

Die Silvretta-Skisafari ist eine Rundtour mit Skiern für ein paar Stunden, die sich auch auf einen ganzen Tag ausweiten lässt. Offiziell startet sie unten in Partenen, führt dann aber mit der Vermuntbahn und dem Bus bis zur Bielerhöhe, wo man ebenfalls starten kann. Nach einer acht Kilometer langen Abfahrt mit Skiern hinunter nach Galtür zieht die Pistenraupe die Skifahrer anschließend am Seil von Galtür hinauf zum Zeinisjoch, wo die abschließende Abfahrt über Ganifer hinunter nach Partenen und zur Talstation der Vermuntbahn startet. Nach der Rückkehr oben am Berg wird einem bald bewusst: An ein Leben ohne Autoverkehr, Staus und Menschenschlangen gewöhnt man sich hier oben sehr schnell.

WEITERE INFORMATIONEN

Bielerhöhe
Tel. 0043 5556 701 83167
www.silvretta-bielerhoehe.at

Silvrettahaus
Silvretta-Hochalpenstr. 90c
A-6794 Partenen
Tel. 0043 5558 4246
www.silvretta-haus.at

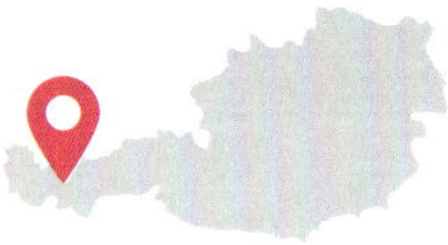

STANZ – DAS ZWETSCHKENDORF

EIN HOCHPROZENTIGES DORF IM INNTAL

Stanz ist ein einzigartiger Ort: Eines der höchstgelegenen Obstanbaugebiete, eine berühmte Frucht und eine unglaubliche Dichte an Schnapsbrennern machen aus einem unscheinbaren Tiroler Dorf einen Wallfahrtsort für Hochgeistiges.

Stanz ist ein ungewöhnliches Tiroler Bergdorf oberhalb von Landeck, und das hat nichts mit Tourismus zu tun. Auf den sonnenverwöhnten Südhängen, wo der Inn auf dem Weg vom Engadin erstmals einen breiten Talgrund durchfließt, stehen nicht nur Hunderte von Obstbäumen rund um das Dorf Spalier. Jeder Garten ist hier gut gefüllt mit Apfel-, Birnen- und Pflaumenbäumen. Stanz ist das Obstdorf schlechthin im Tiroler Inntal und die Stanzer Zwetschke, wie hierzulande die Pflaume in alter Tradition heißt und geschrieben wird, ist eine Preziose. Nirgendwo sonst in der Region gedeiht das Obst so gut und reichlich wie in Stanz, was die Menschen im Dorf mit der sonnigen Hanglage, aber auch mit dem warmen Wind, der vom Vinschgau über den Reschenpass herüber weht, erklären.

Wohl nirgendwo sonst in Österreich und angeblich auch in ganz Europa, wie die Leute im Dorf erzählen, soll es eine solche Ansammlung von Schnapsbrennern geben. Auf die gut 600 Einwohner fallen mehr als 50 Brennereien, was in der Praxis heißt, dass in fast der Hälfte der Häuser Hochprozentiges produziert wird. Nun sind die Stanzer deswegen keine Quartalssäufer. Das hochprozentige Handwerk hat ganz bodenständige und nüchterne Ursachen. »Da bei uns seit Jahrhunderten Obstbau betrieben wird, hat man

OBWOHL EINE RUINE, RECKT SICH DAS EHEMALIGE SCHLOSS SCHROFENSTEIN NOCH IMMER IMPOSANT EMPOR.

früher aus den Überresten, vor allem dem Fallobst, dann einen Schnaps gebrannt«, erzählt Christoph Kössler, dessen hochmoderne Brennerei nicht nur der Vorzeigebetrieb im Ort ist, sondern auch zu den besten des Landes zählt und alljährlich zahlreiche Auszeichnungen erhält. Seine Kollegen im Dorf sind da wesentlich bodenständiger geblieben. Während eines Spaziergangs durch den Ort, der kein erkennbares Zentrum besitzt und dessen stattliche, im gotischen Stil gebaute und den Aposteln Petrus und Paulus geweihte Pfarrkirche am äußersten Ortsrand steht, trifft man alle paar Meter auf Hinweisschilder für Brennereien oder Schnapsverkauf.

Geist und Geister

Stanz hat eine lange Historie. Hier auf halber Höhe über dem Inn befand sich ein alter römischer Handelsweg. Bei Ausgrabungen kamen nicht nur römische Münzen, sondern auch Funde aus der Bronzezeit zutage. Im Mittelalter regierte rund um Stanz das Geschlecht der Schrofensteiner. Noch heute stehen die Übereste der Burg Schrofenstein auf einem Felsvorsprung abseits des Dorfes in majestätischer Lage über dem Inntal. Einer alten Sage zufolge soll auf dem Schloss ein Geist in Gestalt eines gefesselten Ritters sein Unwesen getrieben haben. Weil er auf Zureden eines geschmähten Liebhabers eine Gattin aus dem Schlossfenster in die Tiefe des Tals und damit ins Jenseits beförderte, musste er fortan als Gespenst dafür büßen. Möglicherweise hängt die Legende ja auch damit zusammen, dass die Burg Schrofenstein im frühen Mittelalter Sitz des Gerichtsamts war. Die Adligen von Schrofenstein sind schon Mitte des 16. Jahrhunderts ausgestorben. Vom Schloss steht nur noch der Burgfried, und der gehört Privatleuten aus Innsbruck. Daneben ist von der langen Geschichte des Dorfes nicht mehr viel zu sehen, außer dem Geburtshaus des einst berühmten Baumeisters Jakob Prandtauer. Und auch dort dreht sich wieder alles um das Hochprozentige.

DIE BERÜHMTE STANZER ZWETSCHKE

Zwetschke heißt sie offiziell – und nicht Zwetschge oder gar Pflaume. Bei der Stanzer Zwetschke legen die Einheimischen großen Wert auf Tradition. Schließlich ist sie das Aushängeschild des renommierten Schnapsbrennerdorfes. Zum Einsatz kommt sie als Obst, für Marmeladen, und Zwetschkenröster als Begleitung zum Kaiserschmarrn etwa, aber auch für Kuchen und Knödel. Dass das nicht nur ein Werbegag ist, das unterstreichen auch ein Themenweg, eine Genussroute durch das Anbaugebiet, ein eigenes Fest in Stanz während der Erntezeit Ende August bis Anfang Mai und ein eigenes Kochbuch mit dem Titel *Kulinarisches aus der Stanzer Zwetschke.*

WEITERE INFORMATIONEN

Tourismusverband Tirol West
Hauptplatz 6
A-6511 Zams
Tel. 0043 5442 65600
www.tirolwest.at

JUNGHOLZ – DAS KURIOSE DORF

DAS ÖSTERREICHISCHE KRÄUTERDORF MITTEN IM ALLGÄU

In dem beschaulichen Tiroler Kräuterdorf Jungholz mitten im bayerischen Allgäu fühlt man sich wie auf einer romantischen Insel, genießt die Ruhe und die Nähe zu vielen Sehenswürdigkeiten.

Ein Stück Tirol mitten in Bayern. Jungholz ist ein idyllisches Bergdorf in den Allgäuer Alpen und dazu ein Unikum. Das Tiroler Dorf auf 1054 Metern Höhe mit seinen rund 300 Einwohnern ist umgeben von bayerischen Gemeinden. Das ergab sich bereits im 14. Jahrhundert durch einen bayerisch-tiroler Grundstücksverkauf, womit es Tirol zugeordnet wurde. 1868 schließlich wurde es per Zollvertrag wirtschaftlich an Bayern angebunden. Dieser Sonderstatus sorgt für einige Kuriositäten: Wer in deutsche Nachbargemeinden Briefe schickt, muss Auslandsporto zahlen. Jungholz hat eine deutsche und eine österreichische Postleitzahl, aber nur eine österreichische Telefonvorwahl.

Für Urlaubsgäste aber viel interessanter ist, dass das beschauliche Jungholz als schön gelegenes Kräuterdorf bekannt ist. Einige Frauen aus dem Dorf haben das initiiert, pflegen dort einen Kräutergarten, sammeln Kräuter und produzieren Salben, Seifen und Kräuterbrot und verkaufen dies auch. Dazu gibt es eine Kräuterpädagogin, die mit interessierten Besuchern Wanderungen unternimmt. Damit hat sich das kleine Dorf einen Namen gemacht, der auch gut zum Charakter des Orts und seiner Umgebung passt. Im Sommer steht das Wandern im Mittelpunkt. Eine ebenso beliebte wie auch entspannte Tour ist der Weg ostwärts aus dem Dorf und dann Richtung Norden bis zum Gasthaus Stubenalpe. Der rund drei Kilometer lange Weg ist im Winter eine populäre Rodelstrecke. Der 1635 Meter hohe Sorgschrofen ist der Hausberg von Jungholz und ein beliebtes Ziel für Wanderungen und Nordic-Walking-Ausflüge. Über den Sorgschrofen gibt es auch einen Wanderweg hinüber nach Schattwald im Tannheimer Tal auf der Tiroler Seite. Wer etwas anspruchsvollere Wanderungen liebt, für den ist die rund sechs Stunden lange Tour nach Norden bis Wertach und rund um den schönen Grüntensee zwischen Wertach und Nesselwang interessant. Mit knapp 400 Höhenmetern keine sehr anstrengende, aber mit 22 Kilometern eine recht lange Runde. Im Winter bietet Jungholz ein kleines Skigebiet mit Liften, das vor allem auf Familienurlaub spezialisiert ist, wo Eltern dank der Lage der Lifte direkt am Dorf auch gut kontrollieren können, wo die Kids unterwegs sind. Dazu gibt es rund um Jungholz ein umfangreiches Angebot an Langlaufloipen. Pfronten, Nesselwang und Oberjoch sind nur wenige Kilometer entfernt. Nach Füssen und zum Schloss Neuschwanstein fährt man kaum länger als eine halbe Stunde. Und nicht zu vergessen: Das Tiroler Tannheimer Tal ist praktisch ums Eck. Ein ruhiges, sehr natürliches Tal auf gut 1000 Metern Höhe mit einem umfangreichen Freizeitangebot inklusive des größten Gipfelbuchs der Alpen auf dem Neunerköpfle oberhalb von Tannheim. Zu den besonderen Qualitäten von Jungholz gehört diese sehr bodenständige und entspannte Atmosphäre. Man fühlt sich ein wenig wie auf einer österreichischen Insel in Deutschland, man genießt die Ruhe und freut sich, dass es keinen Durchgangsverkehr gibt. Dabei liegt der Ort erstaunlich zentral, sind viele Orte und Sehenswürdigkeiten nur wenige Kilometer entfernt. Und noch eine Kuriosität: Bis vor wenigen Jahren war Jungholz ein gefragter Ort für deutsche Besucher, die hier in den österreichischen Banken Geld angelegt hatten. Ähnlich wie im Kleinwalsertal entwickelte sich ein recht umfangreiches Angebot an Bankfilialen, wodurch Jungholz zum Ort mit der größten Bankendichte in ganz Österreich wurde.

DAS TIROLER KRÄUTERDORF JUNGHOLZ: DIE ÖSTERREICHISCHE ENKLAVE IN BAYERN BIETET ALLES, WAS DAS WANDERERHERZ WÜNSCHT.

FEINE DÜFTE IM DORF

Ein absoluter Höhepunkt des Sommers in Jungholz ist der Kräuter- und Handwerkermarkt. Anfang August können die Besucher dieses feinen und wohlriechenden Marktes die Besonderheiten von Wild-, Tee- und Duftkräutern erleben und genießen. Gezeigt wird, wie Kräutersalben und -seifen produziert werden und wie die Bäuerinnen ihr Kräuterbrot backen. Dazu gibt es auch eine Kräuterwanderung, eine wohltuende Entdeckertour zu den Wäldern und Wiesen rund um das idyllische Bergdorf Jungholz. Zahlreiche Aussteller bieten regionale Spezialitäten an, darunter Tees, Honig, Marmelade, Käse, Töpferarbeiten und Schmuck. In Vorträgen können sich die Besucher über die Qualitäten der heimischen Kräuter schlau machen. Der Kräutermarkt ist von 10 bis 18 Uhr geöffnet. Der Eintritt ist frei.

WEITERE INFORMATIONEN

Tourismusverband Tannheimer Tal
Vilsalpseestr.1
A-6675 Tannheim
www.tannheimertal.com

12

NIEDERTHAI – ABSEITS DES LAUTEN SKIZIRKUS

DIE RUHIGE UNBEKANNTE SEITE DES ÖTZTALS

Von der Talstraße kann man es gar nicht sehen. Wer Niederthai aber kennt, weiß es ob seiner ruhigen und sonnenreichen Lage oberhalb des Ötztals zu schätzen. Après-Ski-Orgien und Halligalli sucht man hier vergebens.

Das Ötztal kennt man eher als Destination für Menschen, die Berge mit viel Unterhaltung kombinieren wollen. Doch das geht auch anders. Abseits der Hauptstraße gibt es hier auch kleine Nester, die viel Ruhe und Romantik bieten. Das beste Beispiel hierfür ist Niederthai. Der Name ist dabei ziemlich irreführend. Wer das beschauliche Bergdorf im Ötztal besuchen will, muss nämlich nach oben – und zwar ziemlich weit nach oben. Dafür fährt man bei Umhausen links auf einer gut ausgebauten und kurvigen Straße vorbei an Tirols größtem Wasserfall, dem Stuibenfall, zu dem kleinen Dorf auf gut 1550 Metern Höhe. Oben empfängt einen ein breites sonniges Hochtal mit Tiroler Bergbauernhöfen, rustikalen Gasthäusern und Hotels, einem Ötztaler Brauhaus mit Erlebnisbrauerei und vor allem viel Schnee. Die Häuser verteilen sich in lockerer Form auf dem breiten und überwiegend flachen Talboden. Hier endet auch die Straße, und es gibt keinen Durchgangsverkehr. Stress ist hier so gut wie ausgeschlossen. Alle Freizeitaktivitäten beginnen in Niederthai direkt vor der Haustür.
Im Sommer warten hier herrliche Wanderwege und Bergtouren von gemütlich bis anspruchsvoll. Ein leichter Spaziergang zum Einstieg wäre der Weg von

EINDRUCKSVOLL STÜRZT SICH DER STUIBENFALL BEI UMHAUSEN ÜBER 159 METER DEN FELS HINAB.

Niederthai über die Wiesen rechts hinein in den Wald zur Jausenstation Wiesle. Ein Klassiker ist die rund dreistündige Wanderung taleinwärts bis zur Schweinfurter Hütte auf knapp über 2000 Metern Höhe. Besonders bei den Einheimischen beliebt ist der Weg über die Alpenrosenfelder hinauf zum 2283 Meter hohen Gipfel des Brand: ein herrlicher Aussichtspunkt.

Biathlon für Anfänger

Im Winter geht es hier ähnlich idyllisch zu. Morgens nach dem Frühstück schlendert man zu Fuß zum Dorfrand zu einem der drei Lifte, die zu eher leichten Pisten führen oder zu einer der Loipen, die ingesamt 16 Kilometer lang sind und sich auf dem übersichtlichen Talboden verteilen. Eine der schönsten Loipen führt auf 3,3 Kilometern hinein in das Horlachtal Richtung Schweinfurter Hütte und mit diversen kurzen Bergauf- und Bergabpassagen wieder zurück. Seit Neuestem verfügt Niederthai über eine Schießanlage, an der sich auch Einsteiger im Biathlon versuchen können. Zum beschaulichen Charakter passt auch eine Schneeschuhtour weiter hinein in das Hochtal am Horlachbach entlang bis zum romantischen Larstighof mit eigener Landwirtschaft und herzhafter Tiroler Küche. Kein Wunder, dass hier vor allem Wintersportler unterwegs sind, die es eher gemütlich angehen.

Einmal Trubel und zurück

Wem wirklich mal der Sinn nach mehr Trubel steht, der kann ja immer noch mit dem Bus einen Abstecher nach Sölden machen – und sich dann freuen, wenn er am Ende wieder zurück in der beschaulichen Idylle Niederthais ist. Manchmal braucht man eben den direkten Vergleich.

DER HÖCHSTE WASSERFALL TIROLS

Er ist wie ein inoffizielles Wahrzeichen des Ötztals. Der Stuibenfall ist mit einer Fallhöhe von 159 Metern der größte Wasserfall Tirols. Und Wasserfälle gibt es im Tiroler Land viele. Wer von Umhausen nach Niederthai hinauffährt, kommt praktisch an ihm vorbei. Kurz vor Niederthai zweigt links der Weg beim Gasthof Stuibenfall ab. Ein Ausflug zum Stuibenfall ist in jedem Fall ein Erlebnis. Man kann das mit einer langen Wanderung herauf von Umhausen kombinieren oder mit einer kurzen Tour direkt von der Straße oder von Niederthai aus. Am intensivsten erlebt man ihn auf dem 450 Meter langen und eher leichten Klettersteig inklusive Seilbrücke direkt über dem Wasserfall. Anschließend kann man sich eine Einkehr im gleichnamigen Gasthaus gönnen.

WEITERE INFORMATIONEN

Tourist Information Umhausen Niederthai
Dorf 24
A-6441 Umhausen
Tel. 0043 57200 400
www.umhausen.com

DIE SCHAFE AUF DEM HAFELEKAR INTERESSIEREN SICH NICHT SONDERLICH FÜR DEN PANORAMABLICK ÜBERS INNSBRUCKER TAL.

13

NORDKETTE – DER STOLZ DER INNSBRUCKER

AUSSICHTSBALKON UND SPIELWEISE DER INNSBRUCKER

Die Fahrt hinauf zur Seegrube und zum Hafelekar sollte eigentlich bei keinem Besuch in Innsbruck fehlen. Die spektakuläre Aussicht und die Begegnungen mit allerhand ungewöhnlichen Geschichten sind allemal einen Besuch wert.

Bei der Nordkette handelt es sich nicht wirklich um eine Augenweide im eigentlich Sinn. Dennoch sind viele Innsbrucker stolz auf sie. Die steil aufsteigende Bergkette umrahmt die Stadt am Inn und bildet einen regelrechten Schutzwall gen Norden – und von da kam in der Tiroler Geschichte ja nicht immer Gutes, wie man seit Andreas Hofer weiß. Die Nordkette und da ganz speziell das 2344 Meter hohe Hafelekar sind ein alpines Freizeitterrain für die Einheimischen, von denen mancher stolz darauf ist, dass sich Urlauber in der Regel nicht dort hinauftrauen. Im Winter ist das tatsächlich so, denn die Skiabfahrten sind extrem steil und mitunter nicht ungefährlich.

Heute kommt man ganz bequem vom Zentrum aus mit der modernen, von der berühmten Architektin Zaha Hadid entworfenen Hungerburgbahn auf die Nordkette, steigt dann bei der Hungerburg – die keine Burg ist, sondern nur der Name des hoch gelegenen Stadtteils – in die Seilbahn und fährt weiter bis zur Seegrube auf 1900 Metern. Sowohl von der Hungerburg als auch von der Seegrube starten verschiedene Wanderwege. Bei der Seegrube beginnt etwa der relativ leicht zu laufende Perspektivenweg.

Die Aussicht von der Seegrube über Innsbruck, hinein ins Wipptal und weiter Richtung Südtirol und Dolomiten ist freilich spektakulär. Viele Gäste bleiben bei der Seegrube, genießen eben die Aussicht und stärken sich auf der Terrasse des Restaurants. Dort werden übrigens auch spezielle Arrangements angeboten: Frühstück oben am Berg inklusive der Fahrt mit der Seilbahn.

Nicht versäumen sollte man jedoch die Fahrt ganz hinauf zur Bergstation am Hafelekar auf 2256 Metern und den kurzen und leichten Weg zum Gipfel des Hafelekar. Dort stürzen sich im Winter viele wagemutige Freerider in die Tiefe. Im Frühjahr gehen die Einheimischen einem speziellen Brauch nach und gleiten auf der Nordkette die steilen Hänge mit den Figln hinunter. Dabei handelt es sich um sehr kurze Firngleiter, mit denen man auch im steilen Gelände leicht schwingen kann – stürzen und hinunterrutschen kann man trotzdem noch. Das Highlight ist dann die Figl-Gaudi Mitte April. Hier oben bei der Bergstation beginnt auch der bekannte und etwas anspruchsvollere Goetheweg entlang der Kante der Nordkette auf fünf Kilometern bis zur Pfeishütte. Ein interessanter Sidefact: Ganz oben auf dem Hafelekar wurde einst für die alten *Sissi*-Filme und eine frühe Version der *Geierwally* gedreht. Deutlich weniger bekannt ist, dass oben am Gipfel einige Meter hinter der Seilbahnstation die einstige Messstation von Viktor Hess steht, der für seine Erforschung der kosmischen Strahlungen 1936 den Nobelpreis für Physik erhalten hatte.

Wo sich die Freerider in die Tiefe stürzen

Überhaupt ist die Geschichte der Nordkette und des Hafelekars sehr interessant. Bereits 1906 wurde eine erste Standseilbahn von der Stadt bis zur Hungerburg gebaut. Als die Seilbahn zum Hafelekar 1928 eröffnet wurde, war die Nachfrage so groß, dass es zu stundenlangen Wartezeiten kam und man teilweise Platzkarten zwei Tage im Vorraus buchen musste. 460 000 Fahrgäste zählte man im ersten Jahr.

EINEN TOLLEN ANBLICK BIETEN DIE BUNTEN FASSADEN VON MARIAHILF VOR DER NORDKETTE.

Bis vor wenigen Jahren konnte man in dem historischen Gebäude des Restaurants Seegrube auch übernachten. Doch irgendwann erfüllten die Zimmer nicht mehr den gewünschten Standard. Abends hinauffahren, morgens den Sonnenaufgang erleben und im Winter die ersten Spuren im Schnee ziehen war damals hochbegehrt. Im Prinzip ist es das immer noch – nur eben ohne Übernachtung. Alternativ könnte man auch während der Sommersaison von der Hungerburg aus zu Fuß zur Seegrube wandern. An Hütten mangelt es unterwegs jedenfalls nicht. Für die Einheimischen ist die Nordkette das ganze Jahr über ein großer Freizeitpark. Mountainbiker schätzen den Nordkette-Singletrail, eine ziemlich anspruchsvolle Route mit 3,2 Kilometern Länge, 1030 Höhenmetern und einem Gefälle von bis zu 36 Grad: ein Fall für echte Könner.

Rasante Bikertrails

Es geht aber auch deutlich gemütlicher: Die Höhenlage und die exzellente Aussicht sorgen dafür, dass man direkt am Stadtrand etliche reizvolle Ziele finden kann. Dazu gehört zum Beispiel die legendäre Buzi-Hütte, ein sehr rustikales kleines Wirtshaus oberhalb des Stadtteils Hötting, etwas weiter westlich von der Hungerburg. Die Hütte ist ein beliebter Ort für Feiern jeglicher Art. Der Legende nach soll sie von italienischen Handwerkern als Location für Feste gebaut worden sein. Nicht weit davon entfernt thront spektakulär der Planötzenhof auf einer Anhöhe über der Stadt. Zu dem Biobauernhof gehört auch ein schönes Gasthaus samt Gastgarten und Veranda. In der Küche werden viele eigene Produkte, vom Lammfleisch bis zur Ziegenmilch, verarbeitet. Angeboten werden auch Hofführungen. Auf dem Weg zu diesen Lokalen oder zur Hungerburg ist unübersehbar, dass dieser Teil von Innsbruck zu den besonders begehrten und exklusiven Wohngegenden gehört.

EINE KLEINE INNSBRUCKER ZEITREISE

Seit 2011 gibt es in der Talstation der Hungerburgbahn das kleine Seilbahnmuseum. Wobei klein fast noch übertrieben ist – der 15 Quadratmeter große ehemalige Kassenraum ist wirklich winzig. Dennoch gibt es viel zu sehen. Man findet dort ein schwarzes Passepartout mit Bildern und Texten zur Geschichte der Nordkette und der Seilbahn. Man kann gut nachvollziehen, wie anstrengend und riskant die Arbeit der Erbauer in den 1920er-Jahren war. Mit einem Lupenschlitten kann man das eindrucksvolle Panorama vom Hafelekar aus erleben. Dazu bietet das kleine Museum noch einen eindrucksvollen Vergleich zwischen der originalen Gondel mit dem aktuellen modernen Modell. Das Museum ist während der Betriebszeiten der Bahn geöffnet. Der Eintritt ist gratis.

WEITERE INFORMATIONEN

Innsbruck Tourismus
Tel. 0043 512 5356
www.innsbruck.info

Innsbrucker Nordkettenbahnen
Rennweg 3
A-6020 Innsbruck
Tel. 0043 512 293344
www.nordkette.com

14

GSCHNITZTAL – IN LUFTIGEN HÖHEN

ALPINE IDYLLE NEBEN DER AUTOBAHN

Das Gschnitztal zwischen Brenner und Innsbruck ist ein ursprüngliches Tal und ideal für einen erholsamen Abstecher abseits von Trubel und Hektik. Ob Bergsteiger oder gemütlicher Spaziergänger – jeder findet hier im Landschaftsschutzgebiet die passende Tour für sich.

Das Gute liegt manchmal näher als man denkt. Diese an sich banale Erkenntnis trifft auch auf etwas zu, das fast alle von uns schon einmal erlebt haben: die Fahrt auf der Autobahn zwischen Innsbruck und dem Brennerpass. Eine meist stark frequentierte Passage, die man gerne schnellstmöglich hinter sich bringt. Schade eigentlich, denn abseits der kurvenreichen Autobahn gibt es hier einiges zu entdecken. Das gilt ganz besonders für das Gschnitztal, das bei Steinach Richtung Westen abzweigt und auf einer Länge von rund 15 Kilometern bis zum Ende der Talstraße beim Gasthof Feuerstein verläuft. Man fährt durch Steinach auf der Trinserstraße und quert die Brennerautobahn nahe der Talstation der Bergeralm Bahn. Anfangs wirkt das Tal noch eng, weitet sich dann aber bald und steigt eher maßvoll an. Während sich Trins als klassisches Dorf mit einem richtigen Dorfzentrum präsentiert, ist Gschnitz weit hinten im Tal ein Streudorf mit viel Platz. Überhaupt wirkt das Tal sehr offen und luftig und entspricht so gar nicht dem Klischee des engen Tiroler Gebirgstals. Einzelne Weiler säumen die Talstraße, die kurz vor Gschnitz ein Wald-

UMGEBEN VON MÄCHTIGEN BERGSPITZEN LIEGEN DIE HÖFE MIT IHREN HÜBSCH VERZIERTEN FASSADEN VERSTREUT IM TAL.

stück passiert, bevor sich schließlich der Blick auf Gschnitz öffnet. Rechts steht ein modernes Mittelklassehotel, mehrere Gasthöfe und weitere Hotels säumen die Straße. Der Talschluss ist ein beliebter Ausgangsort für diverse Bergtouren. Dafür stehen auch mehrere Parkplätze direkt am Weg zur Verfügung. Das wirklich Erstaunliche ist hier, dass man sich in einer alpinen Idylle befindet inmitten von mächtigen Dreitausendern, die aber nur ein paar Fahrminuten von der lauten Brennerautobahn entfernt liegt. Das Tal blickt dabei auf eine lange und bewegte Geschichte zurück: Bereits im 12. Jahrhundert gab es einige Höfe, an denen Viehzucht betrieben wurde.

Zu Besuch im Mühlendorf

Eine beliebte Wanderung führt vom Parkplatz kurz vor Gschnitz über etwa 400 Höhenmeter zur Wallfahrtskirche St. Magdalena, die der Überlieferung nach im 13. oder 14. Jahrhundert ein Adeliger als Buße für seine Sünden errichten ließ. Dort gibt es zur Stärkung auch eine Jausenstation. In Gschnitz ganz hinten am Ende der offiziellen Straße kann man zudem ein Mühlendorf besichtigen, das einen guten Eindruck vermittelt, wie früher einmal mit Wasserkraft gearbeitet wurde. Neben der Getreidemühle stehen dort auch eine Schmiede und eine Werkstatt, außerdem ein Kinderspielplatz für die kleinen Gäste. Hier beim Gasthof Feuerstein führt ein Güterweg weiter hinein bis zur Laponesalm und noch ein Stück weiter. Der Ausflug zur Laponesalm ist ein eher gemütlicher Spaziergang mit Einkehrmöglichkeit. Etwas weiter hinten auf dem Seitenweg kann man noch die kleine hübsche Josefskapelle besichtigen sowie den Wasserfall vom Sandesbach, dem eine positive Wirkung auf die Atemorgane nachgesagt wird. Man muss hier keine steilen Gipfel erklimmen, um die Schönheit dieses Tals zu entdecken.

VON HÜTTE ZU HÜTTE

Gschnitz ist Mitglied der Bergsteigerdörfer, einer Vereinigung von alpinen und authentischen Orten, die die Kriterien des für diese Organisation verantwortlichen Alpenvereins erfüllen. Und das spricht auch für die Ursprünglichkeit des Tals. Und für die vielfältigen Möglichkeiten an Bergtouren. Man ist hier ganz hinten im Tal nur wenige Kilometer von der italienischen Grenze und auch vom Stubaier Gletscher entfernt. Klassische Touren führen etwa zur Innsbrucker Hütte auf dem Jubiläumssteig oder vom Gasthof Feuerstein entlang der Materialseilbahn und weiter zum 3277 Meter hohen Gipfel des Habicht. Ein Programm für einen ganzen Bergurlaub ist die Gschnitztaler Hüttentour, die auf sechs Tagesetappen von Steinach über die Tribulaunhütte, Bremer Hütte, Innsbrucker Hütte und das Padasterjochhaus bis zur Blaserhütte unweit von Steinach eine Runde durch das Tal macht. Der Blaser gilt übrigens als blumenreichster Berg Tirols.

WEITERE INFORMATIONEN

Tourismusverband Wipptal
Rathausplatz 1
A-6150 Steinach in Tirol
Tel. 0043 5272 6270
www.wipptal.at

BRANDENBERG IN TIROL – WO EINST SISI WANDERTE

TIROL OHNE TRUBEL

Das Brandenberger Hochtal liegt fast verborgen abseits des Inntals und hat sich seine Ursprünglichkeit und Natürlichkeit bis heute erhalten.

Wer auf der Inntalautobahn durch das Tiroler Unterland Richtung Innsbruck unterwegs ist, passiert etliche bekannte und beliebte Feriendestinationen. Zuerst das Kufsteinerland, dann links das Brixental Richtung Kitzbühel, das Alpbachtal und Zillertal und gegenüber den Achensee. Es gibt aber auch ein Tal, das nur Insidern bekannt ist, das sich hinter einer engen und kurvenreichen Straße versteckt und die Anfahrt mit einer wildromantischen Naturlandschaft, mit einer erstaunlich vielfältigen Tier- und Pflanzenwelt belohnt und das Ganze mit einer imposanten Bergkulisse garniert. Von der Autobahnausfahrt Kramsach sind es gut sieben Kilometer, zuerst durch den Ort Kramsach, vorbei am Hotel Sonnenuhr, bis die Brandenberger Landesstraße für knapp vier Kilometer in den Wald hineintaucht. Von nun an schlängelt sich die Straße über offenes Wiesengelände bis zum Dorf Brandenberg, dem ersten von fünf Ortsteilen entlang der kurvenreichen Straße. Es handelt sich dabei um kleine, weit verteilte Streusiedlungen auf einem abwechslungsreichen und recht sonnenreichen Gelände. Das letzte Stück auf der Fahrt durch das Brandenberger Hochtal von Unterberg bis zum Weiler Pinegg begleitet dann den Lauf der Brandenberger Ache. Noch ein Tipp zur Anreise: Alternativ zur gut ausgebauten

Landesstraße könnte man auch entlang der Brandenberger Ache einen direkteren, aber auch kurvenreicheren Weg vorbei an der Wallfahrtskirche Mariathal und der Tiefenbachklamm nehmen.

DIE TOSENDEN WASSERMASSEN STÜRZEN GEN TAL. IN DER KAISERKLAMM HAT DIE BRANDENBERGER ACHE EINEN RICHTIGEN CANYON GESCHAFFEN.

Das Tal der Schmetterlinge

Die etwas mühsame Erreichbarkeit hat dem Hochtal über Generationen eine heute sehr begehrenswerte Ursprünglichkeit beschert. Eine Besonderheit von Brandenberg und zudem ein Beweis für die natürliche Lebensqualität ist die außergewöhnliche Vielzahl von Schmetterlingen, die man hier beobachten kann. Rund 800 verschiedene Arten wurden hier gezählt, die in den Frühjahrs- und Sommermonaten die Wiesen bevölkern. Ein Rundwanderweg, der zu den besten Plätzen führt, an denen man die Schmetterlingspracht erleben kann, wurde extra dafür angelegt. Er verläuft vom Gasthof Kaiserhaus ganz hinten im Tal zum Oberen Kaiserboden, zur Brandalm und zur Weißachmündung. Für den Weg zurück hat man die Wahl zwischen dem engen Steig in der Kaiserklamm oder der deutlich bequemeren Forststraße.

Die Ache als Lebensader

Eine sehr wichtige Rolle spielte hier immer schon die Brandenberger Ache. Sie entsteht als Zusammenfluss aus der Roten und Weißen Valepp drüben im bayerischen Grenzgebiet und mündet nach 22 Kilometern in den Inn. Die Ache bedeutete über die Jahrhunderte hinweg die Lebensader des Tals. Bereits im frühen 15. Jahrhundert begann man damit, den Waldreichtum zu nutzen und die geschlagenen Bäume auf der Ache hinunter ins Inntal zu transportieren. Diese Trift war eine ziemlich schwere und nicht ungefährliche Arbeit. In Kramsach wurden die Stämme mit einem großen Rechen aufgefangen und an Land gezogen. Mit dem Holz wurde vor allem der Kupfer- und Silberbergbau in Brixlegg versorgt. Die Trift wurde bis zum Jahr 1966 praktiziert. Diesem Brauch verdankt man es, dass es heute die Triftsteige durch die Kaiserklamm und Tiefenbachklamm gibt, die heute die bekanntesten Sehenswürdigkeiten im Tal sind. Heute zieht es vor allem viele Wildwasser-Kajakfahrer zur Brandenberger Ache.

DURCH DIE KAISERKLAMM

Zu einem Ausflug in das Brandenberger Hochtal gehört fast obligatorisch eine Tour zum Kaiserhaus und durch die Kaiserklamm. Der Name kommt daher, dass hier schon Kaiser Franz Joseph mit seiner Sisi genächtigt hatte – und die war ja eine begeisterte Bergwanderin. Die Tour startet im Weiler Pinegg ganz hinten im Tal, nimmt zuerst eine kurze Steigung und führt dann eine gute halbe Stunde ganz gemütlich an der Ache entlang bis zum traditionsreichen, gut 500 Jahre alten Gasthof Kaiserhaus. Dort sind es nur wenige hundert Meter bis zum Triftsteig, der in die Kaiserklamm hineinführt. Dieser spektakuläre Weg, unter dem das Wasser durch die Klamm rauscht, ist gut einen Kilometer lang. Zurück kann man bequem auf dem Forstweg laufen.

WEITERE INFORMATIONEN

Alpbachtal Tourismus
Zentrum 1
A-6233 Kramsach
Tel. 0043 5337 21200
www.alpbachtal.at

16

THIERBACH IN DER WILDSCHÖNAU – PURE NOSTALGIE

UNGEWÖHNLICHE BEGEGNUNGEN WEIT WEG VOM ALLTAG

Lange, kurvenreiche Anfahrten werden manchmal üppig belohnt. So wie in dem abgelegen Bergdorf Thierbach in der Wildschönau, wo man nicht nur auf alpine Naturschönheiten, sondern auf etliche überraschende Geschichten stößt.

Von einem Extrem ins andere ist es oft nicht weit. So geht es einem, wenn man von Wörgl im Inntal mit seinem weitläufigen Gewerbegebiet die kurvige Straße hinauf in die Wildschönau nimmt, einem idyllischen und bodenständigen Hochtal. Kleine Ortschaften mit fein herausgeputzten Bauernhäusern säumen den Weg bis Niederau und Oberau. Es geht aber noch besser. Dazu muss man weiter bis zum Weiler Mühlthal fahren und nach der Brücke über die Wildschönauer Ache rechts abbiegen. Nun folgt eine kurvenreiche Straße bergauf bis Thierbach, dem abgelegensten Ort in der Wildschönau. Dafür erlebt man hier pure Nostalgie und eine Atmosphäre, wie man sie sonst nur aus Heimatfilmen zu kennen glaubt. Links an der Straße steht die Volksschule, die heute noch eine einklassige Schule mit durchschnittlich 13 bis 15 Schülern ist. Für die Schüler aus den umliegenden Bauernhöfen eine praktische Einrichtung, da sie sich so den langen Weg Richtung Tal sparen. Thierbach ist eine winzige Siedlung auf 1150 Metern Höhe mit nur 150 Einwohnern. Wie es sich für ein Tiroler Bergdorf gehört, steht gegenüber dem Schulhaus die stattliche Kirche mit einem mächtigen Zwiebelturm. Nur ein paar Meter links neben der Kirche steht, wie es so üblich ist, ein traditioneller Gasthof – und das ist ein

SO MANCHER MOTORSPORT-FAN HAT HIER NICHT NUR EIN AUGE FÜR DIE HÜBSCHEN HÖFE, SONDERN LÄSST SICH IN DER TUNING-WERKSTATT CONRAD GRUBER UNTER DIE HAUBE SCHAUEN.

ganz besonderer. Beim Sollererwirt kann man in der altehrwürdigen Speckbacher Stube sitzen, wo 1809 der Freiheitskämpfer Josef Speckbacher, Mitstreiter von Andreas Hofer, den Aufruf zum Kampf gegen die Bayern und Franzosen proklamiert hatte. Wer kein Schießgewehr hat, möge Spieße oder Mistgabeln an lange Stangen machen und damit sein Möglichstes tun, hat es damals geheißen. Für die Tiroler ist das natürlich ein besonders geschichtsträchtiger Ort. Aber Thierbach bietet noch mehr ungewöhnliche Attraktionen. Dazu mag auch der Bauernhof vom Gruber Conrad rechts oberhalb der Kirche gehören, der dort seit vielen Jahren eine Hightech-Autowerkstatt führt und Sportwagen-Tuning für seine internationale Kundschaft praktiziert.

Besuch im Silberbergwerk

Für Bergliebhaber, und das sind im Prinzip alle, die hierherkommen, ist Thierbach ein exzellenter Ausgangsort für Touren zum Schatzberg. Für Besucher mit Kindern ist der nahe Waldfamilienweg rund um den Thierbacher Kogl die sanftere Alternative. Ebenfalls empfehlenswert, unabhängig vom Alter, ist ein Ausflug zum etwas abgelegenen Schaubergwerk Lehenlahn, wo früher Silber abgebaut wurde. In dem etwas versteckt im Wald liegenden Bergwerk gibt es ein Stollenlabyrinth, dazu eine Ausstellung über die Arbeit der Bergleute und deren Werkzeuge sowie eine Sammlung von Edelsteinen. Für die ganz kleinen Besucher wurde ein Märchenstollen eingerichtet. Dazu werden auch Führungen angeboten.
Für ein winziges, abgelegenes Bergdorf hat Thierbach also viel zu bieten. Was es so besonders macht, das ist die Atmosphäre und das Gefühl, dass man sich hier im positiven Sinn am Ende der Welt befindet: mitten in der Natur, ohne Durchgangsverkehr und mit einer guten Portion Nostalgie. Beste Voraussetzungen für erholsame und vor allem entschleunigende Urlaubstage. Zu diesem Zweck bieten der Sollererwirt und eine Handvoll anderer Gastwirte Zimmer und Appartements.

BERÜHMTE VORFAHREN

Auf dem Weg von Oberau hinauf nach Thierbach zweigt kurz vor dem Ziel rechts eine schmale Straße ab. Dort erreicht man nach wenigen Metern rechts einen stattlichen, ganz aus Holz gebauten Bergbauernhof. Der Hörbighof ist eine Jausenstation wie aus dem Bilderbuch, mit schönen alten Stuben, typischen Tiroler Spezialitäten von der Brettljause bis zum Kaiserschmarrn und einem herrlichen Ausblick Richtung Kaisergebirge auf der rückwärtigen Seite. Hier an diesem Hof hat die Schauspielerdynastie der Hörbiger ihre Ursprünge. Der bekannte und 1876 verstorbene Orgelbaumeister Alois Hörbiger, der aus Thierbach stammte und auch die Kirchenorgeln baute, war der Urgroßvater der Schauspieler Attila und Paul Hörbiger. Der Stammbaum ist im Hörbighof ausgestellt.

WEITERE INFORMATIONEN

Wildschönau Tourismus
Oberau 337
A-6311 Wildschönau
Tel. 0043 5339 8255
www.wildschoenau.com

WILDBACH IN DER NÄHE DER
OBERSTALLERALM BEI INNERVILLGRATEN

17

INNERVILLGRATEN – DORF MIT BEWEGTER GESCHICHTE

INNERVILLGRATEN: FAST SO SCHÖN WIE IM HEIMATFILM

Ein Bergbauerndorf wie in guten alten Zeiten. Innervillgraten hat mit seiner archaischen Atmosphäre, seinen schönen alten Bauernhöfen und wegen ungewöhnlicher Geschichten ganz besondere Qualitäten.

Manchmal kann man auch durch Nichtstun erfolgreich sein und berühmt werden. Innervillgraten, ein abgelegenes Bergdorf in Osttirol unweit der Grenze zu Italien, ist so ein Beispiel. Hier scheint die Zeit stehengeblieben zu sein und das in mehrfacher Hinsicht. In Innervillgraten, dem archaischen Dorf auf 1400 Metern Höhe mit seinen knapp 2000 Einwohnern, findet man keine protzigen Gewerbebauten oder monströse Bettenburgen, sondern jahrhundertealte Bauernhöfe mit massiven Holzbalkonen und bunten Geraniendekorationen, die sich auf dem flachen Talkessel verteilen. Dazu kommen ein paar Gasthäuser und Pensionen und mittendrin die Kirche. Es gibt einen kleinen Laden, ein paar Handwerkerbetriebe und etwas abseits links auf der anderen Seite des Villgratenbachs einen Gewerbebetrieb: Bei der Villgrater Natur spielt Schafwolle die Hauptrolle und wird auf vielfältige Art verarbeitet. In dem Verkaufsraum direkt bei der Produktionsstätte gibt es Decken, Kissen, komplette Betten sowie Handschuhe, Pantoffeln und Pflegeprodukte von Zirbe und Murmeltier und noch vieles mehr.

Wandern zum alten Sägewerk

Geblieben ist über die Jahrzehnte das Bild des ursprünglichen Bergdorfs. Im Sommer kommen die Gäste zum Wandern und seit einigen Jahren ist Innervillgraten auch Station des neu geschaffenen Pilgerwegs »Hoch und Heilig« quer durch ganz Osttirol. Die meisten Wanderer zieht es hinter zum Talschluss und rechts den sanft ansteigenden Weg hinauf zur Unterstalleralm mit einer gemütlichen und wie im Tal üblichen traditionellen Jausenstation. Der Übergang über das Villgrater Törl auf 2500 Metern Höhe ins Defereggental ist mit dem steilen Aufstieg von der Unterstalleralm allerdings recht anspruchsvoll. Im Sommer kann die Natur des Villgratentales auch bestens mit dem Mountainbike oder E-Bike erkundet werden. Eine besondere Attraktion ist auch die Wegelate Säge auf dem Weg hinauf zur Unterstalleralm: Das Venezianer Sägewerk ist das einzige noch mit Wasser betriebene venezianische Gatter und mittlerweile Teil eines Freilichtmuseums.
Im Winter ist das Tal ein gefragtes Revier für Skitouren.

Beliebte Filmkulisse

Die nostalgische Atmosphäre gefiel auch etlichen Filmproduzenten. Innervillgraten gilt als ideale Kulisse für massenkompatible Herzschmerzfilme wie den Mehrteiler *Im Tal des Schweigens* mit den seifenopernerprobten Protagonisten Christine Neubauer und Sascha Hehn, die das Bergbauernpaar spielten, das sich gegen böse Geschäftemacher und den Ausverkauf der schönen Heimat wehrt. Ein Plot, der sich schon in den glorreichen 1950er-Jahren bewährt hatte. Die Gutmenschen aus dem Bergdorf gegen die ruchlosen Eindringlinge, die das Idyll aus purer Profitgier verhunzen wollen. Doch das sind nicht die einzigen Geschichten, die Innervillgraten populär machten.

NAHE INNERVILLGRATEN FAND DER WILDERER PIUS WALDER SEINE LETZTE RUHESTÄTTE.
DAS ROMANTISCHE TAL DIENT IMMER MAL WIEDER ALS KULISSE FÜR FILMPRODUKTIONEN.

Der Wilderer Pius Walder

Wer dem breiten Talboden folgt und auf der Straße geradeaus weiterfährt, kommt an eine Gabelung. Links führt die Straße hinauf zur Wallfahrtskirche Maria Schnee Kalkstein, die man auf einer kurvigen Straße vorbei an uralten Bauernhöfen erreicht und die 1660 nach einer Pestepidemie erbaut worden war. Dort befindet sich im kleinen Friedhof gleich links neben dem Zugang das monumentale Grabmal des Walder Pius – Grabmal ist allerdings eher eine Untertreibung. Ein kleines Mausoleum ist da schon eher die treffende Bezeichnung. 1982 wurde der Wilderer in flagranti von Jägern erschossen. »Ich wurde am 8. September 1982 in Kalkstein von zwei Jägern aus der Nachbarschaft kaltblütig und gezielt beschossen und vom achten Schuss tödlich in den Hinterkopf getroffen.« So stehts auf dem Grabstein, und so wurde der damals 30-jährige Pius zur Legende. Dafür sorgte auch der nachhaltige Streit zwischen Jägern und den drei Brüdern des Verblichenen. Der Pfarrer, der keine Messe für den Pius lesen wollte, wurde verprügelt. Bei der Gerichtsverhandlung in Innsbruck wurden Platzkarten verteilt und Kontrollen wie bei Terrorismusprozessen angestrengt. Auch heute noch reden die Leute in Innervillgraten nicht so gern darüber.
Dass man behutsam modernisieren kann, dafür ist der Gannerhof gleich am Ortseingang ein eindrucksvolles Beispiel. In dem altehrwürdigen Gasthof werden vor allem bäuerliche Produkte zubereitet, die zum Teil aus der eigenen Landwirtschaft stammen, wie etwa die Villgrater Schlipfkrapfen oder Lammrücken und als Nachtisch die Nussknödel. Das meiste kann man hier nicht nur bei Tisch genießen, sondern auch mit nach Hause nehmen: zum Beispiel den Speck, die Hauswürsteln, Bauernbrot, Honig und Marmeladen sowie Holler- und Vogelbeersaft. Das alte Bauernhaus der Familie Ganner verfügt dazu über nostalgische Gästezimmer samt Vertäfelungen aus alten Bauernhäusern, schmiedeeisernen Lampen und Schafwollbetten. Daneben steht das nach biologischen Kriterien gebaute Gästehaus mit seinen gemütlichen Gästezimmern. Wer es lieber bodenständig und einfacher mag, findet im Gasthof Raiffeisen gleich neben der Kirche ein entsprechendes Quartier mit guter regionaler Küche.
Dass die Leute in Villgraten ein ganz eigener Schlag sind, das dokumentiert auch eine alte Geschichte aus unguten Zeiten. 1938 dekorierte ein Bauer seinen Balkon mit dem traditionellen Gruß »Grüß Gott« anstelle des damals vorgeschriebenen »Heil Hitler«. Dass er von den Nazi-Schergen verschont blieb, verdankte er dem Umstand, dass er der einzige war, der die Wasserspritze der Feuerwehr bedienen konnte. Den Gruß kann man heute noch am Balkon lesen.

URLAUB WIE ANNO DAZUMAL

Der Weg von Innervillgraten zum Talschluss und rechts hinauf zur Unterstalleralm ist eine sehr beliebte Strecke. Wer dann noch weiter hinaufgeht, erreicht auf rund 1900 Metern Höhe die Oberstalleralm. Die ist mittlerweile eine Villgratener Institution. Die Siedlung mit 16 Hütten und der markanten hellen Erzengelkapelle in der Mitte bietet archaische Urlaubserlebnisse. Die ziemlich originalen Hütten können gemietet werden, sind sehr malerisch, dabei auch begrenzt komfortabel, aber dennoch sehr gefragt. Essen und Trinken sollte man sich selbst mitbringen. Die Zufahrtsstraße ist im Sommer mit einigen Kurven recht gut befahrbar. Bei der etwas weiter unten gelegenen Unterstalleralm gibt es eine Jausenstation. Ähnliche Angebote gibt es auch auf der benachbarten Kamelisenalm oberhalb von Innervillgraten.

WEITERE INFORMATIONEN

Tourismusverband Osttirol
Mühlgasse 11
A-9900 Lienz
Tel. 0043 50 212 212
www.osttirol.com

KAPUZINERBERG SALZBURG – MEHR ALS NUR EIN BERG

EIN RICHTIGER BERG MITTEN IN SALZBURG

Die Salzburger haben es gut. Sie können für Bergtouren zuhause bleiben – mit dem Kapuzinerberg haben sie einen veritablen Gipfel mitten in der Stadt. Und der steckt auch noch voller ungewöhnlicher Geschichten.

Er ist ein Kuriosum, wahrscheinlich einmalig im gesamten Alpenraum. Der Kapuzinerberg ist ein dichtbewaldeter Bergrücken mitten in der Stadt, der sich am östlichen Salzachufer aufbaut und dessen höchste Stelle gute 300 Höhenmeter über dem Salzachufer und der Altstadt liegt. Der Weg zum Kapuzinerberg beginnt direkt am Salzachufer beim Hotel Stein auf der Imbergstiege mit gut 250 steilen Stufen oder ums Eck in der Linzer Gasse, wo eine kurvige Straße hinauf führt bis zum Kapuzinerkloster. Oben vor dem Kloster wartet ein erster eindrucksvoller Aussichtsplatz. Die Klosterkirche mit den Reliefen auf der historischen Eichenholztür und der Klostergarten lohnen einen Abstecher. Gegenüber des Klosters versteckt sich hinter den Büschen das alte Paschinger Schlössl, eine romantische alte Villa, in der Stefan Zweig von 1919 bis 1934 wohnte, die allerdings nicht besichtigt werden kann. Der erste steile Anstieg ist geschafft, und es wird nun gemütlicher. Der Schriftsteller wanderte jeden Tag zu Fuß ins

Kaffeehaus in die Altstadt und wieder zurück – kein schlechtes Fitnesstraining. Auch heute noch begegnet man ihm: Nach ihm ist ein Weg benannt und an der Mauer des Klostergartens steht eine Büste. Ein anderer Liebhaber des Kapuzinerbergs war der Dichter Georg Trakl, der Ende des 19. Jahrhunderts lange Spaziergänge am Kapuzinerberg unternahm, zuweilen auch im Wald nächtigte und vor seinen Depressionen flüchtete. Einige Beispiele seiner expressionistischen Lyrik sind mit Gedenktafeln an Hausmauern unten in der Stadt verewigt. Hinter dem Kloster passiert man die einstige Mautstation und trifft auf eine Weggabelung, wo links eine Mozartstatue in der Wiese steht. Sie erinnert daran, dass hier viele Jahre das Komponierhäuschen von Mozart stand, in dem Teile seiner *Zauberflöte* entstanden waren. Mittlerweile steht es unten in der Stadt neben dem Mozarteum. Der rechte Weg führt nun fast flach durch den Wald, vorbei an zwei Teichen zu einer kleinen Villensiedlung. Dort soll sich vor kurzem, so geisterte die Schlagzeile durch die Boulevardpresse, die Schlagersängerin Helene Fischer ein Domizil gekauft haben. Das ist eher ungewöhnlich für den Kapuzinerberg, der sonst ein verschwiegener Berg ist, wohin die Leute kommen, um ihre Ruhe zu haben. Auf den schmalen Wegen durch den Wald funktioniert das auch gut. Spaziergänger, Jogger und selten auch ein Mountainbiker mögen einem begegnen. Taxis kommen hier selten rauf, weil viele Taxler den steilen und engen Weg scheuen. Unten beim Kloster hat man herrliche Ausblicke nach Westen über die Altstadt, rüber zum Untersberg und weiter bis zum Watzmann. Weiter oben tut sich der Blick auf zur Ostseite zum nahen Gaisberg. Unterwegs erscheint es schwer vorstellbar, dass man sich hier mitten in der Stadt Salzburg bewegt und dass einem dabei theoretisch auch Gämsen über den Weg laufen könnten. Die leben hier oben nämlich schon seit einigen Jahren und werden eigens vom Stadtgärtner Manuel Kapeller regelmäßig gefüttert, damit sie, wie er erzählt, nicht zur Futtersuche runter ins Stadtgebiet laufen.

Wie es sich für eine ordentliche Bergtour gehört, gibt es auch am Kapuzinerberg ganz oben eine Einkehrmöglichkeit.

DAS FRANZISKISCHLÖSSL BLICKT AUF EINE BEWEGTE GESCHICHTE ZURÜCK. IM 17. JAHRHUNDERT SOLLTE ES SCHUTZ GEGEN DIE SCHWEDISCHEN INVASOREN BIETEN. HEUTE GENIESST MAN VON HIER DIE HERRLICHEN AUSBLICKE IN DIE BERGE.

EINE BURG FÜR GENUSSMENSCHEN

Ganz oben, wenn man aus dem Wald herauskommt, belohnt einen nicht nur der herrliche Ausblick, sondern auch die Ansicht des Franziskischlössls. 1629 wurde es auf Geheiß des Erzbischofs Paris Lodron erbaut, um sich gegen die Angriffe im Dreißigjährigen Krieg zu wappnen. Später wurde es als Jagdschloss und Soldatenheim genutzt, bis es schließlich zum Gasthaus umfunktioniert wurde. Die Wirtsleute bieten hier eine kreative regionale Küche. Auch der Honig, diverse Liköre und sogar das Ketchup sind hausgemacht und werden im eigenen Shop verkauft. Das Schlössl ist ein beliebtes Ausflugslokal und vor allem als Hochzeitslocation gefragt. Die wahrscheinlich ruhigste und aussichtsreichste Unterkunft in ganz Salzburg.

WEITERE INFORMATIONEN

Salzburg Information
Tel.0043 662 889870
www.salzburg.info

Franziskischlössl
Kapuzinerberg 9
A-5020 Salzburg
0043 662 872595
www.franziskischloessl.at

19

STIEGLGUT WILDSHUT – ALTERNATIVE LANDWIRTSCHAFT

FEINES LANDLEBEN IM BIO-BIERGUT

Eine kreative Brauerei in einem ganz aus Holz gebauten Gebäude, eine Biolandwirtschaft inklusive hochwertiger Gastronomie und stilvolle Übernachtungsmöglichkeiten. Im Biergut der Brauerei Stiegl zelebriert man allerfeinstes Landleben.

Es liegt zwar nicht direkt in den Bergen – selbige, wie das mächtige Untersbergmassiv, sind aber immer in Sichtweite. Für diesen wirklich überschaubaren Abstecher in die Gegend nördlich von Salzburg gibt es viele gute Gründe. Normalerweise ist das Ostufer der Salzach gut 30 Kilometer nördlich von Salzburg keine besonders bemerkenswerte Gegend. Aber es gibt dort einen Ort, der auf sehr eindrucksvolle Weise zeigt, wie verführerisch und wohlschmeckend die Begriffe »bio« und »regional« interpretiert werden können. Das Gut Wildshut ist ein Traditionsbetrieb unweit von Sankt Pantaleon. Bereits 1917 hatte es die Salzburger Brauerei Stiegl gekauft und in den letzten 15 Jahren zu einem Refugium des guten und gesunden Geschmacks werden lassen. Seit 2006 experimentiert man in Wildshut mit der Rekultivierung alter Urgetreidesorten und dem Mischfruchtanbau. Außerdem werden auf dem Gut alte Nutztierrassen wie das Pinzgauer Rind, das Tiroler Bergschaf und das Mangalitza-Schwein gehalten. Den Rindern und Schweinen wird der Biertreber als nahrhafte Mahlzeit zugefüttert. Dazu wird auf dem Gut viel experimentiert, wie Böden fruchtbar genutzt werden können und wie sich ein natürlicher Kreislauf im Einklang mit der Natur entwickeln lässt.

WILDSHUTER MÄNNERSCHOKOLADE ODER GMAHDE WIESN? NICHT NUR BEI DER NAMENSGEBUNG DER BIER-KREATIONEN IST MAN HIER KREATIV.

Feinste Bierspezialitäten

Im Mittelpunkt steht natürlich die Brauerei. Das vor Ort angebaute Urgetreide kann hier nach eigenen Vorstellungen in einer weltweit einzigartigen Kombination aus Mälzerei und Rösterei veredelt werden. Dabei können unter anderem Malze mit Karamellgeschmack oder kaffeeartigen Noten hergestellt werden. Seit ein paar Jahren steht hier die erste Vollholzbrauerei Österreichs, die nach der Methode des Holzbauexperten Erwin Thoma aus Bruck an der Großglocknerstraße ganz ohne Leim und Metallverbindungen gebaut wurde.

Wer sich mit der Kunst des traditionellen Bierbrauens näher beschäftigen will, kann sich für eine etwa einstündige Führung anmelden. Dabei werden alle Schritte des Bierbrauens vom Getreide bis zum Mälzen und Rösten und dem Brauen demonstriert. Zum Abschluss darf natürlich auch eine Verkostung der Wildshuter Bio-Biere nicht fehlen.

Ein Ausflug nach Wildshut muss sich nicht auf informative Aktivitäten beschränken. Hier kann man sich im Restaurant einen Mangalitza-Schweinebraten mit Kraut und Knödel gönnen oder eine Wildshuter Jause mit hausgemachtem Brot. Im Krämerladen kann man sich noch mit Bieren aus der hiesigen Brauerei wie dem Urbier, Limonaden, Biersalzen, Edelbränden und Hopfen-Gin aus eigener Produktion eindecken. Ebenfalls im Angebot sind zudem Spezialitäten von lokalen Produzenten wie Käse oder Wildsalami. Als Mitbringsel für zuhause bietet sich auch die hauseigene Bio-Kosmetiklinie mit Shampoo, Lotion und Haartonic an.

Und wem es hier besonders gut gefällt, der kann auch länger bleiben. Dafür gibt es ein Gästehaus mit Betten aus Zirbenholz und Hopfenkissen und einem Raum der Stille für Yogaübungen. Außerdem stehen Fahrräder und Stand-up-Paddles für diverse Ausflüge zur Verfügung.

AUF ZWEI RÄDERN ZUM BIERGUT

Ein Ausflug mit dem Fahrrad von Salzburg wäre eine sinnvolle Option. Gerade wenn man die kulinarischen Qualitäten des Bierguts genießen will, kann etwas Bewegung ja auch nicht schaden. Der Tauernradweg führt von Salzburg aus an der Salzach entlang Richtung Burghausen und Passau und direkt am Biergut vorbei. Dafür radelt man in Salzburg von Anfang an auf der rechten Uferseite und stets entlang der Salzach. Nur vor Oberndorf verlässt der Weg kurz den Fluss.

Die Radtour lässt sich übrigens auch mit der Salzburger Lokalbahn kombinieren, die eine eigene Haltestelle beim Gut Wildshut hat. Radtransport ist grundsätzlich möglich, sofern Platz vorhanden ist.

WEITERE INFORMATIONEN

Stiegl-Gut Wildshut
Wildshut 8
A-5120 Wildshut
www.biergut.at

AUCH PARAGLIDEN IST EINE SANFTE ART DER FORTBEWEGUNG, DIE IN WERFENWENG GUT PRAKTIZIERT WERDEN KANN.

20

WERFENWENG – DAS VORZEIGEDORF

WERFENWENG, SANFT MOBIL

Ein kleines Bergdorf in den Salzburger Bergen nur ein paar Kilometer oberhab der Tauernautobahn mit erstaunlichen Qualitäten. Hier dreht sich fast alles um sanfte Mobilität. Und das macht den Gästen überraschend viel Spaß.

Werfenweng ist ein beschauliches Bergdorf oberhalb der Tauernautobahn etwa eine halbe Autostunde südlich von Salzburg. Ein abgeschiedener flacher und offener Talkessel, eingerahmt von hohen Gipfeln, eine mächtige Dorfkirche umgeben von Gasthäusern, Hotels und Bauernhöfen. Im Sommer ein reizvolles Wandergebiet mit vielen Touren, im Winter ein kleines, feines Skigebiet mit 25 Pistenkilometern rund um die 1834 Meter hohe Bischlinghöhe und dank des fast ebenen Terrains ideal zum Langlaufen. Doch das kleine Werfenweng im Salzburger Land ist nicht nur bodenständig und idyllisch. In den letzten Jahren hat das Dorf mit seinen 850 Einwohnern etliche internationale Auszeichnungen gesammelt, darunter den Europäischen Dorferneuerungspreis, den European Public Transport Award, den Zipfer Umweltpreis, den VCÖ Mobilitätspreis und den Europäischen Solarpreis. So viel Anerkennung bekamen die Werfenwenger für ihr Modell der sanften Mobilität, kurz Samo.

Der sanft mobile Gast reist idealerweise mit der Bahn an und wird am acht Kilometer entfernten Bahnhof vom Shuttleservice abgeholt und ins Hotel gebracht. Als Belohnung gibt es für die bahnreisenden Samo-Gäste, die ihr Quartier in einer Samo-Unterkunft gebucht haben, die Samo-Card. In den Genuss kommen auch Leute, die mit dem Auto anreisen und für den Aufenthalt ihren Autoschlüssel deponieren. Die Samo-Card kostet lediglich eine Gebühr von 10 Euro, bietet aber Leistungen im Wert von mehr als 350 Euro, verspricht man in Werfenweng. Man bekommt sie im Büro des Tourismusverbands gegen Vorlage einer Bescheinigung des Gastbetriebs.

Unterwegs mit der Fun-Flotte

Die Samo-Unterkünfte findet man auf der Website www.werfenweng.eu. Man erkennt sie auch an dem Samo-Schmetterling, dem Logo der sanften Mobilität in Werfenweng. Und die ist der Schlüssel zu den vielen Vergünstigungen und Belohnungen, denn der Erfolg von Samo, erzählt der Bürgermeister und Initiator des Modells, Peter Brandauer, beruht auf dem Belohnungsprinzip.

Die erste wichtige Frage für den autolosen Winterurlauber ist natürlich: Wie komme ich vom Quartier zu den Pisten und Loipen, wie zurück und was ist, wenn ich einen Ausflug machen will? Dafür haben die Werfenwenger ihren ganz speziellen Chauffeurservice. Das W^3-Shuttle holt die Gäste von den Bahnhöfen Werfen, Pfarrwerfen oder Bischofshofen ab und bringt sie samt Gepäck zu ihrem Quartier in Werfenweng. Dieser Service steht nicht nur zur An- und Abreise zur Verfügung, sondern auch für einen Einkaufsbummel oder Besorgungen. Für Fahrten im und rund um das Dorf gibt es das Ortstaxi Elois, das von 9 Uhr morgens bis abends um 22 Uhr unterwegs ist. Diese Angebote stehen ganzjährig zur Verfügung.

BERGFREUDEN VERSPRICHT DIE LANDSCHAFT BEI WERFENWENG. DIE TALSTATION DER DORFBAHN ROSNERKÖPFL IST EIN GUTER AUSGANGSPUNKT ZUM WANDERN.

Besonders reizvoll ist die sanfte Mobilität in Werfenweng während der Sommersaison. Dann stehen nämlich viele verschiedene Fahrzeuge für individuelle Touren zu Verfügung. Dazu gehören konventionelle E-Bikes, mit denen man auch locker bergauf strampeln kann und eine Flotte von Fun-Fahrzeugen. Das sind teils sehr kreative Fahrzeuge auf zwei, drei oder vier Rädern, mit denen man im Dorf und rundherum im weiten Talgrund gemütliche Ausflüge machen und mitunter ein völlig neues Fahrgefühl erleben kann. Man soll in Werfenweng aber nicht nur fahren, sondern auch laufen – oder besser gesagt wandern. Dafür gibt es viele reizvolle Strecken, wie etwa den Ikarus-Höhenrundwanderweg um den Bischlinggipfel, den Sonnseitnweg, die Tennengebirgsplateau-Runde rauf zum Mittleren Streitmandl und einen Almlehrpfad.

Die Meister der sanften Mobilität

Entstanden ist die sanfte Mobilität in Werfenweng Mitte der 1990er-Jahre eigentlich aus der Not heraus. Damals war man sich im Rathaus im Klaren, dass man irgendetwas unternehmen müsste, um sich als kleiner Ort gegen die bekanntere und größere Konkurrenz in der Umgebung zu profilieren. Im Rahmen eines Projekts des Österreichischen Umweltministeriums wurde Werfenweng zum Modellort, beteiligte sich an EU-Projekten und wurde Gründungsmitglied der Alpine Pearls, einem losen Zusammenschluss von Alpendestinationen, die sich der sanften Mobilität verschrieben haben. Zumindest auf dem Papier, denn keiner der Orte hat die Vorhaben so ehrgeizig umgesetzt wie Werfenweng. Mit der sanften Mobilität gelang es immerhin, die Nächtigungszahlen um ein Viertel zu steigern. Mit seinen sanft-mobilen Attraktionen und Angeboten ist Werfenweng ideal für den entspannten Familienurlaub.

FERIEN IM KANADISCHEN BLOCKHAUS

Ganz hinten im Talkessel von Werfenweng direkt neben der Skiabfahrt am Fuße der Bischlinghöhe steht das ungewöhnlichste Quartier im Ort. Im Sommer hat man viele Wanderwege, im Winter das Skigebiet vor der Haustür. Im Woodridge wohnt man in klassischen kanadischen Blockhäusern, gebaut mit massiven Holzstämmen und entsprechend stilvoll rustikal eingerichtet. Zur Wahl stehen 12 Luxus-Chalets mit Platz für zwei bis zehn Personen je nach Typ. Die Blockhäuser sind schadstofffrei gebaut und werden mit grünem Strom versorgt. Zur Serienausstattung gehören eine Sauna und ein Außenwhirlpool. Jeden Morgen wird ein Korb mit dem gut sortierten Frühstück inklusive Müsli, Schinken, Käse, hausgemachten Marmeladen, Almkräutertee und Säften vor die Tür gestellt. Optional werden Massagen und Gesichtsbehandlungen angeboten.

WEITERE INFORMATIONEN

Tourismusverband Werfenweng
Weng 42
A-5453 Werfenweng
Tel. 0043 6466 420
www.werfenweng.eu

Woodridge
Weng 202
A-5453 Werfenweng
Tel. 0043 664 1233087
www.woodridge.at

Besuch im Skimuseum

Keine Frage, das romantische Werfenweng ist ein zukunftsträchtiger Ort. Man kann hier aber auch einen bezaubernden Blick in die Vergangenheit werfen. Dafür gibt es das Skimuseum mitten im Ort. Hier erleben Besucher eine Zeitreise von den allerersten Skipionieren, die mit langen, schmalen Brettern durch den tiefen Schnee geschwungen sind, vom legendären Georg Bilgeri und seinen ersten Skikursen und natürlich von der Ausrüstung mit archaischen Holzlatten samt Riemenbindungen und simplen Lederschuhen bis zu den ersten Kunststoffstiefeln und Sicherheitsbindungen und bis zu aktuellen Hightech-Rennskiern. Als Kuriosität gibt es auch einen Zehn-Personen-Ski zu bewundern. Geöffnet ist das Museum während der Sommermonate jeweils am Mittwoch, Freitag und Sonntag von 13 bis 17 Uhr und während der Wintermonate am Donnerstag von 14 bis 18 Uhr.

GOLDEGG – EIN KLEINOD IM PONGAU

EINE FAST VERGESSENE SCHÖNHEIT IM SALZBURGER LAND

Das malerische Dorf Goldegg versteckt sich oberhalb der Salzach und war früher eine renommierte Sommerfrische. Heute ist es ein elegantes Kleinod für Eingeweihte.

Jedes mal, wenn ich da raufkomme, dann fühl ich mich wie in einer anderen Welt,« sagt die ältere Dame mit den grauen Locken. Und ihrem Urteil, dem Urteil einer erfahrenen Einheimischen, kann man schon vertrauen. Goldegg am See, ein kleines Dorf auf einem Hochplateau im Pongau, mit etwas mehr als 2500 Einwohnern, ist schon ein Kuriosum. Dem Besucher erschließt sich hier oben auf den ersten Blick eine ländliche Idylle. Rund um den See scharen sich alte gepflegte Wohnhäuser, einige Gasthöfe und Hotels, etwas abseits liegt ein nostalgisches Schwimmbad mit Holzkabinen und einem langen schmalen Steg. Dahinter ragt das mächtige Renaissanceschloss mit seinen weiß leuchtenden Mauern hervor, die alten Villen schmiegen sich ans Seeufer und weit oben erstrahlen die schneebedeckten Gipfel der Berge. Das Schloss, als Wehrbefestigung zum Schutz der Verbindungsstraße zwischen Pongau und Pinzgau gebaut, thront gleich neben der Kirche mit ihrem alten Friedhof und den vielen schmiedeeisernen Grabkreuzen. Rund um das Dorf erheben sich steile und weite Wiesenhänge, auf denen moderne und großzügige Wohnhäuser sitzen. Einen der Hügel heißen die Einheimischen augenzwinkernd den »Wiener Berg«, weil dort zahlreiche Hauptstädter ihre Wochenendhäuser haben.

Lebendiges Kulturleben

Bereits im 19. Jahrhundert kamen die ersten Leute zur Sommerfrische. Damals flüchteten die Leute vor der Hitze in den Städten in die Berge. Da war ein Ort wie Goldegg mit einem See und einem adligen Herrschaftssitz durchaus opportun. Die klassische Sommerfrische ist allerdings etwas aus der Mode gekommen. Das beschauliche Goldegg wirkt heute idyllisch, aber wenig spektakulär. Das ist die oberflächliche Betrachtung dieses Ortes, aber das kleine Goldegg besitzt erstaunliche innere Werte, für deren Entdeckung man sich freilich etwas mehr damit beschäftigen muss. Dazu ist ein Ausflug in das Schloss unverzichtbar. Das Bauwerk war ursprünglich eine Burg, die im 14. Jahrhundert von den Herren von Goldekke erbaut wurde. Über die Jahrhunderte wurde es abgerissen und an anderer Stelle neu aufgebaut, umgebaut, erweitert und ist heute das Epizentrum des bemerkenswerten Goldegger Kulturlebens und im Besitz der Gemeinde. Ein Aushängeschild sind die Goldegger Dialoge, eine Veranstaltungsreihe, die seit gut 40 Jahren veranstaltet wird. Hochrangige Experten beschäftigen sich hierbei vor allem mit Themen der Gesundheit und, wie es offiziell heißt, positiven Lebensbewältigung. Dazu gibt es noch die Goldegger Herbstgespräche, die ebenfalls im Schloss stattfinden und bei denen Experten aus Politik und Wissenschaft über gesellschaftliche Entwicklungen diskutieren. »Zeit zum Denken – Denken zur Zeit« ist das übergeordnete Thema dieser Veranstaltungsreihe. Die ländliche Beschaulichkeit von Goldegg muss kein Widerspruch zu den intellektuellen Begegnungen sein.

DIE ENTSTEHUNGSZEIT VON SCHLOSS GOLDEGG, EINER HANGBURG, WIRD AUF DAS 13./14. JAHRHUNDERT GESCHÄTZT.

Im Schloss gibt es auch eine Mal-Akademie und das Pongauer Heimatmuseum, dessen Exponate ein eher gehobenes Landleben vergangener Zeiten dokumentieren. Seit 2012 wird außerdem regelmäßig im September ein Thomas-Bernhard-Festival durchgeführt. Das Schloss bietet eine inspirierende Kulisse, und die Ruhe des Ortes versetzt gestresste Stadtmenschen offensichtlich in einen Zustand der Gelassenheit.

DAS HOTEL DER KÜNSTLER

Das Hotel Seehof am Seeufer ist Schauplatz literarischer Veranstaltungen und hat sich seit Jahren als Treffpunkt prominenter Kulturschaffender etabliert. Das Interieur wirkt verspielt, reicht von der alten Bauernstube aus dem 17. Jahrhundert bis zur modernen Galerie. Hier gibt es eine umfangreiche Bibliothek unter anderem mit dem Gesamtwerk von Thomas Bernhard und es werden Lesungen arrangiert. Die Zimmer sind sehr individuell, setzen als SeeZimmer, SchlossZimmer oder KunstZimmer unterschiedliche Akzente. In der GalerieSuite werden regelmäßig Ausstellungen organisiert. Im BernhardZimmer kann man sich auf eine intensivere Begegnung mit dem berühmten Schriftsteller einlassen. Kulinarisch spielt die regionale Küche die Hauptrolle.

WEITERE INFORMATIONEN

Tourismusverband Goldegg
Hofmark 18
A-5622 Goldegg
Tel. 0043 6415 8131
www.goldeggamsee.at

Der Seehof
Hofmark 8
A-5622 Goldegg
Tel. 0043 6415 81370
www.derseehof.at

22

KOLM SAIGURN – IM SCHATTEN DER DREITAUSENDER

STILLE TAGE IM TAL DER GOLDGRÄBER

Wer sich in das verschwiegene Raurisertal im Salzburger Land begibt, findet in der alpinen Einsamkeit Goldgräber, Skipioniere und einen nostalgischen Hideaway direkt unter dem Sternenhimmel.

Es hat seine Besonderheiten, wenn man berühmte Nachbarn hat wie das Gasteinertal oder den Großglockner. Das Raurisertal im Salzburger Land ist trotz seiner ungewöhnlichen Geschichte und Geschichten ein Geheimtipp geblieben. Vom Salzachtal schlängeln sich etliche Kurven bergauf, dann zieht sich die Talstraße auf gut 22 Kilometern bis ans Ende direkt unter dem 3106 Meter hohen Gipfel des Sonnblick. Ein breiter, offener Talboden begleitet die Fahrt, kleine, fast archaisch wirkende Dörfer säumen den Weg. Ein stilles, anachronistisch wirkendes Tal, das aber schon früh Besucher anzog. Kelten und Römer besuchten die Gegend und hinterließen ihre Spuren. Später waren es vermutlich bajuwarische Adelsgeschlechter, die das Tal besiedelten. Im 16. Jahrhundert erlebte Rauris eine Blütezeit mit dem Gold- und Silberabbau. Bis zu 3000 Knappen arbeiteten im Bergbau, der im 19. Jahrhundert schließlich zum Erliegen kam, als die Funde immer spärlicher wurden. Einer, der ziemlich spät noch sein Glück versuchte, war Ignaz Rojacher, der 1844 als Kind armer Eltern geboren wurde, später als Ziegenhirte arbeitete, bis er schließlich beim Bergbau landete. Rojacher brachte es zwar zum Bergwerksbesitzer, viel Geld verdiente er damit aber nicht, was ihn auf die Idee brachte, mit dem Tourismus eine neue Einnahmequelle zu schaf-

AM FUSSE DES SONNBLICK, EINGEBETTET INMITTEN DER UMLIEGENDEN DREITAUSENDER, LIEGT DER AMMERERHOF, DAS ERSTE GASTHAUS IM LAND MIT ELEKTRISCHEM LICHT.

fen. Ein altes Knappenhaus oben in Kolm-Saigurn baute er zum Gasthaus um. Mit dem Prager Agronomen Wilhelm Ritter von Arlt hatte er dabei einen umsichtigen und vermögenden Gesinnungsgenossen. Von einer Reise zur Weltausstellung in Paris brachten beide eine damals revolutionäre Lichtmaschine mit und installierten in Kolm-Saigurn eine dynamo-elektrische Maschine, mit der 16 Edison'sche Glühlichtlampen gespeist wurden. Während in den großen Städten noch altmodische Gaslampen Standard waren, hatte man hoch oben im hintersten Rauriser Tal modernste elektrische Beleuchtung – eine echte Sensation in diesen Tagen. 1885 baute Rojacher auf dem 3106 Meter hohen Sonnblick eine Wetterstation, die er eigenhändig zusammenzimmerte. Heute steht dort oben ein modernes Observatorium, das ganzjährig besetzt ist und im Winter Ziel von ambitionierten Skitourengehern ist. Ritter von Arlt brachte von einer Reise nach Schweden die ersten Ski ins Tal mit, lange bevor Ähnliches am Arlberg oder in Kitzbühel üblich war. Im Straßenbild im Zentrum von Rauris ist die bewegte Geschichte des Tals ebenfalls allgegenwärtig. Die Hausfassaden mit den gotischen Portalen erzählen davon ebenso wie die im Ursprung rund 1000 Jahre alte Kirche, der angrenzende Friedhof mit den filigranen schmiedeeisernen Kreuzen und vor allem das altertümliche Voglmayrhaus, das einst einem Goldbergwerksbesitzer gehörte, der es sich nach dem Vorbild feudaler Tiroler Herrschaftshäuser im 14. Jahrhundert bauen ließ.

Filmproduzenten begeisterten sich für das Tal, drehten Filme wie die *Bauernprinzessin* oder *Jennerwein*, der im echten Leben allerdings am Schliersee zuhause war. Drehort war Kolm Saigurn ganz hinten im Talschluss, wo man noch auf viele Relikte aus der Goldgräberzeit stößt. Auf einer Mautstraße erreicht man die ehemalige Goldgräbersiedlung auf rund 1600 Metern Höhe, die heute vor allem wegen zweier veritabler Gasthäuser und Bergtouren Richtung Sonnblick oder rüber ins Gasteinertal bekannt ist. Wer mehr auf Entschleunigung aus ist, kann sich zu Yoga im Freien oder auf einen Spaziergang zu den nahen Wasserfällen zurückziehen.

FÜR GIPFELSTÜRMER UND NICHTSTUER

Der Ammererhof oben in Kolm Saigurn gehört zur Geschichte des Tals, wurde bereits 1897 eröffnet und war damals das erste Gasthaus im Land mit elektrischem Licht. Heute ist es ein nostalgischer Hideaway mit charmanten Sternenzimmern, dazu einer romantischen Blockhütte für zwei oder einer Berghütte für maximal vier Personen. In der urgemütlichen Gaststube gibt es klassische regionale Küche und das so herzhaft, wie man es nach Bergtouren, Ausflügen in den Rauriser Urwald oder nach dem Goldwaschen braucht. Die besondere Qualität des Ammererhofs ist die charmante Kombination aus Naturerlebnis und idyllischer Wirtshausatmosphäre, gepaart mit sympathischer Gastfreundschaft. Viele Gäste kommen zum Ammererhof rauf, um inmitten der dramatischen Berglandschaft einfach mal nichts zu tun.

WEITERE INFORMATIONEN

Tourismusverband Raurisertal
Sportstr. 1
A-5661 Rauris
Tel. 0043 6544 20022
www.raurisertal.at

Ammererhof
Kolmstr. 21
A-5661 Rauris
Tel. 0043 6544 8112
www.ammererhof.at

KARLBAD – ZU GAST IN DER VERGANGENHEIT

BADEN WIE ANNO DAZUMAL

Das Karlbad in den Kärntner Nockbergen ist ein Unikum und zieht Menschen aus der ganzen Welt an. Seit über 300 Jahren werden die Gäste hier oben ganz individuell »verwöhnt«.

Normalerweise räkelt man sich in einer wohligen Luxuswanne, lässt sich von exotischen Düften und esoterischen Klängen umgarnen und in Stimmung bringen. Dienstbare Geister tippeln auf Wunsch ins Bad und reichen wohlschmeckende Getränke und flauschige Handtücher. Hier kann man das alles vergessen. Im Karlbad wird an Luxus nicht nur gespart, er ist praktisch nicht vorhanden. Wellness der ganz anderen Art mitten im Nationalpark Nockberge in Kärnten. Hier findet man keine Aromaduschen oder Orangenblütenbäder. Das archaische Bergbauernhaus auf knapp 1700 Metern Höhe bietet ein ziemlich rustikales Badehaus, in dem einige ausgehöhlte Lärchenholzstämme stehen und als Wannen dienen.

Eng und feucht sind die kleinen Räume, wo diese Badetröge dicht aneinander gestellt sind. Direkt im Haus entspringt die Quelle, die für die permanente Geräuschkulisse verantwortlich ist. Man fühlt sich bisweilen wie neben einem Wasserfall. Über eine Ringleitung strömt das radon-, schwefel- und eisenhaltige Quellwasser in die Badekammern. Dort wird es in ausgehöhlte Lärchenholzstämme geschöpft, die wenigstens 200 Jahre alt sind und bei Vollmond geschlagen wurden, was das Holz angeblich härter und besser machen soll. Diese Stämme sind sozusagen die

Urform der Badewanne. Bevor es sich die Gäste jedoch in den massigen Trögen bequem machen können, ist viel Arbeit notwendig. Morgens um halb sechs schichtet der Hausherr Georg Aschbacher Steine aus dem Bach auf einen Scheiterhaufen. Im Feuer werden die glühenden Konglomeratsteine, die Eisen, Magnesium und Schwefel enthalten, bis zu 1000 Grad heiß. Die glühenden Steine landen dann wild zischend und dampfend in den Badetrögen und heizen das Wasser auf 40 Grad auf. »Booodn«, ruft der Bauer hinauf zu den Gästezimmern, in denen die Leute noch friedlich schlummern. Wenig später steigen sie in die Lärchenholzwannen, werden bis zum Hals mit Brettern zugedeckt und bekommen ein Glas Wasser und ein Handtuch vor die Nase gestellt. Nach einer guten Viertelstunde kommt der Bauer, lupft das untere Brett, ruft laut vernehmlich »Füße einziehen« und lässt ein paar glühende Steine eintauchen, die das Wasser wieder auf die gewohnte Temperatur bringen. Da zischt und dampft es natürlich wieder, dass man selbst seinen direkten Wannennachbarn kaum mehr erkennen kann.

ES ZISCHT UND DAMPFT, WENN DIE BADEWANNEN AUS LÄRCHENHOLZ MIT DEN GLÜHENDEN STEINEN BEFÜLLT WERDEN. DEM RADON-, SCHWEFEL- UND EISENHALTIGEN QUELLWASSER WIRD EINE HEILENDE KRAFT NACHGESAGT.

Luxus ist hier Definitionssache

Gut 300 Jahre ist das Karlbad alt. Die Badekultur hat sich hier seit zwei Jahrhunderten praktisch nicht verändert. Es gibt keinen elektrischen Strom, keinen Fernseher und kein Telefon. Die sieben Gästezimmer sind minimalistisch ausgestattet, und trotzdem pilgern Menschen aus der ganzen Welt zum Karlbad. Man wartet meist Monate auf ein freies Zimmer. Um acht Uhr wird gefrühstückt, um 10 Uhr dann gebadet, dann bis mittags geschlafen, anschließend gegessen. Nachmittags stehen Wanderungen auf dem Programm, und abends sitzen die Wirtsleute nach dem Essen mit den Gästen zusammen. »Da werden Witze gemacht, Geschichten erzählt und manchmal holt der Mann die Ziehharmonika raus«, erzählt die Seniorchefin Margarete Aschbacher. Genaue wissenschaftliche Erkenntnisse über die Wohltaten der Karlsbad-Wellness gibt es nicht. Aber man kann sich ja an die Überlieferung halten, wonach es gegen Rheuma, Gicht, Ischias, aber auch bei Hautkrankheiten wie Neurodermitis helfen soll, wofür vor allem der Schwefel in den Steinen zuständig sein soll.

KURVENREICH DURCH DIE NOCKBERGE

Das Karlbad liegt direkt an der Nockalmstraße. Diese Strecke zwischen Innerkrems im Westen und der Ebene Reichenau im Osten zählt zu den schönsten Alpenstraßen in Österreich. Charakteristisch für diese Panoramastraße ist die spezielle Topografie der Nockberge mit ihren sanften Grasbuckeln und weitläufigen Zirbenholzwäldern. Die vielen, meist recht übersichtlichen Kurven, insgesamt 52, machen die Nockalmstraße zu einem beliebten Ziel für Motorrad- und Oldtimerfahrer. Die Nockberge sind Naturschutzgebiet und haben seit 2012 den von der UNESCO verliehenen Status eines Biosphärenparks.

WEITERE INFORMATIONEN

Karlbad
Familie Aschbacher
Winkl 50,
A-9862 Winkl
Tel. 0043 664 968 3926

Kärnten Tourismusportal
Völkermarkter Ring 21–23
A-9020 Klagenfurt
Tel. 0043 463 3000
www.kaernten.at

24

KLEINSASSERHOF – ZU GAST IM KURIOSITÄTENKABINETT

ALLES ANDERE ALS NORMAL

Man geht hinein und wird mit dem Staunen nicht mehr fertig. Dieses seltene Phänomen beschreibt die erste Begegnung mit dem Kleinsasserhof versteckt im Bergwald in Oberkärnten.

Es gibt Geheimtipps, die liegen so versteckt, dass man sie nicht so einfach per Zufall entdecken kann. Man muss schon Bescheid wissen. So ist das auch beim Kleinsasserhof unweit von Spittal an der Drau, der sich gekonnt oben am Berg versteckt in einer Gegend, in die sich sonst kein Urlauber verirren würde. Dass trotzdem Einheimische ebenso wie Urlaubsgäste hierher pilgern, liegt an den besonderen Qualitäten des Hauses, das vom Gourmetmagazin *Falstaff* zum originellsten Gasthaus Österreichs gekürt wurde. Von der Ausfahrt Spittal-Ost geht es über flache Wiesen bis nach Oberambach, von dort rechter Hand gute drei Kilometer steil bergauf, bis man vor dem gut 400 Jahre alten Bergbauernhof mit Gasthaus und Biolandwirtschaft steht. Den ersten Eindruck prägt die verwirrend kunstvoll bemalte Fassade mit den beiden Elefantenfiguren, die den Eingang rechts und links flankieren.

Der Kleinsasserhof ist eine Mischung aus Kitsch und Kunst, sagen die einen; ein Sammelsurium mit Kultcharakter, sagen die anderen. Was auch immer zutreffen mag, man sollte es persönlich in Augenschein nehmen, denn mit gängigen Kategorien ist der Kleinsasserhof nicht vergleichbar. Drinnen wird man schier überwältigt von diesem endlosen verspielten Arrangement aus Rustikalantiquitäten, Filmplakaten, Porzellanfiguren, Souvenirs, Trash und Nippes. Der Astronaut im Treppenhaus und der Elchkopf über der Bar seien hier als großformatige Blickfänger erwähnt. Wenn man in die nostalgischen Polstersofas hineinsinkt, einen

SCHON AM EINGANG ERWARTEN EINEN DIE ERSTEN KURIOSITÄTEN – WER ES BUNT UND AUSGEFALLEN MAG, DER WIRD DEN KLEINSASSERHOF AUF ANHIEB LIEBEN.

die charmante Hausherrin Walli Gasser begrüßt, die einen herrlich duftenden Kaffee auf den Tisch stellt, dann wird einem schnell bewusst, dass Unkonventionelles auch ziemlich gut tun kann.
Hinter dem Haus auf der schmalen Terrasse setzt sich das Sammelsurium an Kuriositäten mit einem riesigen Steintisch samt Buddhakopf und Muschelbäumen mit Glaskugeln fort. Dass der Kleinsasserhof einen persönlichen Stil pflegt, mag eine vehemente Untertreibung sein. Das Besondere an diesem Haus ist die Gelassenheit, die sich schnell auf die Gäste überträgt und die man am Schwimmteich und in den Hängematten hinter dem Haus gut ausleben kann. Dazu tragen im Kleinsasserhof auch noch eine Blockhüttensauna und eine Massagehütte bei.

Kurios und urgemütlich

Eigentlich ist der Kleinsasserhof ein gut 400 Jahre alter Bergbauernhof mit Gasthaus und Biolandwirtschaft. Schön, aber nichts Ungewöhnliches. Dass hier viele feinsinnige Gäste mit Hang zur extravaganten Alltagsflucht den Berg erklimmen, das ist vor allem auch Wallis Gatten Josef und seiner Kreativität zu verdanken. Mittlerweile ist der Sohn Ludwig Wirt im Haus und führt dieses unkonventionelle Konzept weiter.
Die Küche wurde von den einschlägigen Gourmetführern gelobt und bietet tendenziell rustikale, teils auch mediterrane Speisen. Man kann sich dieses ungewöhnliche Erlebnis auch für mehrere Tage gönnen, sozusagen als kreativen Entschleunigungsausflug. Dafür bietet das Haus 16 Zimmer, die sehr unterschiedlich einfallsreich, aber deutlich moderater als Bar und Restaurant eingerichtet sind. Einige Zimmer können auch als Dreibett- oder Familienzimmer für vier Personen genutzt werden. Zum Kleinsasserhof kommt man, um zu bleiben – woanders kann es eigentlich nur schlechter werden.

AUF DEM DRAURADWEG

Auf dem Weg hinauf zum Kleinsasserhof quert man vor Oberambach den Drauradweg. Und der bietet sich für abwechslungsreiche Touren mit dem Drahtesel an. Ein gemütlicher Tagesausflug wäre die Fahrt flussabwärts am Ufer entlang bis Villach, wo man unterwegs direkt am Ufer im Brauhof bestens einkehren und eine Tour durch die sehenswerte Altstadt machen kann. In der anderen Richtung bietet sich ein entspannter Ausflug nach Spittal zum berühmten Schloss Porcia und weiter zum Ufer des Millstätter Sees in Seeboden an, wo ein weitere Radweg wartet, der entlang des Nordufers über Millstatt und Dellach verläuft. Dieser Ausflug ließe sich auch zu einer Seeumrundung mit insgesamt rund 35 Kilometern ausbauen.

WEITERE INFORMATIONEN

Kleinsasserhof
A-9800 Spittal/Drau
Kleinsass 3
Tel. 0043 4762 2292
www.kleinsasserhof.at

Millstätter See Tourismus
A-9872 Millstatt
Tel. 0043 4766 37000
www.millstaettersee.com

LESACHTAL – EIN TAL FÜR HOBBYKÖCHE

SLOW FOOD ZUM MITMACHEN IN KÄRNTEN

Nicht nur zuschauen und essen – beim weltweit ersten Slow-Food-Travel-Angebot im Kärntner Lesachtal rühren und kochen die Gäste selbst mit. Entdecken kann man dabei traditionelle alte Gerichte und Produkionsverfahren.

Es ist eine schmale Straße, die sich kurvenreich durch das Tal direkt an der Grenze von Kärnten zu Italien schlängelt. Das Lesachtal ist ein Kleinod, ein enger Taleinschnitt, in dem sich auch wegen der mäßigen Erreichbarkeit alte Traditionen gut gehalten haben, die schmächtigen Siedlungen entlang der Straße sich kaum verändert haben. Die Lesachtaler sind aber beileibe nicht nur altmodisch. Sie haben erstaunlich fortschrittliche Errungenschaften, auch wenn die auf den ersten Blick eher konservativ anmuten. So wie beim Jörgishof oberhalb von Liesing.

»24 Liter Milch brauch ma für an Kilo Butter«, sagt die Bäuerin Elfriede Unterweger und hebt routiniert die fertige Butter rüber zum Tisch, wobei sie von den staunenden Blicken der Stadtmenschen begleitet wird. Der Jörgishof steht an einem besonders steilen Hang auf der Nordseite des Lesachtals auf 1350 Metern Höhe. Neun Kühe und zwei Schweinderl im Stall sowie eine Bäuerin, die den Überschuss an Bioheumilch flink zu Butter und Käse verarbeitet. Der Topfen wird mit Schnittlauch, Petersilie und Porree angerührt, mit Kräutern und Pfeffer verfeinert, und

dann landet die Mischung in Einmachgläsern fertig zum Verkauf. Im Sommer hat die Elfriede regelmäßig fleißige Helfer.
Das Lesachtal war die erste Region weltweit, die Slow Food Travel anbot: gastronomische und kulinarische Exkursionen unter dem Titel der berühmten italienischen Genussinitiative. Der interessierte Feinspitz besucht die Hersteller traditioneller und authentischer Lebensmittel und verkostet dabei nicht nur, sondern kann auch aktiv mitmachen. Dahinter steht eine Kooperation von Slow Food International und der Region Kärnten. Zahlreiche Produzenten haben sich zusammengefunden und bieten Betriebsführungen, Kochkurse und die Mitarbeit bei der Herstellung an. Dass dabei das eine oder andere auch verkostet wird, versteht sich von selbst. Der Brandstätter Sepp aus Würmlach bei Kötschach-Mauthen liefert mit dem vor kurzem fast ausgestorbenen Gailtaler Weißen Landmais einen wichtigen Rohstoff. Der landet dann in der Küche von Ingeborg und Gudrun Daberer im Gasthof Grünwald an der Hauptstraße in St. Daniel. Die beiden Schwestern sind die Nudel-Koryphäen im Tal und versorgen die Slow-Food-Gäste in einem dreistündigen Nudel-Workshop mit vielen Informationen und Kalorien. Die klassischen Kärntner Kasnudeln sind dabei, daneben Erdäpfelnudeln, Kürbis-Almkäsnudeln, Linsen-Specknudeln und zum Dessert Marille-Safrannudeln oder Kastanien-Orangennudeln.
Rund um Kötschach-Mauthen gibt es etliche Slow-Food-Travel-Stationen. Der Bäckermeister Thomas Matitz produziert hier das Natursauerteigbrot, wie es vor über 100 Jahren sein Urgroßvater gemacht hatte. Hier kann man beim Vorbereiten der Teige und beim Backen mitmachen. Es gibt ein spezielles Slow-Food-Frühstück mit einem üppigen Sortiment an regionalen Zutaten. Im Zentrum von Mauthen versteckt sich in einem alten Wirtshaus die Biermanufaktur Loncium, deren Kreationen mittlerweile in den Gasthöfen und Restaurants und den Geschäften im Tal gut etabliert sind. Zwölf Sorten haben die Gründer Klaus Feistritzer und Alois Planner im Angebot. Schwere Kost wie die Schwarze Gams, ein dunkles Bockbier, oder das Indian Pale Ale, aber auch handsameres wie die Gailtaler Weisse oder das naturtrübe Helle.

AM JÖRGISHOF WIRD KRÄFTIG ANGEPACKT. IM HOFLADEN KÖNNEN DIE BIO-PRODUKTE, ALLEN VORAN DER LECKERE TOPFEN, DANN DIREKT ERWORBEN WERDEN. ZUM EINSATZ KOMMEN NATÜRLICH NUR FRISCHE ZUTATEN AUS EIGENER HERSTELLUNG.

GUT UND GESUND ESSEN UND LEBEN

Das Lesachtal und die Angebote von Slow Food Travel sind gute Voraussetzungen für eine wirksame Auszeit. Eine sinnvolle Ergänzung dazu wäre der herrlich gelegene Peintnerhof. In dem malerischen Bergbauernhof bieten Andrea Unterguggenberger und der Arzt Dr. Georg Exer nicht nur schmackhafte gesunde Lebensmittel aus eigener Produktion, sondern auch Programme zur Bedeutung traditioneller und bewusster Ernährung an. Begleitend können die Gäste bei pulssynchronem Wandern, Barfussgehen und bei Kneippwanderungen Grundlagen zur Bewegung erfahren. Für den seelischen Aspekt sorgen Antistress- und Achtsamkeitsübungen, Meditationen und Obertonmusik zur Stressprophylaxe. Die Gäste wohnen dabei am Hof in verschiedenen Ferienwohnungen im Holzblockhaus.

WEITERE INFORMATIONEN

Slow Food Travel
Tel. 0043 4282 3131
www.slowfood.travel

Peintnerhof
Niedergail 3
A-9653 Liesing
Tel. 0043 4716 273
www.peintnerhof.at

26

TUFFBAD RESORT – KRAFT TANKEN IN KÄRNTEN

ALMWELLNESS-RESORT TUFFBAD: GESUND UND STRESSFREI LOGIEREN

Das Almwellness-Resort Tuffbad im Süden Kärntens ist wie geschaffen für Menschen, die gerne einsam in der Natur mit Komfort und gesundem Lebensstil urlauben.

Einen besseren Secret Place, also geheimen Platz, könnte man kaum erfinden. Von der kurvigen Straße durch das beschauliche Lesachtal ganz im Südwesten Kärntens, nur wenige Kilometer von der italienischen Grenze entfernt, zweigt die Zufahrt ab. Nun geht es geradewegs am Radegunder Bach entlang nordwärts durch den Bergwald. Nach gut drei Kilometern kommt eine Lichtung, und es öffnet sich der Blick auf eine großzügige Hotelanlage, die an den sanft ansteigenden Hang gebaut ist.

Das Almwellness-Resort Tuffbad versteckt sich hier auf 1200 Metern Höhe in absoluter Einsamkeit. Das hat seine guten Gründe. Hier sprudelt eine sehr ergiebige und wertvolle Heilquelle mit Calcium-Magnesium-Sulfat-Hydrogencarbonat-Mineralwasser, die einst von den Patern des Servitenordens aus dem nahen Wallfahrtsort Maria Luggau entdeckt worden war. Bereits 1756 wurde eine erste Badehütte erbaut, seit 1972 verfügt die Anlage über den Status einer Heilquelle. Aus diesem Umstand heraus entstand in den 1990er-Jahren das Resort Hotel, das kontinuierlich weiter entwickelt wurde. Heute repräsentiert das Tuffbad ein Viersterne Superior Resort, verteilt auf mehrere Gebäude, die alle nach Süden ausgerichtet, mit viel Holz gebaut und überwiegend auch großzügig verglast sind.

Diese Einsamkeit hier oben hat durchaus etwas Inspirierendes an sich. Hier kann sich der Gast darauf ver-

SEELE BAUMELN LASSEN UND DIE NATUR GENIESSEN – SO SIEHT ERHOLUNG IM ALMWELLNESS-RESORT TUFFBAD AUS.

lassen, dass ihn kaum etwas ablenken wird. Shopping, Nightlife, Verkehr – solche Dinge scheinen hier endlos weit weg. Hier gibt es nichts außer Bergen, einem Bach und den Sternen am Himmel. Die nächste größere Ortschaft heißt Kötschach-Mauthen, und die ist 26 Kilometer entfernt. Trotzdem gibt es hier genügend zu tun. Die Gailtaler Berge und das Lesachtal sind bestens bestückt mit Wanderwegen und Touren fürs Mountainbike. In der Nähe gibt es einen Klettergarten, und man kann einen Ausflug zum Wildwasserrafting unternehmen. Im Winter wirkt es hier noch einsamer, dann gehören Schneeschuhwanderungen zum Standardprogramm. Ein Skigebiet gibt es bei Obertilliach, das rund 17 Kilometer entfernt liegt.

Ruhe als Haupattraktion

Aber man will hier ja seine Ruhe und die gesunden Angebote genießen. Dafür gibt es den 2000 Quadratmeter großen Wellnessbereich mit elf verschiedenen Saunen, Mineralschwimmbad, Außenwhirlpool sowie fünf verschiedene Ruheräume und natürlich einen Gesundheits- und Schönheitsbereich. Und nicht zu vergessen das Heilwasser, das besonders bei Stressabbau und zur Entschlackung des Körpers geeignet ist. Man kann darin im Schwimmbad und im Outdoor-Pool baden oder es für Kneippanwendungen verwenden. Im Haus sprudelt es aus fünf Brunnen und kann dort direkt getrunken werden. Naturnahe und gesunde Tage sind hier angesagt. Das gilt übrigens auch für die Küche, die mit einer Grünen Haube ausgezeichnet wurde. Das heißt, dass die Speisen im Angebot mit vollwertigen, naturbelassenen Zutaten aus biologischer, saisonaler Produktion hergestellt wurden, die vorwiegend aus der Region stammen.
Was den Platz aber so außergewöhnlich macht, das ist diese Kombination aus purer Einsamkeit in der Berglandschaft, kombiniert mit einem attraktiven und hochwertigen Angebot, bei dem man die Tage konsequent gesund verbringen kann.

DAS BROT SPIELT EINE HAUPTROLLE

Hier im Lesachtal sind sie stolz auf ihr besonders gutes und gesundes Bauernbrot. Das wird im Tuffbad auch selbst gebacken. Weil man hier im Lesachtal ganz konsequent auf Slow Food Travel setzt, hat man sich den Brot- und Morendenweg ausgedacht. Eine Rundwanderung zu verschiedenen Almen und Hütten, Bauernhöfen und Imkern, bei denen es regionale Spezialitäten zu verkosten gibt. Dazu gehören natürlich das frischgebackene Lesachtaler Brot, Bergkäse aus Bio-Heumilch, Speck, die hierzulande besonders beliebten Schlipfkrapfen und die süßen Stockblattln. Der Weg startet in Klebas bei Liesing, also nicht weit vom Tuffbad, und dauert für gewöhnlich gut 3,5 Stunden. Das kann aber problemlos auch einiges länger dauern. Morenden stammt übrigens von dem Südtiroler Begriff Marende für Jause bzw. Brotzeit.

WEITERE INFORMATIONEN

Almwellness-Resort Tuffbad
Tuffbad 3
A-9654 St. Lorenzen
Tel. 0043 4716 622
www.almwellness.com

GERLITZEN – GIPFELWELLNESS MIT AUSBLICK

STILVOLL LOGIEREN AUF DEM KÄRNTNER PANORAMABERG

Die Gerlitzen ist der Freizeit- und Panoramaberg der Kärntner. Das Pacheiner bietet dort seinen Gästen eine Rundum-Wohlfühlmischung aus Tradition und Moderne.

Die Kärntner kennen und schätzen sie natürlich. Aber außerhalb des Bundeslandes ist die Gerlitzen eher unbekannt. Ein unauffälliger Berg nördlich von Villach direkt über dem Ossiacher See, der aber erstaunliche Qualitäten aufweist. Dazu gehört der Pacheiner: Ganz oben am Gipfel auf 1900 Metern Höhe breitet sich das Ensemble aus. Das Pacheiner ist ein Haus mit Tradition. Aus der Anfang der 1930er-Jahre von Franz Pacheiner sen. erbauten Berghütte entwickelte sich ein Alpengasthof, der 2012 von Franz Pacheiner jun. um einen ästhetischen Hideaway erweitert wurde: ein elegantes Viersternehotel direkt bei der Bergstation der Seilbahn, nur wenige Schritte vom Gipfel entfernt. Die 31 Wohnräume mit 72 Betten, darunter Zimmer, Suiten und Ferienwohnungen, sind zum Großteil nach Süden ausgerichtet. Und das ist die Schokoladenseite, denn so hat man einen spektakulären Blick Richtung Karawanken und Friaul mit dem Dobratsch und seiner hohen Antenne auf der rechten Seite. Die klare, ästhetische Architektur kombiniert die Moderne mit der Natur und Tradition. Natürliche Materialien wie Lärchenholz, Schiefer und Lodenstoffe erzeugen Wohlbefinden vom ersten Moment an. Die Räume sind großzügig dimensioniert und teils mit offenem Kamin ausgestattet. Zum Angebot zählt auch ein exzellentes Wellnessangebot mit Infinity-Außenpool, Saunawelt, Massagen und Fitnessraum mit modernsten Fitnessgeräten sowie ein Restaurant, das die Dreiländerküche mit Kärntner, italienischen und slowenischen Akzenten pflegt. Neben all dem modernen Wohnstil gibt es immer noch den alten Kern, das Berggasthaus mit seiner rustikalen Stube, in der Kärntner Hausmannskost aufgetischt wird und wo man im Winter den stilgerechten Einkehrschwung zelebrieren kann.

ALS KÖNNTE MAN DIREKT INS TAL HINABSCHWIMMEN – DER INFINITY-POOL IST EINES DER HIGHLIGHTS DES GIPFEL-SPA IM PACHEINER. AUCH IM WINTER KANN MAN HIER IM WOHLTEMPERIERTEN WASSER DAS KÄRTNER BERGPANORAMA GENIESSEN.

Wellnessen nach Lust und Laune

Um auf den Berg hinaufzukommen, stehen drei Möglichkeiten zur Wahl. Entweder man nimmt ganz klassisch die Kanzelbahn auf der Südseite oder die Klösterlebahn auf der Nordseite von Arriach aus. Oder man fährt mit dem Auto auf der Gerlitzenstraße vom Ossiachersee aus oder auf der Nordseite von Sauerwald aus auf der Mautstraße bis zum Gipfel hoch, was im Winter aber auch leicht zur Herausforderung werden kann.

Die Gerlitzen ist der Kärntner Freizeitberg schlechthin, was auch die gute Erschließung erklärt. Im Sommer ist sie mit ihren offenen sonnenreichen Grasbuckeln ein reizvolles Wandergebiet. Der Berg ist auch der südlichste Gipfel der Nockberge, die dafür bekannt sind, eher sanfte Grasberge mit einzigartiger Flora und Fauna zu sein. Für Dauergäste gibt es oben am Berg noch weitere Hotels wie die Alpenrose, das Almresort Gerlitzen, den Sonnenhof und das für gute Wellnessangebote bekannte Mountain Resort Feuerberg. Am höchsten und spektakulärsten ist allerdings die Lage des Pacheiner.

In der Wintersaison ist die Gerlitzen ein gefragter Skiberg mit breiten und übersichtlichen Pisten und insgesamt 15 Liften. Sich zu verirren ist dabei fast unmöglich. Die herrliche Aussicht beschert auch immer eine gute Orientierung.

SCHÖNE AUSSICHTEN: DIE STERNWARTE AUF 1900 METERN HÖHE

Besonders stolz sind die Gastgeber im Pacheiner auf ihre Sternwarte ganz oben am Dach. Zu dieser Sternwarte gehört eines der größten öffentlich zugänglichen Teleskope Österreichs. Dabei handelt es sich um ein Spiegelteleskop (Astrograf) mit einem Spiegeldurchmesser von 42,5 cm. Man kann sich die Qualitäten der Sternwarte hier von Experten vorführen lassen und sie auch für individuelle Gruppen anmieten. Tagsüber werden Sonnen- und Naturbeobachtungen angeboten, in der Nacht geht es um Monde, Sterne, Planeten und Kometen. Allerdings sollte man berücksichtigen, dass das Wetter nicht immer mitspielt und mitunter nur beschränkt Objekte zu sehen sind. Aber in Kärnten sind die Chancen auf klares Wetter besonders gut.

WEITERE INFORMATIONEN

Alpinhotel Pacheiner
Pölling 20
A-9521 Treffen
Tel.0043 4248 2888
www.pacheiner.at

BLICK AUF DEN ALTAUSSEE VOM 1754 METER HOHEN BERG TRISSELWAND. HOCH OBEN IN DER TRISSELWAND IN EINEM BERGLOCH WOHNTEN EINER SAGE NACH FRÜHER WILDFRAUEN.

28

ALTAUSSEE – ZWISCHEN PROVINZ UND PROMINENZ

EINE GEGEND FÜR GESCHEITE LEUTE

Der südlichste Winkel des Salzkammerguts ist geprägt von gediegener Nostalgie und solidem Brauchtum. Das kam bei vielen Künstlern bereits vor mehr als 100 Jahren gut an. Ändern konnte daran auch ein James Bond nichts.

Wer nach Altaussee kommt, der ist über dem Berg. Das erklärt sich ganz simpel mit der Anfahrt von Norden über Bad Ischl, dann Bad Goisern und den mäßig alpinen Pötschenpass. Das könnte man freilich auch so interpretieren, dass der Besucher einen gewissen Kenntnisstand erreicht hat. Das Ausseerland, also die Region um Altaussee, ist eine Gegend für gescheite Leute. Denn die Blöden ärgern sich, wenn es regnet, und fahren wieder weg. Zu dieser Einschätzung kam der österreichische Burgschauspieler Richard Eybner, der hier fast ein halbes Jahrhundert seine Ferien verbrachte, also genügend Zeit hatte für entsprechende Beobachtungen. Das mag zwar etliche Jahrzehnte her sein, was aber nicht weiter schlimm ist. Denn diese Gegend hat generell etwas sympathisch-altmodisches an sich, wie es sich bald bei der Weiterfahrt ergeben wird.

Nach der Passhöhe rollt man entspannt talwärts vorbei am 1837 Meter hohen Loser mit seinen leuchtenden Felsflanken. Von den Seen, die die Gegend mit berühmt gemacht haben, ist nichts, aber auch wirklich nichts zu sehen. Auch der Hauptort Bad Aussee und Altaussee verstecken sich irgendwo weiter unten hinter dunklen Waldpassagen. Die Topografie hat den sanften Liebreiz einer Modelleisenbahnlandschaft mit gefälligen sanften Hügeln und einsamen Villen auf grün leuchtenden Wiesen, eingerahmt von steilen Bergen. Ganz im Norden liegt eingebettet zu Füßen des Loser der Altausseer See: gerade mal zwei

Quadratkilometer groß und versehen mit eindrucksvoll klarem Wasser, auf dem sich alte Plätten und ein Ausflugsdampfer bewegen. Der Ort Altaussee liegt verstreut am Westufer, wo sich direkt am Wasser nostalgische Landhäuser mit blumengeschmückten Balkons in der typischen Ausseer Architektur mit Erkern und Gauben samt Schnitzereien und Fassaden aus Holz mit einigen Hotels abwechseln.

Die Bohème zu Gast

Nicht sehr viel anders mag es hier vor über 100 Jahren ausgesehen haben, als sich Richard Eybner und zahlreiche andere Künstler zur Sommerfrische niederließen, in gleichgesinnter Gesellschaft an den Seeufern promenierten und sich abends in den Salons trafen. Mitte des 19. Jahrhunderts kam der Lyriker Johann Christian von Zedlitz nach Altaussee, später folgten ihm Josef Eichendorff, Adalbert Stifter und Hugo von Hofmannsthal. Auch Arthur Schnitzler, Johannes Broch und Johannes Brahms hinterließen Spuren in dieser Gegend. Einige von ihnen wohnten in feudalen Villen wie der Schriftsteller Jakob Wassermann oder später auch Friedrich Torberg, der eine besondere Liebe zu dieser Gegend entwickelte und sie in einigen Arbeiten auch thematisierte.

AM SCHÖNSTEN LÄSST SICH DIE GEGEND NATÜRLICH VOM WASSER AUS ERKUNDEN, Z. B. MIT DEM KAJAK ODER AUF EINEM NOSTALGISCHEN AUSFLUGSDAMPFER.

Angesichts dieser bemerkenswerten Ansammlung von Geistesgrößen nannte der Schriftsteller Raoul Auernheimer die Gegend einmal das Tintenfassl Österreichs. Man konnte dabei eine klare Aufteilung erkennen: Die Schriftsteller logierten am Altausseer See, während zahlreiche Schauspieler wie etwa Paul Dahlke oder Romuald Pekny am nahen Grundlsee ihre zweite Heimat fanden.

Tracht und Tradition

Außerhalb von Österreich genießt die Idylle im Nordwesten der Steiermark immer noch Geheimtippstatus. Die Faszination dieser Gegend erklärt sich mit einem sehr individuellen Arrangement aus Bergen und Seen, aus nostalgischer Eleganz und dem beharrlich gelebten Traditionsbewusstsein der Einheimischen. Der Ort Bad Aussee wird auch die Trachtenhauptstadt Österreichs genannt, was sich allein anhand der großen Zahl von Trachtengeschäften gut nachvollziehen lässt. Auf der anderen Seite wiederum kann man nicht behaupten, dass sich hier nichts verändert. Es kommt ständig zu bemerkenswerten Neuerungen im Ausseerland, die aber typischerweise recht dezent daherkommen, alles andere als laut und reißerisch. Das würde auch gar nicht zu dieser Gegend passen. In den letzten Jahren entwickelte der Red-Bull-Gründer und reichste Österreicher, Dietrich Mateschitz, ein Faible für die Gegend und investierte sein Geld in diverse touristische Projekte – erfreulicherweise auf recht dezente Art –, womit er auch das Wohlwollen der meisten Einheimischen gewinnen konnte.

Ein bisschen Hollywood am Altaussee

Ein Klassiker in Altaussee ist der gut sechs Kilometer lange Uferrundweg um den See, den man im Ort beginnt. Auf der südlichen Uferseite spaziert man vorbei an alten Bootshäusern bis zum hinteren Ende, wo auf der Seewiese das neu aufgebaute gleichnamige Gasthaus die derzeit angesagte Attraktion ist. Das recht noble Lokal im typischen Ausseer Stil gehört zum Imperium von Red-Bull-Chef Mateschitz und zieht besonders an den Wochenenden viele Gäste an. Wer keinen Platz findet, kann sich einige hundert Meter entfernt beim ehemaligen Jagdhaus der Familie Hohenlohe Schillingfürst niederlassen. Dieser ruhige und idyllische Winkel erlangte vor vier Jahren internationale Berühmtheit, als dort Dreharbeiten für den James-Bond-Streifen *Spectre* mit großem Aufwand durchgeführt wurden – übrigens einer von drei Drehorten in Österreich und dabei der einzige, der im Film auch als solcher richtig erkennbar ist. Ob es der Region werbetechnisch etwas gebracht hat, ist schwer nachvollziehbar. Auf den ersten Blick blieb hier auch nach James Bond alles beim Alten.

AUF DEN SPUREN DER DICHTER

Die Wasnerin ist ein traditionsreiches Viersterne-Superior Hotel mit Historie bis ins 15. Jahrhundert, bestens gelegen auf den sanften Hügeln oberhalb von Bad Aussee. Das Haus nennt sich auch Literaturhotel und knüpft mit zahlreichen Veranstaltungen und stilgerechter Einrichtung an die künstlerische Tradition des Ausseerlands an. Eine herausragende Veranstaltung ist das Wortfestival Literasee, bei dem renommierte Autoren hier zu Lesungen gastieren. Literarische Wochenenden sowie eine hoteleigene Bibliothek mit mehr als 1000 Titeln begleiten das Thema. Desweiteren gibt es auch einen Alpen-Worte-Garten auf der Rückseite des Hotels, von der Straße abgewandt in Richtung Loser. Dazu pflegt man einen innigen Kontakt mit dem Literaturmuseum in Altaussee im ehemaligen Kur- und Amtshaus und der verantwortlichen Obfrau, der Autorin Barbara Frischmuth.

WEITERE INFORMATIONEN

Tourismusverband Ausseerland
Bahnhofstraße 132
A-8990 Bad Aussee
Tel. 0043 3622 540400
www.ausseerland.at

29

KAMMERSEE & TOPLITZSEE – EIN VERBORGENES IDYLL

GEHEIMNISVOLLE BERGSEEN IM SALZKAMMERGUT

Zwei Seen im Salzkammergut vorzustellen, klingt vielleicht nicht sehr originell. Doch diese beiden sehr verborgenen Seen sind etwas Besonderes. Wildromantisch, eher mühsam zu erreichen und voller Dramatik und Geschichten.

Besonders besucherfreundlich sind die beiden ja nicht gerade. Der Toplitzsee und sein winziger und mitten im Bergwald verborgener Nachbar Kammersee wollen entdeckt und erobert werden. Wer sich auf den Weg dorthin macht, muss von dem Dorf Gössl ganz hinten am Grundlsee im Ausseerland einen halbstündigen Spaziergang unternehmen oder sich auf sein Fahrrad schwingen. Autos dürfen außer den Anliegern nicht zum See. Unterwegs geht es vorbei an idyllischen alten Ausseer Häusern und der mächtigen Felswand kurz in den Wald hinein, bis sich schließlich der Blick auf den dunklen See auftut.

Der Toplitzsee besitzt alle Merkmale eines geheimnisvollen, verschwiegenen Bergsees, inklusive entsprechender Legenden. Rechts am Ufer sieht man einige alte Bootshäuser, links öffnet sich der Blick auf den See und auf die Fischerhütte, ein beliebtes Ausflugslokal mit ungewöhnlicher Geschichte.

Die Legende vom Nazischatz

Bis heute halten sich die Gerüchte um einen Goldschatz aus der Nazizeit, nach dem schon oft und vergeblich getaucht wurde. Als vor mehr als 20 Jahren wieder einmal ein Meeresbiologe auf Tauchfahrt

WILDROMANTISCH LIEGT DER KLEINE KAMMERSEE, EINGEBETTET ZWISCHEN DEN STEILEN FELSWÄNDEN.

im Toplitzsee war, kam eine Stammtischrunde auf die Idee, einen fingierten Schatz am Seegrund zu deponieren. Zu diesem Zweck wurde eine Kiste mit Kronkorken und Schweineknochen gefüllt und im See versenkt. Als später eine Expeditionstruppe anmarschierte, die von einem amerikanischen TV-Sender finanziert und mit entsprechendem medialen Aufwand begleitet wurde, gelang es den Spezialisten, eben jene Kiste zu bergen, die man freilich für den heiß ersehnten Schatz hielt. Dessen Offenlegung wurde in der Öffentlichkeit ziemlich lauthals verkündigt – sehr zum Unmut der Forscher, die allerhand Spott ernteten. Später fand der Wirt zwei Müllsäcke mit den besagten Kronkorken hinter seinem Haus, die er von nun an als Souvenirs verkaufte. Die Einnahmen wurden der Lebenshilfe Ausseerland gespendet, weshalb die unglückliche Schatzsuche dann doch noch ihr Gutes hatte.

Heute kommen die Leute vor allem wegen der Küche, wegen Forelle und Saibling, Reinanke und Hecht. So soll es auch sein, wenn man zwei Seen vor der Wirtshaustür hat.

Am Toplitzsee gibt es keinen Rundweg. Die einzige Möglichkeit, mehr zu entdecken, ist eine Fahrt mit der Plätten zum Ostufer, wo ein kurzer Spaziergang zum verborgenen, von steilen Felswänden eingerahmten Kammersee eine weitere bezaubernde Begegnung bereithält. Ungewöhnlich ist am Kammersee nicht nur die Ruhe und Abgeschiedenheit, sondern auch der schmale Triftkanal, der vor Jahrhunderten von Häftlingen in den Fels gehauen worden war, damit man das gefällte Holz leichter abtransportieren konnte.

Die Abgeschiedenheit des Kammersees, das Gefühl, weit weg vom Tourismustrubel zu sein, hat eine geradezu therapeutische Wirkung. Sich an das Seeufer zu setzen und die Ruhe und Kraft dieses Ortes zu genießen, wird zu einem unvergesslichen Erlebnis.

NOSTALGISCH ZUM SEE

Das Ausseerland hat etwas sympathisch Altmodisches an sich. Für den Ausflug zu den beiden verschwiegenen Bergseen kann man sich zum Beispiel auf ganz klassische Art mit den Schiffen der Grundlsee Schifffahrt bringen lassen. Zustieg ist in der Ortschaft Grundlsee direkt beim Seehotel. Nachdem der Red-Bull-Chef Dietrich Mateschitz neben dem Seehotel auch die Schifffahrt übernommen hatte, wurden die wunderbar altmodischen Personenschiffe MS Rudolf und MS Traun generalsaniert und glänzen nun wieder wie neu. Mit ihnen über den See zu fahren ist ein sehr entspanntes Erlebnis. Nach dem Spaziergang von Gössl zum Toplitzsee kann man sich in einer der rund zwölf Meter langen, traditionellen Plätten aus Holz über den Toplitzsee fahren lassen, am hinteren Ende aussteigen und den kurzen Spaziergang zum Kammersee machen – ganz im klassischen Ausseer Stil.

WEITERE INFORMATIONEN

Tourismusverband Ausseerland
Bahnhofstraße 132
A-8990 Bad Aussee
Tel. 0043 3622 540400
www.ausseerland.at

Schifffahrt Grundlsee
Mosern 22
A-8993 Grundlsee
Tel. 0043 3622 86044 33
www.schifffahrt-grundlsee.at

ALMSEE – DAS PRALLE LEBEN AM TOTEN GEBIRGE

GLAMOUR UND GRAUGÄNSE IM ALMTAL

Ein kleines und ursprüngliches Tal im Osten des Salzkammerguts überrascht mit vielen ungewöhnlichen Geschichten und Freizeitangeboten. Wer einfach nur die Natur genießen will, ist hier bestens aufgehoben.

Ganz im Osten des Salzkammerguts versteckt sich ein kleines Tal mit ganz besonderen Qualitäten. Das Almtal zieht sich südlich des Traunsees auf gut 25 Kilometern Länge südwärts durch die oberösterreichischen Voralpen und die Ausläufer des Salzkammerguts. Dadurch, dass es ein Sacktal ohne Durchgangsverkehr ist, hat sich das Almtal seinen ursprünglichen Charakter erhalten. Ganz hinten im Talschluss breitet sich schließlich die Attraktion des Tales schlechthin aus: Der Almsee ist ein sehr idyllisch gelegener Bergsee auf knapp 600 Metern Höhe, der mit 85 Hektar Fläche recht überschaubar ist. Vor allem aber dient er dank seiner sehr beschaulichen Lage und der ursprünglichen Natur als beliebtes Ausflugsziel und auch Ausgangspunkt für Touren auf die umliegenden Berge und weiter Richtung Totes Gebirge. Diese Idylle rührt vor allem daher, dass das Tal Naturschutzgebiet ist und dass die beiden Großgrundbesitzer ganz hinten im Almtal kein großes Interesse an jeglichen Veränderungen zu haben scheinen. Der Almsee und ein großer Teil des hinteren Tals gehört dem Stift Kremsmünster. Der andere Großgrundbesitzer ist das Welfenhaus, deutscher Hochadel, das nach dem Verlust des Titels des Königs von Hannover ins Almtal auswanderte und im Almtal rund 5000 Hektar samt Jagdschloss besitzt. Bekanntester Vertreter und Hausherr im Jagdschloss im Almtal ist Ernst August von Hannover, der zuletzt durch seine Ehe mit Prinzessin Caroline von Monaco und etliche Skandale aufgefallen war.

NATUR SATT: DAS ALMTAL LIEGT AM NORDFUSS DES TOTEN GEBIRGES, EINER GEBIRGSGRUPPE DER NÖRDLICHEN KALKALPEN, DIE FLÄCHENMÄSSIG ALS DAS GRÖSSTE KALKKARSTGEBIET MITTELEUROPAS GILT.

Auf den Spuren eines Nobelpreisträgers

Den Naturliebhaber wird das wenig interessieren. Er oder sie genießt die Ruhe und freut sich darauf, im Sommer mit dem Boot über den See zu fahren oder sich im relativ kalten Wasser zu erfrischen. Vom Almsee aus starten schöne Wanderwege zum Beispiel zum Offensee oder auf das Plateau des Toten Gebirges zur Pühringerhütte. Das hintere Almtal ist gerade für Familien ein sehr reizvolles Ausflugsziel, weil es hier Angebote gibt, die gerade Kinder begeistern. Da wäre der Cumberland Wildpark, in dem rund 500 Tiere heimisch sind, darunter auch Braunbär, Luchs, Steinbock, Wolf und Gänsegeier. Der Park befindet sich auf halbem Weg zwischen Grünau, dem Hauptort des Almtals, und dem Almsee direkt neben der Straße und entlang des Weißeneggbachs. Gegründet wurde der Park von der Herzog-von-Cumberland-Stiftung des Welfenhauses und liegt heute in Händen eines Vereins. Nicht weit entfernt Richtung Grünau findet man die Konrad-Lorenz-Forschungsstelle, wo der Nobelpreisträger 1973 erste Forschungen über die Graugänse tätigte. Unter Federführung der Uni Wien sind sie heute zusammen mit Raben und Waldrappen und anderen Vögeln weiterhin Forschungsgegenstand. Sowohl im Wildpark als auch bei der Forschungsstelle werden Führungen angeboten.

Ein neues Angebot im Almtal ist das Waldness-Programm: Mit speziellen Coaches kann man hier verschiedene Walderlebnisse, vom Waldbaden über Kneippen und Massagen bis Yoga, machen und dazu die regionale Küche ausgiebig genießen.

HOCHBERGHAUS

Der Name dieses Berghotels am Kasberg ist Programm: Hier logiert man auf 1200 Metern Höhe mit fantastischem Fernblick gen Norden. Früher war das Haus ein Familienhotel, heute wird hier der Fokus auf Waldness gerichtet. Wobei es natürlich immer noch sehr familientauglich ist. Mit der Waldschule oder mit spirituellen Aktivitäten wie dem keltischen Yoga kann man hier intensiv die Schätze des Waldes kennenlernen, man kann sich alte Fabeln erzählen lassen und an speziellen Waldruheplätzen entspannen. Ganz klassisch ist die Küche: herzhaft regional von der Brettljausn bis zu deftigen Pfandlgerichten.

WEITERE INFORMATIONEN

Tourismusverband Traunsee-Almtal
Toscanapark 1
A-4810 Gmunden
Tel. 0043 7612 74451
https://traunsee-almtal.salzkammergut.at

Hochberghaus
Kasberg 1
A-4645 Grünau im Almtal
Tel. 0043 7616 8477
www.hochberghaus.at

31

MURAU – ZU GAST IN DER BIERSTADT

WO GUTES BIER UND KRAFT-STROTZENDE RIESEN ZU HAUSE SIND

Der historische Ort Murau in der Obersteiermark ist viel zu schade, um nur daran vorbeizufahren. Es warten hier so viele ungewöhnliche Geschichten und Erlebnisse, von einer Bierapotheke bis zu einem legendären Riesen.

Radfahrer haben es manchmal besser. Sie sind so gemütlich unterwegs, dass sie viele Dinge entdecken, die einem im Auto verborgen bleiben. So verhält es sich auch auf dem Murradweg vom Lungau im südlichen Salzburger Land nach Osten Richtung Graz. Der Radweg führt hier direkt hinein in das historische Zentrum von Murau und erzeugt etliche Aha-Erlebnisse, während die Bundesstraße einen Umweg um den Ort macht. Rechts baut sich die traditionsreiche Brauerei Murau auf – Murau darf sich seit 2010 offiziell Bierstadt nennen –, dann führt eine hübsche Gasse mit grobem Kopfsteinpflaster direkt ins Zentrum mit dem offenen Schillerplatz. Vorher sollte man noch einen Abstecher zum Murufer, zum Mursteg, machen, wo man einen ausgezeichneten Blick auf die Mur, die historischen Häuserfassaden und auf Reste der alten Stadtmauer hat.

Durch enge Gassen hoch zum Schloss

Die alles überragende Attraktion in Murau ist das Schloss Obermurau direkt oberhalb des Zentrums. Einige wenige Minuten braucht der Fußweg hinauf bis zum Burgtor. Aber die Mühen lohnen sich allein wegen des guten Ausblicks auf Murau samt Umgebung. Erbaut wurde es Mitte des 13. Jahrhunderts von den

AM BAHNHOF DER MURTALBAHN IN MURAU STARTET EINE NOSTALGISCHE REISE FÜR EISENBAHNROMANTIKER.

Herren von Liechtenstein und ist heute im Besitz der Familie Schwarzenberg, der in der Region rund 19 000 Hektar Land gehören. Von dem Ursprungsbau existieren allerdings nur noch Fragmente. Einen Teil des Schlosses kann man bei Führungen besichtigen, außerdem finden dort regelmäßig Konzerte statt. Termine erfährt man im hiesigen Tourismusbüro. Absolut sehenswert ist auch das großzügige Holzmuseum in St. Ruprecht, das nur wenige Kilometer entfernt ist. Überhaupt bietet die Gegend hier zahlreiche Sehenswürdigkeiten, wie etwa die historische Murtalbahn mit ihrer schnaubenden Dampflok, in der man auch mitfahren und eine Amateur-Lokführer-Bescheinigung erhalten kann.

Mit den Riesen durch Murau

Unbedingt empfehlenswert ist auch ein Ausflug Richtung Norden zur steirischen Krakau. Die Hochebene mit den drei Orten Krakaudorf, Krakauhintermühlen und Krakauschat hat den Status eines Bergsteigerdorfs und Wanderdorfs und ist bekannt für ihre sehr ursprüngliche Naturlandschaft, für historische Bergbauernhöfe und für den höchsten Wasserfall der Steiermark, den 65 Meter hohen Günster Wasserfall. Eine besonders kuriose Tradition ist das Wasserscheibenschießen am Schattensee. Dort müssen die Teilnehmer auf eine Zielscheibe in 107 Metern Entfernung zielen. Dabei prallt die Kugel auf der Wasseroberfläche ab, um die Scheibe in Höhe eines halben Meters zu treffen. Und wenn wir schon bei den Kuriositäten sind, dann darf der Murauer Samson nicht fehlen: Jedes Jahr im August tanzen mächtige und angsteinflößende Riesen in Begleitung der Bürgergarde durch den Ort. Der Brauch geht auf die biblische Figur des Samson zurück und gehört seit 2010 zur österreichischen Liste des immateriellen Kulturerbes der UNESCO.

WAS MAN MIT BIER ALLES MACHEN KANN

Eine Brauerei gibt es in Murau schon seit 1495. Heute ist die Brauerei ein moderner Betrieb, in dem Tradition und Kreativität sehr eindrucksvoll gepflegt und kombiniert werden. Das kann man bei einem Besuch der Brauerei der Sinne erleben, in deren Museum nicht nur die Geschichte, sondern viele Besonderheiten der Brauerei präsentiert werden. In einer Schaubrauerei kann man zudem hautnah erleben, wie Bier entsteht. Daneben gibt es einen großzügig gestalteten Shop, wo man sich mit den verschiedenen Biersorten vom Zwickl bis zum Pale Ale, mit Limonaden und kreativen Mischgetränken eindecken kann. Zum Verkosten bietet sich die nahe Bierapotheke an, ein unkonventionelles Lokal in den Gewölberäumen der ehemaligen Salvatorapotheke. Sie gehört ebenfalls zur Brauerei und führt natürlich all die Produkte im Sortiment, dazu auch Shampoos, Salben und Tees.

WEITERE INFORMATIONEN

Murau Tourismus
Liechtensteinstraße 3–5
A-8850 Murau
Tel 0043 3532 2720
www.regionmurau.at

Brauerei Murau
Raffaltplatz 19–23
A-8850 Murau
Tel: 0043 3532 32660
www.murauerbier.at

ÖTSCHERGRÄBEN – WILDWEST-FEELING IM MOSTVIERTEL

DER ÖSTERREICHISCHE GRAND CANYON

Ein Ausflug in die faszinierende Welt der Ötschergräben: tiefe Schluchten, dunkle Wälder mit geheimnisvollen Höhlen, Wasserfälle, alte Holzknechtgeschichten und urige Jausenstationen.

Die Ötscherregion ganz im Süden des zu Niederösterreich gehörenden Mostviertels ist eine spannende Gegend. Abseits des Massentourismus und in Respektabstand zur Westautobahn zwischen Salzburg und Wien begegnet man hier einer ursprünglichen, teils auch wilden Natur und erstaunlichen Geschichten. So gehörten viele tausend Hektar rund um den 1893 Meter hohen Ötscher der berühmten Milliardärsfamilie Rothschild. Erst vor wenigen Jahren verkauften sie ihr Land an einen österreichischen Industriellen. Dann wären da noch die Legenden um den Ötscherbären, der in der wenig besiedelten Gegend unterwegs gewesen sein soll –oder noch immer ist? Ganz real hingegen ist eine andere Berühmtheit: Der österreichische Grand Canyon unterstreicht das Image der mittlerweile zum Naturpark erklärten Ötscherregion. Entstanden sind die Ötschergräben über die Jahrtausende, nachdem auf der Südseite des Ötscher die Wasserläufe des Ötscherbachs und der Erlauf tiefe Gräben in den Boden gespült hatten. Hinzu kam, dass ab dem 18. Jahrhundert mit dem Aufkommen der gewerblichen Forstwirtschaft die Holzknechte die

Wasserläufe für den Transport der Stämme nutzten und entsprechend weiter formten.
Insgesamt existieren heute rund 40 solcher Gräben, oder wie es vor Ort heißt, solcher steilen Mäuern. Die bekanntesten sind die Vorderen und Hinteren Tormäuern und vor allem die Ötschergräben, die wegen ihrer verwegenen Struktur auch den Beinamen Grand Canyon Österreichs erhielten. Andere bekamen recht rustikale Namen, heißen Brandmauer, Fliegermauer, Putzenmauer oder Stierwaschmauer. In den vergangenen Jahrzehnten entwickelte sich ein wachsendes Interesse für die Gräben. Es wurden Wanderwege aufbereitet, und es entstand eine touristische Infrastruktur rund um den österreichischen Grand Canyon. 1970 wurde aus einer Protestbewegung gegen ein geplantes Wasserkraftwerk der Naturpark Ötscher-Tormäuer gegründet, der heute eine Fläche von 170 Quadratkilometern umfasst. Das Naturparkzentrum befindet sich am Wienerbrucker Stausee in der Gemeinde Annaberg. Die stilgerechte Anreise wäre mit der historischen Mariazellerbahn, die von St. Pölten durch das Mostviertel auch bis ins Ötschergebiet fährt.

AUF EINEM BOHLENWEG GEHT ES ENTLANG DER ÖTSCHERGRÄBEN. AUCH WENN DIE DIMENSIONEN NICHT GANZ MIT DEM GRAND CANYON MITHALTEN KÖNNEN – DIE EINDRÜCKE IM NATURPARK SIND HIER AUF ALLE FÄLLE NICHT MINDER ÜBERWÄLTIGEND.

Eindrucksvolle Tagestour zum Canyon

Eine klassische, aber auch anspruchsvolle Tour startet beim Naturparkzentrum in Wienerbruck. Dort geht man entlang der Staumauer und am Ufer der Lassing bis zum Wasserfall, kann das Kraftwerk Wienerbruck besichtigen und danach etwas bergauf zum Ötscherbach gehen. Die Tour führt durch die Ötschergräben, wo es immer wieder über kleine Stege und Brücken geht, vorbei an der Mündung des Greimlbachs und dem Schleierfall, dann links weiter bis zum Schutzhaus Vorderötscher. Hier kann man nicht nur einkehren, sondern auch übernachten. Für den Rückweg könnte man die Tour zur Brachalm und weiter zum Terzerhaus auf der Gemeindealpe nehmen. Dort bietet sich die Möglichkeit an, mit einem Sessellift oder mit Fun-Geräten wie den Mountaincars hinunter ins Tal zu kommen. In Mitterbach ist dann wieder eine Station der Mariazellerbahn. Eine ordentliche und vor allem eindrucksvolle Tagestour mit 19 Kilometern Länge und mehr als 1100 Höhenmetern.

HISTORISCHE HERBERGE

Direkt im Naturpark Ötscher-Tormäuer steht diese Hotellegende einsam im Wald. Das Alpenhotel Gösing bietet absolute Ruhe inmitten der Natur, ist aber dank der Mariazellerbahn bestens erreichbar. 1904 wurde es als Unterkunft beim Bau der Mariazellerbahn errichtet, hat sich jedoch über die Jahrzehnte zu einem stilvollen Haus für ruhesuchende Gäste entwickelt. Schon in den 1920er-Jahren gab es Schwimmbad und Tennisplatz, und allerhand Prominenz aus Wien kam nach Gösing. Heute bietet Gösing eine reizvolle Kombination aus Nostalgie und gehobenem Wohnstil in der Viersterne-Kategorie.

WEITERE INFORMATIONEN

Naturparkzentrum Ötscher-Basis Wienerbruck
Langseitenrotte 140
A-3223 Wienerbruck
Tel. 0043 2728 21100
www.naturpark-oetscher.at

Alpenhotel Gösing
Gösing 4
A-3221 Gösing an der Mariazellerbahn
Tel. 0043 2728 217
www.goesing.at

33

RAX UND OTTOHAUS: PURE NOSTALGIE VOR DEN TOREN WIENS

Auf der bis zu 2007 Meter hohen Rax kann man herrlich wandern, die Aussicht auf die Wiener Alpen genießen und viele alte Geschichten entdecken. Im Winter ist sie ein Paradies für Schneeschuhwanderer und Skitourengeher.

Für die Wiener ist sie ein Heimspiel und gehört zu den Hausbergen, mit denen sie aufgewachsen sind. Für alle anderen ist der Gebirgszug mit seinen kantigen Kalksteingipfeln eine Terra Incognita ganz am östlichen Rand der Alpen. Und gerade das macht sie interessant. Denn die Rax hat dank ihrer Nähe zu Wien – sie liegt rund 80 Kilometer südlich der Hauptstadt – und ihrer eigenwilligen unregelmäßigen Topografie sehr viel zu bieten. Man kann hier recht entspannte Höhenwanderungen unternehmen, aber sich auch an steilen Kletterpartien versuchen. Schließlich ist der rund 13 Kilometer lange Höhenzug ein richtiges Gebirge, mit dem Gipfel der 2007 Meter hohen Heukuppe weist er echte alpine Qualitäten jenseits der Baumgrenze auf.

Mit der Seilbahn auf die Wiener Hausberge

Die Rax ist ein bestens erschlossener Gebirgszug, wobei die Raxseilbahn eine wichtige Rolle spielt. Bereits 1925 wurde die Seilschwebebahn erbaut und zuletzt 2016 renoviert. Rund acht Minuten dauert die Bergfahrt von Hirschwang bei Reichenau an der Rax auf 528 Metern Höhe bis zur Bergstation auf 1546 Metern Höhe und direkt zum Hochplateau. Dort erwartet einen ein ergiebiges Netz an Wanderwegen und

RAUS AUS DER STADT, RAUF AUF DIE RAX. IN DEN WIENER HAUSBERGEN FINDET MAN WANDERUNGEN ZU JEGLICHEN SCHWIERIGKEITSGRADEN.

Steigen, die vom Österreichischen Alpenverein und den Naturfreunden eingerichtet wurden. Radfahren ist aus Naturschutzgründen allerdings nicht möglich, da die Rax unter anderem als Wasserschongebiet ausgewiesen ist. Im Winter bietet die Rax eine Rodelbahn und das Plateau eignet sich bestens für Schneeschuhwanderungen. Ein kleiner Skibetrieb wurde schon vor Jahren eingestellt.

Freuds erste Psychoanalyse

Besonders reizvoll ist die Rax für Menschen, die in den Bergen gerne nostalgisch unterwegs sind, sich für alte Geschichten interessieren. Die Historie der Rax ist lang, was viel mit dem frühen Bau der Seilbahn zu tun hat. Bereits 1893 wurde das Ottohaus gebaut, das zuletzt 1996 umfassend saniert wurde. Den Namen bekam es als Referenz an Erzherzog Otto von Österreich, der sich um die Finanzierung des Baus verdient gemacht hatte. Ende des 19. Jahrhunderts war Sigmund Freud Stammgast im Ottohaus. Der Legende nach soll er sich 1893 bei einem Besuch auch um die Wirtstochter und deren Ängste gekümmert haben. Freuds erste Psychoanalyse habe damit auf der Rax stattgefunden, heißt es in der Chronik. Sigmund Freud war aber bei Weitem nicht der einzige prominente Gast: Auch Peter Rossegger, Arthur Schnitzler und Stefan Zweig fanden Gefallen an dem schön gelegenen Berggasthof.

Ein Besuch des Ottohauses bedarf keiner großen Anstrengung. Von der Bergstation der Seilbahn läuft man knapp eine halbe Stunde auf fast ebenem Terrain bis zum mächtigen Ottohaus auf 1600 Metern Höhe. Das altehrwürdige Berggasthaus steht fast direkt an der Kante und bietet damit exzellente Aussichten über die Wiener Alpen. Zum Ottohaus gehört auch ein 4000 Quadratmeter großer Alpengarten mit rund 200 verschiedenen Pflanzen. Wer hier herrliche Sonnenuntergänge oder -aufgänge erleben will, kann sich einmieten und in einem Zimmer oder Schlaflager nächtigen.

AUF DEN SPUREN VON FRANKL UND FREUD

Hier oben auf der Rax stößt man fast überall auf große Historie und kleine Geschichten. Das gilt ganz besonders für das altehrwürdige Ottohaus, das schon Stammlokal der Psychotherapielegenden Sigmund Freud und Viktor Frankl war, der hier in der Gegend auch gerne kletterte. Für einen Besuch des Ottohauses bietet sich die sechs Kilometer lange und gemütliche Rax-Ausblicke-Tour an. Dazu fährt man von Hirschwang aus an der Höllental-Bundesstraße mit der Raxseilbahn hinauf und läuft über den Praterstern bis zur Höllentalaussicht, die ihrem Namen alle Ehre macht. Danach bietet sich ein Abstecher zum Ottohaus an, von dem aus man ebenfalls eine herrliche Aussicht hat. Zum Abschluss wandert man wieder zurück zur Bergstation und fährt hinunter ins Tal.

WEITERE INFORMATIONEN

Wiener Alpen
Schlossstrasse 1
A-2801 Katzelsdorf
Tel. 0043 2622 78960
www.wieneralpen.at

SÜDTIROL

GRÜNE BERGWIESEN MIT ALMEN, DAZU ABER AUCH EIN PAAR RICHTIG HOHE GIPFEL – SO STELLT MAN SICH SÜDTIROL VOR.

34

LANGTAUFERER TAL – GEHEIMTIPP AM RESCHENSEE

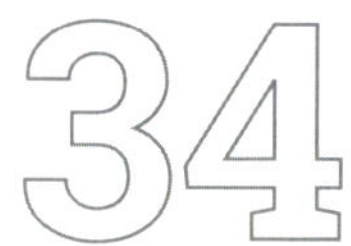

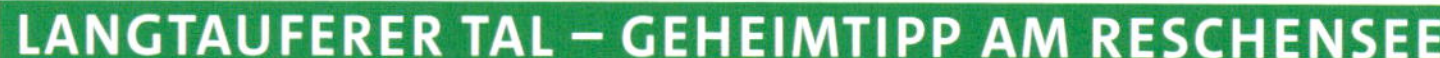

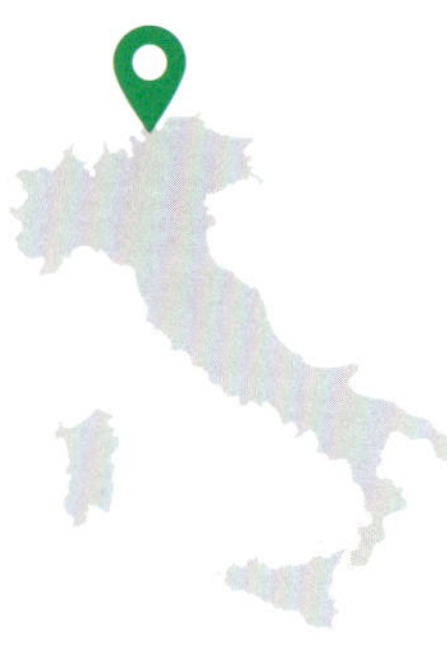

DAS URSPRÜNGLICHE LANGTAUFERER TAL BEI RESCHEN

Eine echte Idylle ist das Langtauferer Tal direkt neben dem Reschensee ganz im Westen Südtirols. Statt störendem Durchgangsverkehr erwarten die Gäste kleine Weiler mit alten Bauernhöfen und eine dramatische Bergkulisse mit vielen Dreitausendern.

Die Ortschaft Graun am Reschensee ganz im Westen Südtirols kennt man vor allem wegen eines Glockenturms: der aus dem Wasser ragende Glockenturm der Kirche des einst im Stausee versenkten alten Dorfes. In Graun tut sich aber auch eine andere Südtiroler Besonderheit auf. Hier öffnet sich ostwärts der Weg hinein in das Langtauferer Tal. Im Italienischen heißt das Tal Vallelunga, zu deutsch langes Tal, und das sagt viel über seine Topografie aus. Das zunächst schmale Tal zieht sich weit in die Berge hinein, bis etwa elf Kilometer zu dem letzten Weiler Melag. Es ist aber nicht nur die Lage, die das Tal so ungewöhnlich macht. Das Langtauferer Tal zählt zu den ursprünglichsten Tälern in Südtirol. Anfangs wirkt es noch etwas beengend, wie die steilen Hänge den Taleinschnitt einrahmen. Doch nach dem Weiler Pedross wird es deutlich weitläufiger, und der Weg führt mäßig steil bergauf über den weiten Talboden. Je weiter man zum Talschluss kommt, desto eindrucksvoller und dramatischer wird die

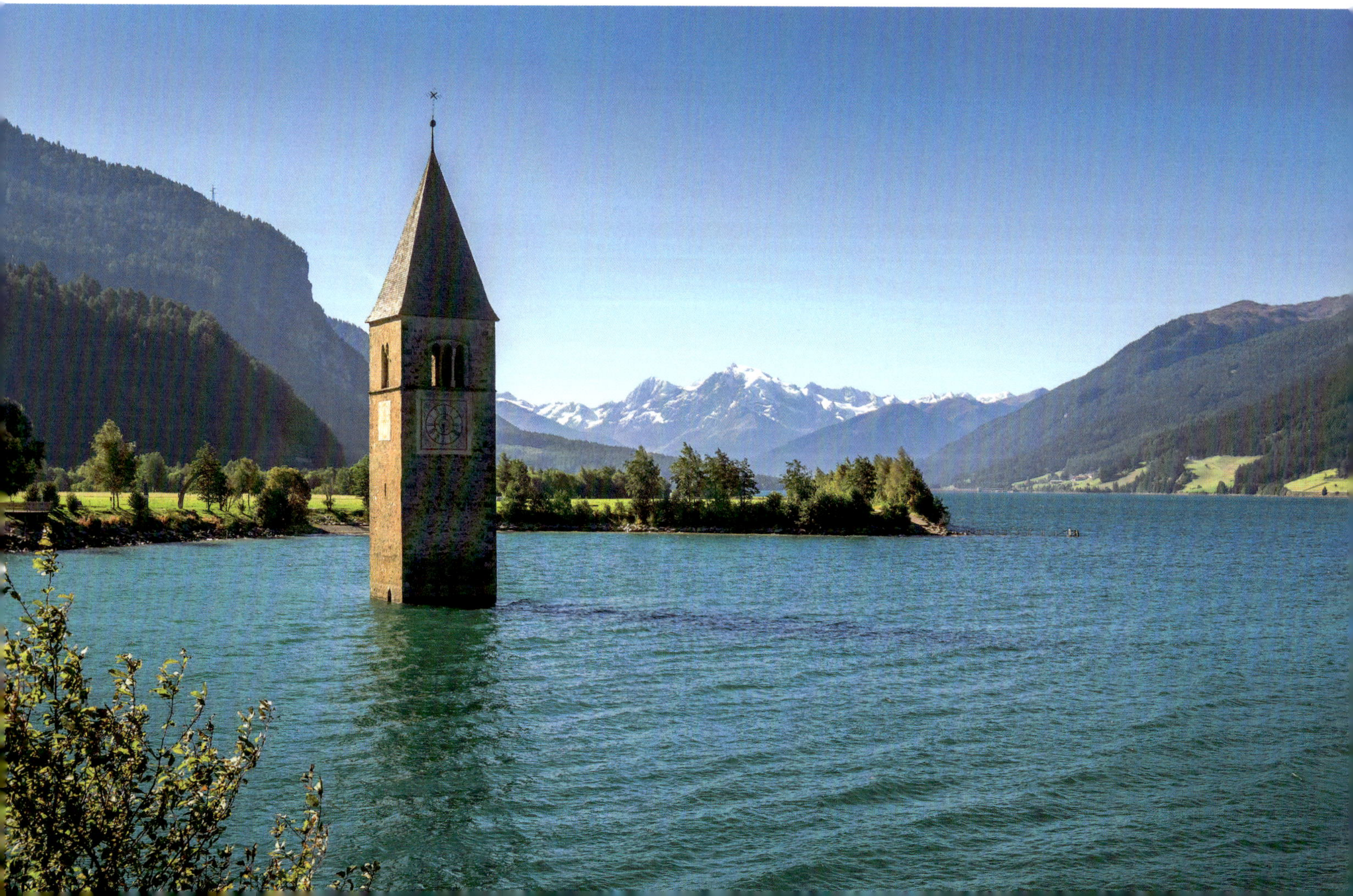

Bergkulisse. Ganz hinten in Melag steht man schließlich vor einer Kette von Dreitausendern, von denen die Weißkugel mit 3738 Metern der höchste Gipfel ist. Melag ist die letzte und auch höchste Siedlung auf 1918 Metern. Hier befindet sich auch der Ausgangspunkt für Touren zur Melager Alm, die nur unwesentlich höher liegt. Der Weg zieht sich von dort in vielen Serpentinen hinauf zur Weißkugelhütte auf 2557 Metern. Hier oben ist es nicht mehr weit zur Grenze nach Nordtirol und zum Gletscherskigebiet des Kaunertals, das direkt angrenzt. Seit einigen Jahren existieren Pläne, das Skigebiet Richtung Langtauferer Tal über die italienische Grenze hinaus zu erweitern, was bei der Bevölkerung bisweilen aber auf heftige Widerstände stößt.

Umrahmt von Dreitausendern

Unabhängig davon ist das Tal ein echtes Wanderparadies. Der Langtauferer Höhenweg, der auf 13 Kilometern auf der Sonnenseite das ganze Tal bis Melag durchläuft, ist hierfür die ideale Strecke. Unten im Tal, auf dem hinten sehr offenen und sonnenreichen Terrain, läuft es sich eher gemütlich. Wer höher hinaus will, der muss allerdings zunächst recht steile Anstiege bewältigen, bis dann nicht ganz so anstrengende Almwiesen erreicht werden. Das Langtauferer Tal ist aber nicht nur für einen Kurzausflug interessant. Entlang des Tals gibt es in den zahlreichen Weilern reichlich Möglichkeiten zum Einkehren und Übernachten. Meist handelt es sich um Urlaub auf dem Bauernhof und in Mittelklassehotels. Und wer regionale Spezialitäten genießen will, kann sich beim Rieglhof in Riegl oder beim Gamsegghof in Melag direkt neben der Kapelle mit hausgemachtem Käse versorgen.

Wer hier im Sommer gerne wandert, dem dürfte auch der Winter im Langtauferer Tal gut gefallen. Das Tal ist ein exzellentes Langlaufgebiet mit 40 Loipenkilometern und bietet dazu auch erstklassige Möglichkeiten für Winterwanderungen und Schneeschuhtouren zur Melager Alm oder Ochsenbergalm.

DIE SCHNEEBEDECKTEN GIPFEL VON MELAG UND WEISSKUGEL, DEM MIT ÜBER 3700 METERN HÖCHSTEN BERG DER GEGEND. DER NAME LEITET SICH VON DEM WORT KOGEL AB, WOMIT IN TIROL EINE SPEZIELLE, KAPUZENÄHNLICHE FORM DES BERGGIPFELS BEZEICHNET WIRD.

STILVOLL GANZ OBEN AM BERG

Maseben war bis 2014 ein kleines Skigebiet. Heute zieht es die Besucher bis zur Maseben Hütte auf 2267 Metern Höhe hinauf, um im Sommer Bergtouren zu unternehmen oder im Winter für Skitouren oder Schneeschuhexkursionen. Dafür bietet die äußerst stilvolle Hütte erstaunlich viel Komfort. Ein Dreisternehotel mit sehr gemütlichen Zimmern und einem Schlaflager, alles ganz aus Holz gezimmert. Abends wird den Gästen ein Dreigängemenü regionaler Art inklusive hausgemachter Spezialitäten und ein Salatbuffet angeboten. Beliebt ist auch der selbstgebrannte Schnaps. Die Hütte ist auf alle Fälle ein guter Platz, um sich in die hochalpine Natur zurückzuziehen. Weiterhin besteht eine 15 Kilometer lange Langlaufloipe. Für Gäste wird ein Shuttleservice vom Tal aus angeboten.

WEITERE INFORMATIONEN

Ferienregion Reschenpass
Hauptstraße 22
I-39027 Reschen (BZ)
Tel. 0039 0473 633 101
www.reschenpass.it

35

MARTELLTAL – DAS ERDBEERELDORADO IM VINSCHGAU

HOHE BERGE UND VIEL SONNE

Mitten im sonnenreichen Vinschgau gibt es ein ursprüngliches Seitental, das Naturliebhaber und Bergsportler begeistert. Trubel kennt man hier nicht, dafür kann man so manch kuriose Geschichte erfahren.

Es gehört zu den stilleren und besonders ursprünglichen Tälern Südtirols: Das Martelltal, das im Vinschgau bei Goldrain Richtung Süden abzweigt, liegt zwischen 700 und mehr als 3700 Metern im Stilfser Joch Nationalpark mit den berühmten Gipfeln Ortler und Cevedale. Das Martelltal ist ein Tal für Naturliebhaber und Menschen, die Ruhe und Ursprünglichkeit suchen. Hier gibt es kein Skigebiet und keinen Durchgangsverkehr, dafür beschauliche Bergdörfer und ruhige Wanderwege. Von Goldrain bis zum Zufrittsee, einem 70 Hektar großen Stausee auf 1850 Metern Höhe weit hinten im Tal, sind es knapp 20 Kilometer. Dort beginnen auch zahlreiche Wandertouren, gibt es Parkmöglichkeiten und zahlreiche Gastbetriebe in direkter Nähe zum Stausee. Reizvolle und beliebte Wanderwege verlaufen weiter taleinwärts über die Lyfi Alm und die Soy Alm bis zur schön gelegenen Zufallhütte auf 2265 Metern Höhe. Sehr zu empfehlen ist auch die Pedertal-Rundwanderung von der Enzianalm auf den 2285 Meter hohen Gipfel des Pederköpfls. Nach dem Gasthof Schönblick und Rudis Würstlbude kann man links einen Abstecher zu einer recht speziellen historischen Kuriosität machen.

Das Luxushotel der Faschisten

Der Tourismus startete im Martelltal schon recht früh in der zweiten Hälfte des 19. Jahrhunderts. Damals gab es das recht beliebte Bauernbad Bad Salt, das bis zum Zweiten Weltkrieg in Betrieb war. Dazu hatte ein italienischer Industrieller die Idee, ganz hinten

NUR FÜR SCHWINDELFREIE: EINE ELEGANTE HÄNGEBRÜCKENKONSTRUKTION AM PLIMA-SCHLUCHTENWEG.

im Tal ein Luxushotel zu bauen. Vermutlich nach dem Vorbild der feudalen Kurhotels im Pustertal. Das von dem Architekten und Designer Gio Ponti geplante, sehr extravagante Hotel Paradiso, das Stilelemente des Novecento und der Moderne verbindet, wurde Mitte der 1930er-Jahre mit 250 Betten und infrastruktureller Rundumversorgung auf 2160 Metern Höhe errichtet. Gebaut wurde es als Ausdruck der Italianisierung Südtirols durch Mussolinis Faschisten. Seit den 1960er-Jahren gehört das rötlich schimmernde Bauwerk einem Brauereiunternehmen bei Meran und steht seitdem auch leer. Luxus spielt im Martelltal heute eine Nebenrolle. Die Besucher des Tals schätzen die Ruhe und Ursprünglichkeit. Während im Sommer Bergwanderer und Biker unterwegs sind, hat das Tal im Winter einen exzellenten Ruf als Langlaufrevier. Hier gibt es auch ein Langlauf- und Biathlonzentrum. Ein weiterer Vorteil des Tals ist das Wetter. Hier wie im gesamten Vinschgau ist die Zahl der Sonnentage überdurchschnittlich hoch. 315 Sonnentage sollen es im Martelltal sein, heißt es offiziell.

Das Tal der Erdbeeren

Und es gibt noch weitere Kuriositäten. Das Martelltal ist auch berühmt für seine Erdbeeren. Tatsächlich werden hier seit vielen Jahrzehnten Erdbeeren gewerbsmäßig angebaut. Die Bergerdbeeren, die als besonders schmackhaft gelten, werden relativ spät geerntet, wenn in tieferen Lagen die Erdbeersaison längst beendet ist. Dazu feiern die Leute im Tal auch jedes Jahr Ende Juni ein Erdbeerfest im Freizeitpark Trattla mit einem riesigen Erdbeerkuchen. Neben den Erdbeeren werden im Tal auch Himbeeren, Heidelbeeren und Brombeeren geerntet und teils zu Marmeladen verarbeitet. Kaufen kann man all dies in der Südtiroler Erdbeerwelt im Weiler Meiern im Martelltal.

IN MARTELL GANZ OBEN

Es mag ja Leute geben, die noch mehr Ruhe und Abgeschiedenheit suchen als im Martelltal. Für die lohnt sich ein Ausflug nach Stallwies. Der Bergbauernhof, auf knapp 2000 Metern einer der höchstgelegenen in ganz Südtirol, versteckt sich auf der westlichen Talseite. Dafür fährt man auf einer ziemlich kurvenreichen Straße gute sechs Kilometer von Meiern aus. Die Besitzerfamilie Stricker betreibt hier Bauernhof und Gasthaus in der neunten Generation. Das Haus hat drei kleine Bauernstuben und fünf Gästezimmer der eher einfacheren Art. Dafür wohnt man hier weit oben am Berg und ziemlich weit weg vom Alltag. Dazu passt auch die herzhafte regionale Küche mit Zutaten aus der eigenen Landwirtschaft, hausgemachtem Speck und Marmelade.

WEITERE INFORMATIONEN

Martelltal
Meiern 96
I-39020 Martell
www.martell.it

Berggasthaus Stallwies
Waldberg 1
I-39020 Martell
www.stallwies.com

PFELDERS – WANDERN AM MERANER HÖHENWEG

DAS WAHRSCHEINLICH ABGELEGENSTE SÜDTIROLER BERGDORF

Auf der Rückseite der Texelgruppe oberhalb von Meran versteckt sich das winzige Bergdorf Pfelders. Im Sommer ideal für stressfreie Wanderausflüge, im Winter ein kleines und außergewöhnlich schneesicheres Skigebiet.

Es ist ein langer und kurvenreicher Weg nach Pfelders. Aber wenn das nicht so wäre, dann hätte das idyllische Bergdorf auch nicht solche Qualitäten. Ganz hinten im Passeiertal gelegen, eine knappe Autostunde von Meran entfernt, dürfte es eines der kleinsten und ursprünglichsten Bergdörfer Südtirols sein. Von Moos auf dem Weg hinauf zum Timmelsjoch biegt man links ab und fährt noch weitere elf Kilometer bis zu dem auf 1630 Metern liegenden Dorf am Ende des Tals. Die Kulisse ist jedenfalls eindrucksvoll. Die 3318 Meter hohe Texelspitze, das 3337 Meter hohe Roteck, die Hohe Wilde mit 3462 Metern und die Hintere Schwärze mit 3624 Metern sind nur einige der vielen Dreitausender rund um Pfelders.

Kutsche statt Autos

Bereits im Mittelalter gab es hier Siedlungen. Lazins und Zeppichl werden als Schwaighöfe erstmals 1285 urkundlich erwähnt. Die Grafen von Tirol nutzten das Tal als Jagdrevier. Auch wenn Pfelders eines der abgelegensten Dörfer Südtirols ist, es ist dennoch sehr innovativ. Denn hier pflegt man seit einigen Jahren die sanfte Mobilität. Die Autos bleiben draußen am Dorfrand, wo eigens ein größerer Parkplatz eingerichtet wurde. Die Benzinkutschen braucht man in dem romantischen Nest mit seinen uralten Bauernhöfen auch gar nicht. Dafür gibt es im Dorf eine Pferdekutschenlinie. Außerdem gehört ein Mountainbikeverleih zum Angebot. Die Wege sind in dem kleinen Ort eh kurz. Es gibt nur ein paar hundert Gästebetten. Dazu sorgt die abgeschiedene Lage dafür, dass es kaum Tagestouristen gibt. Hier genießt man also maximale Ruhe und kann sich entspannte Tage im Hochgebirge gönnen.

DER LAZINSBACH SCHLÄNGELT SICH BEI PFELDERS FRIEDLICH DURCH DAS NACH IHM BENANNTE TAL.

Wanderfreuden und Kletterspaß

Eine relativ gemütliche Art, das Dorf und die Umgebung kennenzulernen, ist der Panoramaweg vom Grünboden zur Faltschnalalm. Dazu fährt man mit dem Grünboden Express hinauf auf 2000 Meter Höhe, wandert entlang der Baumgrenze zu der bewirtschafteten Alm und genießt die eindrucksvolle Aussicht. Durch den Zirbenwald führt der Weg dann hinunter ins Tal zum Lazinshof und entlang des Lazinsbachs auf der Route des Meraner Höhenwegs über die Zeppichl-Höfe wieder zurück ins Dorf. Wer es sportlicher mag, für den ist der Klettergarten Bergkristall interessant, der beim gleichnamigen Gasthof kurz vor dem Dorf liegt. Dort stehen 55 Routen mit einem Schwierigkeitsgrad von 3 bis 7c im Angebot.

Beschauliche Winterwanderungen

Besonders reizvoll ist Pfelders auch im Winter. Die Lifte liegen nur wenige Meter entfernt. Langläufer können direkt in die Loipen einsteigen und bis zu der traumhaft gelegenen Lazinser Alm laufen. Zur drei Kilometer langen Rodelbahn kommt man mit dem Grünboden Express, einer Kabinenbahn mit Sitzheizung. Ansonsten stehen hier viel Ruhe, viel Schnee und klassische Südtiroler Lebensart auf dem Programm. Der weite Talgrund hier am Ende der Straße eignet sich auch ideal für ausgedehnte, entspannte Winterwanderungen.

DER WANDERKLASSIKER: MERANER HÖHENWEG

Pfelders ist eine Station auf dem Meraner Höhenweg, dem langen und teils auch recht anspruchsvollen Rundweg um die Texelgruppe in den Ötztaler Alpen. Insgesamt verläuft der Höhenweg über eine Strecke von rund 100 Kilometern und zieht sich dabei über rund 6000 Höhenmeter. Der höchste Punkt ist das Eisjöchl auf knapp 2900 Metern, das zwischen Pfelders und dem Schnalstal liegt. Der Höhenweg ist mit der Nummer 24 markiert und inoffiziell in acht und zuweilen auch neun Etappen aufgeteilt, die jeweils rund drei bis fünf Stunden Gehzeit benötigen. Unterwegs hat man auch Passagen, die Trittsicherheit verlangen, wie etwa am Giggelberg oberhalb von Meran. Üblicherweise wird der Höhenweg in eine nördliche und eine südliche Route aufgeteilt. Der Nordabschnitt erfordert Kondition für hochalpine Touren, der Südteil ist auch etwas für weniger geübte Wanderer. Als Grenze gilt das Dorf Ulfas draußen im Passeiertal bei Moos.

WEITERE INFORMATIONEN

Tourismus Pfelders
I-39013 Pfelders
Tel.0039 0473 646792
www.pfelders.info

37

SAN LUIS HOTEL – OBEN IN DEN BÄUMEN

AUSSTEIGEN MIT FÜNF STERNEN

Raus aus dem Alltag, rauf auf den Baum. Das exklusive Hotelresort San Luis mitten in der Natur oberhalb von Meran bietet mit seinen Luxusbaumhäusern Urlaubserlebnisse der besonderen Art.

Das Leben mitten in der Natur war traditionell eine Kasteiung. Man lebte in der Natur und verzichtete dafür auf die Vorzüge der Zivilisation. Heute ist das anders. Zu den meistbegehrten Kategorien der Urlaubsunterkünfte gehören Baumhäuser. Mehr Natur gibt es auch beim einsamen Camping nicht. Wenn man dann noch ein Quartier findet wie das San Luis Hotel unweit von Meran, kann man Naturerlebnis und Wohnstil kaum mehr toppen. Dafür fährt man von Schenna gleich neben Meran auf einer kurvenreichen Straße bergauf bis Hafling, zweigt links ab auf einen Forstweg bis zu einem dicken Metalltor, durch das nur Gäste mit Reservierung gelassen werden. Das San Luis Hotel ist ein Hideaway par excellence. 22 Chalets und 14 Baumhäuser umfasst die luxuriöse Anlage auf einer leicht hügeligen Wiese mit einem großen Teich samt Außenpool in der Mitte, einem großzügigen Zentralbereich mit Spa und Restaurant, einer Biolandwirtschaft und so viel Platz, dass man oft meint, man wäre so ziemlich allein in dem exklusiven Anwesen.

Das Baumhaus als Männertraum

Keine Frage, wer hierherkommt, will seine Ruhe haben. Und das findet sie oder er vor allem im Baumhaus. Eine Alltagsflucht – dieser Status passt auch zu unseren Baumhaustagen in Südtirol. Der Entschleunigungseffekt stellt sich ziemlich schnell ein. Und er kommt unvermeidlich, weil der Baumhausgast vor

GELUNGENE VERBINDUNG VON GEMÜTLICHKEIT UND MODERNER ARCHITEKTUR: POOL UND LOUNGE.

allem wegen des Baumhauses kommt und überdurchschnittlich viel Zeit in seinem Baumhaus verbringt. Das bestätigt auch Alexander Meister vom San Luis Hotel. »Gerade bei Paaren sind die Baumhäuser sehr begehrt. Und interessant ist, dass im normalen Hotelgeschäft meistens die Frauen buchen, hier es aber die Männer sind, die unbedingt ins Baumhaus wollen.« Ein Männertraum? Mitten in der »Wildnis« und keinen festen Boden unter den Füßen.

Gemütlichkeit und Komfort

Das San Luis ist eine eigene Welt. Man lebt hier vollkommen abgeschieden. Aufs Gelände kommen nur Hausgäste und Mitarbeiter. Im zentralen Clubhouse empfängt einen die offene Lobby mit der Rezeption. Es gibt eine große Terrasse mit Bar, das elegante Restaurant, die Bibliothek und das Kino. Auf der anderen Seite liegt der Spa-Bereich mit dem großen Innen- und Außenpool sowie Saunen, Massagen, Kosmetik und Fitness. Zum San Luis gehört auch eine vier Hektar große Biolandwirtschaft, die von dem in Südtirol bekannten Biopionier Markus Gasser betreut wird.

Sommerfrische im Baum

Der Tag beginnt hier im Baumhaus recht unkonventionell. Dienstbare Geister tischen das gut sortierte Frühstück auf und kümmern sich später auch um die Aufräumarbeiten. Ansonsten kann man entscheiden, ob man die Mahlzeiten im Restaurant goutiert oder sie sich im Baumhaus oder Chalet auftischen lässt. Und auch sonst hat der Gast hier viele Freiheiten, kann sich komplett zurückziehen oder auch Ausflüge ins nahe Meran, zu den schönen Gärten in Trauttmansdorff oder in stille Südtiroler Seitentäler unternehmen.

GROSSES KINO AM BERG

Die Idee ist simpel, aber auch genial. Als der Südtiroler Künstler Franz Messner im Jahr 2000 das Knottnkino kreierte, war das in Südtirol ebenso neu wie unkonventionell. Ein Freiluftkino oben am Berg mit einem einzigen Programm: dem Blick auf die monumentale Bergwelt. 2001 wurde es schließlich ganz in der Nähe des heutigen San Luis Hotels eröffnet. 30 Klappsessel aus Edelstahl und Kastanienholz mit einem Panoramablick auf das Meraner Becken und die Texelgruppe. Vom Resort ist es ein gemütlicher Spaziergang mit einem kurzen und leichten Anstieg durch den Wald. Mittlerweile ist das Knottnkino eine etablierte und beliebte Attraktion. Messners Kinder haben zwischenzeitlich weitere Kinosäle rund um den Ort Vöran geschaffen, erlebbar entlang des Rundweges.

WEITERE INFORMATIONEN

San Luis Hotel
Vöranerstraße 5
I-39010 Hafling
Tel. 0039 0473 279570
www.sanluis-hotel.com

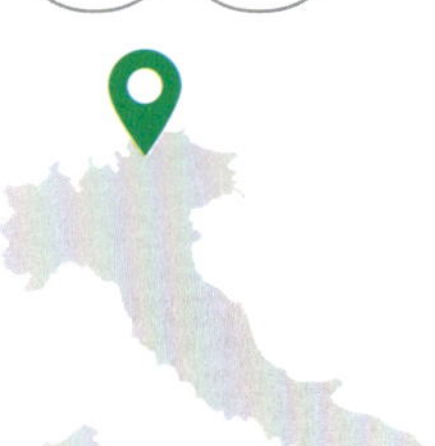

DEUTSCHNONSBERG – IN ARCHAISCHER NATUR

SÜDTIROLS STILLE SEITE ERWACHT AUS DEM DORNRÖSCHENSCHLAF

Der bislang wenig beachtete Deutschnonsberg im Südwesten Südtirols ist ein Naturparadies mit erstaunlichen Sehenswürdigkeiten. Wer sich hierhin verirren sollte, wird dies mit Sicherheit nicht bereuen.

Der Name Deutschnonsberg mag etwas altmodisch anmuten. Tatsächlich hat er umfassende historische Hintergründe. Der deutsche Teil des Nonstals – weiter südlich im Trentino heißt es Val di Non – liegt westlich von Bozen und ist der in touristischer Hinsicht wohl am wenigsten bekannte Teil Südtirols. Und das wiederum macht ihn so interessant. Während der Weg von den Giudicarie im Trentino im Süden bis ins Etschtal im Mittelalter eine wichtige Passage war, durchlebt die Gegend seit Jahren eine Art Dornröschenschlaf. Das bekannteste Dorf ist der Wallfahrtsort Unsere liebe Frau im Walde, eine kleine Siedlung nahe des Gampenpasses auf 1342 Metern Höhe mit einer gotischen Wallfahrtskirche. Die Straße über den 1518 Meter hohen Gampenpass von Lana aus war lange Zeit die einzige Zufahrt von Südtiroler Seite, bis vom Ultental aus eine breite Straße mit etlichen Tunnels über das Hofmahdjoch gebaut wurde. Die Dörfer im Deutschnonsberg, neben dem Wallfahrtsort sind das vor allem Laurein,

Proveis und Sankt Felix, bieten sich als reizvolle Ausgangsorte für Wanderungen in den weitläufigen und sehr ursprünglichen Wäldern und Almwiesen an. Eine archaische Landschaft, was auch der Canyon Rio Sass und die Schlucht des Flusses Novella unterstreichen. Bei der Novella gibt es einen 3,5 Kilometer langen Steig, der vor allem im Sommer wegen der sehr frischen Temperaturen gefragt ist. Wer die Qualitäten dieser Naturlandschaft entdecken will, sollte sich auch eine Wanderung von Unsere liebe Frau im Walde oder vom Gampenpass aus hinauf zur 2434 Meter hohen Laugenspitze und vorbei am malerisch gelegenen Laugensee gönnen. Am besten in Verbindung mit einer Einkehr in der schönen Laugenalm auf 1835 Metern, die auch für ihre gute regionale Küche bekannt ist. Oben am Gipfel hat man herrliche Aussichten Richtung Bozen und Etschtal und weit hinein ins Trentino Richtung Brentagebiet.

ÜBERALL STRÖMT DAS WASSER VON DEN BERGEN INS TAL HINAB: HIER IM BILD DER WASSERFALL IN DER SCHLUCHT DES RIO SASS.

Bunker, Pilger und Wasserfälle

Deutlich kürzer, aber ebenfalls sehr eindrucksvoll ist eine Wanderung von Sankt Felix zum Wasserfall, der am Schluss mit einem Steig mit 170 Stufen zu Aussichtsplätzen direkt unter dem 75 Meter hohen Sturzbach führt. Über eine neue Brücke kann man dies als Rundweg zurück nach Sankt Felix abschließen. Diese auf den ersten Blick wenig beachtete Gegend hat etliche erstaunliche und spektakuläre Attraktionen zu bieten. Oben am Gampenpass gibt es immer noch die umfangreiche Bunkeranlage aus dem Zweiten Weltkrieg, die Mussolini errichten ließt. Dort ist heute eine Galerie untergebracht mit einer Mineralienausstellung und Dokumentationen zur Historie der Straße über den Gampenpass. Ganz andere Motivationen hegen die Wanderer, die auf den Pilgerwegen in dieser Gegend unterwegs sind, wie etwa auf dem Jakobsweg quer durch Deutschnonsberg mit Station in Unsere liebe Frau im Walde und dem Romedius-Pilgerweg, der vom Geburtsort des Heiligen Romedius bei Innsbruck bis zum Kloster San Romedio bei den Nachbarn im Trentino führt.

ELEGANT WOHNEN, HERZHAFT SPEISEN

Für Überraschungen gut ist der Deutschnonsberg auch in gastronomischer Hinsicht. Da wäre zum Beispiel das Gasthaus zum Hirschen, ein historischer Gasthof direkt neben der Wallfahrtskirche in Unsere liebe Frau im Walde. Seit einigen Jahren präsentiert sich der Gasthof in neuem Gewand mit edlem, minimalistischen Design und mit eleganten Zimmern. In der Küche spielt der Chef des Hauses Mirko Maratti zwischen italienischen und Südtiroler Akzenten und legt großen Wert auf Biozutaten aus der Umgebung. Hohe Ansprüche an Qualität und Regionalität erfüllt auch Eugen Kofler mit einer Hofmetzgerei am Widumhof, die für exzellenten Speck, Schinken und Salami bekannt ist, darunter den Bauernspeck, der acht Monate im Natursteinkeller reift. Kofler beliefert übrigens auch den Gasthof zum Hirschen.

WEITERE INFORMATIONEN

Gasthof zum Hirschen
Malgasottstraße 2
I-39010 Unsere liebe Frau im Walde
Tel. 0039 0463 886105
www.zumhirschen.com

Kofler Delikatessen
Gewerbegebiet 2
I-39010 Unsere liebe Frau im Walde
Tel. 0039 0463 885032
www.kofler-delikatessen.it

39

TERRA – THE MAGIC PLACE SARNTAL – ECO-LUXUS

CHILLEN MIT STERNEN

Man kann seine Ruhe haben und trotzdem sehr genussvoll leben. Dieser einsame Ort im Sarntal ist das beste Beispiel dafür, wie man rustikale Beschaulichkeit mit Sterneküche und gediegenem Luxus verbinden kann.

Laufkundschaft dürfte hier kaum vorkommen. Wer zu diesem ungewöhnlichen Ort kommt, hoch oben über dem ohnehin schon sehr ursprünglichen und abgelegen Sarntal in den Bergen zwischen Bozen und Sterzing, tut das mit voller Absicht. Der Weg dorthin ist auch etwas aufwendiger. Von Bozen geht es zunächst hinein ins Sarntal mit etlichen Kurven und Tunnels und dann bei Sarnthein links auf der Andreas-Hofer-Straße raus aus dem Ort und über sieben Kilometer den Berg hinauf. Oben auf 1600 Metern erwartet einen allerdings weniger rustikale Almhüttenromantik als elegante moderne Architektur.

Terra – The Magic Place heißt dieses elegante Resort, das in Bezug auf Einsamkeit und gastronomische Genüsse eine für Südtiroler Verhältnisse einzigartige Qualität bietet. Angefangen hat diese Geschichte einst mit einer kleinen Almhütte, die der Großvater der beiden Geschwister Gisela und Heinrich Schneider bewirtschaftete, um daraus schließlich das Gasthaus Alpenrose zu machen. Dieses wiederum entwickelte sich weiter zum Auener Hof und trägt heute den Namen Terra – The Magic Place. Die beiden Geschwister kehrten nach der Ausbildung 1998 in die Heimat zurück, übernahmen das Lokal und betrieben ständige Qualitätsverbesserungen mit einem besonderen Gespür für Nachhaltigkeit. Heute zählt die Küche zwei Sterne von Michelin, erhielt diverse andere Auszeichnungen, wie etwa drei Hauben bei Gault-Millau und beim Feinschmecker, und steht für eine

IN MODERNEM, ELEGANTEN UND NATURNAHEN AMBIENTE SPEIST MAN IM RESTAURANT DES RESORTS.

betont natürliche und erfinderische Philosophie. Küchenchef Heinrich Schneider ist ausgewiesener Naturexperte, liebt Wildkräuter und darf sich auch offiziell diplomierter Wildkräuterexperte nennen. Seine Küche bezeichnet er als kreativ und naturnah. Und das ist schon ziemlich viel Understatement, wenn man dann ein Menü mit gepufftem Bergkäse mit karamellisierter Hefe, Habichtspilz und Wildkräutern, schwarze Tacos mit Süßkraut oder Rote-Bete-Meringue mit Forellentartar, Weizengras, Sauerklee und Bergamotte-Duft oder Kräuter-Teigtaschen vom Reh mit Pimpinelle, Fichtensprossen-Öl und »Wald-Tee« aufgetischt bekommt.

Ein sinnlicher Ort

Hier oben in der Einsamkeit der Sarntaler Berge zu logieren, wird schnell zu einem sinnlichen Gesamterlebnis. Die ursprüngliche Bergwelt, gepaart mit exzellenter Kulinarik in gediegenem Ambiente, ist ein bezauberndes Arrangement, zu dem auch ein anspruchvolles Quartier gehört. Es gibt elf Zimmer und Suiten, die sehr klassisch und dezent eingerichtet sind, zum Teil auch mit Zirbenholz ausgestattet. Neu ist die Panoramasuite mit 47 Quadratmetern, einer 10 Quadratmeter großen Terrasse und einer voll verglasten Südseite samt exzellentem Ausblick Richtung Latemar.

Terra – The Magic Place ist ein Ort, den man ganz ohne Hektik erleben sollte, ein Ort, an dem man, umgeben von vielen schönen Dingen, herrlich entspannen kann. Dafür steht auch ein kleiner Spa-Bereich zur Verfügung. Eine finnische Sauna und eine Kräutersauna gehören dabei ebenso dazu wie Schwebeliegen und ein Ruhebereich. Im Whirlpool zu sitzen und den Sonnenuntergang über den Berggipfeln zu verfolgen – das hat schon fast therapeutische Wirkung.

MITTEN IN DEN BERGEN

Hier oben wohnt man nicht nur mitten in der Natur. Es sind auch zahlreiche Preziosen zum Greifen nahe. Dazu gehören die berühmten Stoanernen Mandln auf gut 2000 Metern Höhe. Rund hundert Figuren aus aufgetürmten Steinen, von denen man auch heute noch nicht weiß, wie sie entstanden sind. Manche sagen, es wäre ein Spaß von Hirten gewesen, andere deuten sie als mystische Kultstätte. Eindrucksvoll sind sie in jedem Fall. Am besten kombiniert man das mit einer Bergwanderung zu zwei der schönsten Aussichtsplätze in den Sarntaler Alpen: dem Kreuzjoch und dem Auener Joch. Sonnenaufgänge und Sonnenuntergänge hier oben sind unvergessliche Erlebnisse. Unterwegs kann man sich bei der Auener Alm zur Stärkung eine typische Südtiroler Marende gönnen. Aber auch ein individuelles Picknick an einem der Aussichtsplätze hat seinen Reiz.

WEITERE INFORMATIONEN

Terra – The Magic Place
Prati 21
I-39058 Sarntal, I
Tel. 0039 0471 62 30 55
www.terra.place

DURNHOLZER SEE – FLUCHT INS KALTE TAL

DER EINSAME BERGSEE IM SARNTAL

Für die Menschen in Bozen ist der Durnholzer See im Sarntal eine willkommene Abwechslung zum stressigen Stadtleben. Generell hat der kleine, verborgene und eher unscheinbar wirkende See viel zu bieten.

In den Bergen braucht es manchmal viele Kurven, um schöne Plätze zu erreichen. Das trifft für den Durnholzer See ganz besonders zu. Wer von Bozen die Fahrt hinein in das Sarntal antritt, hat zunächst enge Talpassagen und etliche Kurven vor sich. Auch nach Sarnthein, dem Hauptort des Tals, ist die Reise noch lange nicht zu Ende. Da warten noch einmal 15 Kilometer rechts hinein in die Bergwelt und vorbei am Skigebiet Reinswald. Doch die lange Tour lohnt sich, wenn man ein Faible für Bergromantik hat. Vor dem See liegt links der Straße der kleine Ort Durnholz, ein winziger Weiler mit Kirche, Bauernhöfen und ein paar Gasthäusern. Der Durnwalder See ist bei den Südtirolern und da vor allem bei den Boznern ein beliebtes Ziel, weil er einen eindrucksvollen Kontrast zum hektischen Stadtleben bietet. Der kleine See ist von steilen Berghängen eingerahmt und hat die Form eines Dreiecks: Er beginnt am vorderen Ufer spitz und wird immer breiter. Mit einer Länge von 900 Metern und einer maximalen Breite von 350 Metern ist das Gewässer recht überschaubar. Mit einem Spaziergang hat man ihn in einer guten Stunde umrundet. Aber die archaische Stimmung von See und Dorf ist bezaubernd. Zumal man hier auch gute Einkehrmöglichkeiten findet, und es für einen längeren Seeausflug auch einige Übernachtungsmöglichkeiten gibt. Zum Baden ist der See, der durch mehre Bäche und Quellen am Grund gespeist wird, auch im Hochsommer zu kalt. Nur die richtig Hargesottenen wagen sich hier in das kühle Nass. Umgekehrt bietet er im Winter beste Voraussetzungen zum Eislaufen. Auf rund 1560 Metern mitten in den Sarntaler Bergen sind die Winter noch richtig frostig.

Gerade noch ein Geheimtipp

So idyllisch der Durnholzer See auch liegt, das Leben hier oben ist schon immer eher karg gewesen. Die Landwirtschaft auf mehr als 1500 Metern Höhe bedeutet viel Arbeit und erwirtschaftet wenig Ertrag. Die Bauern leben hier traditionell von der Viehzucht. Getreide wie Roggen oder Gerste werden eher wenig angebaut. Das Örtchen Durnholz blickt auf eine lange Geschichte zurück und wurde bereits im 11. Jahrhundert besiedelt. Die schlichte Pfarrkirche St. Nikolaus mit ihrem schlanken hohen Turm und aufwendigen Fresken im Inneren geht bis auf das 14. Jahrhundert zurück und soll ursprünglich zu einer adeligen Familie gehört haben. In den letzten Jahren hat hier die Bedeutung des Tourismus spürbar zugenommen. Das zunehmende Interesse an Naturerlebnissen und alpiner Ursprünglichkeit lässt auch Orte wie den Durnholzer See immer interessanter werden. Das gilt natürlich auch für die Wintermonate, wo man auf dem See nicht nur eislaufen, sondern auch gut langlaufen kann. Nebenan in Reinswald liegen für die Alpinskifahrer ebenfalls sehr gute Bedingungen vor. Tatsächlich bietet kaum ein anderes Skigebiet in Südtirol so sichere Schneeverhältnisse.

WO SOLL'S DENN HINGEHEN? DIE MÖGLICHKEITEN SIND MANNIGFALTIG UND DIE WEGE GRÖSSTENTEILS ÜBERSCHAUBAR LANG.

FERIEN MIT SEEBLICK

Auch wenn der Durnholzer See recht überschaubar groß ist, gibt es doch etliche Möglichkeiten, direkt am Seeufer zu logieren. Das Zentrum des kleinen Dorfes mit seinen insgesamt 300 Einwohnern liegt direkt am Hochufer und ist ebenso wie das Seeufer für den Autoverkehr gesperrt. Hier gibt es ein paar eher bodenständige Quartiere, die zumeist Urlaub auf dem Bauernhof anbieten. Sündhaft teurer Luxus würde zu dieser Idylle auch nicht passen. Schön liegt zum Beispiel der historische Messnerhof neben der Kirche. Am gegenüberliegenden Seeufer ist der Fischerwirt ein beliebtes Gasthaus mit einer Dependance mit Ferienwohnungen. Direkt daneben stehen mit dem Schneiderhof und dem Hofer zwei weitere Agriturismobetriebe.

Übrigens ist das Sarntal auch bekannt für seinen guten Speck, den man bei diversen Herstellern direkt kaufen kann.

WEITERE INFORMATIONEN

Tourismusverein Sarntal
Kirchplatz 9
I-39058 Sarnthein
Tel. 0039 0471 623 091
www.sarntal.com

41

SCHATZERHÜTTE – RUSTIKAL, ABER INNOVATIV

EIN SCHATZ VON EINER ALMHÜTTE

Wenn eine Berghütte nicht nur schön liegt und viel Gemütlichkeit ausstrahlt, sondern auch noch einen Hüttenwirt hat, der ein exzellenter Koch ist, dann fehlt nicht mehr viel für den perfekten Ausflug in die Berge.

Wenn eine klassische Almhütte von einem renommierten Reisemagazin zu den 100 besten Hotels gezählt wird, dann muss sie etwas ganz Besonderes haben. Der Name mag das, wohl zufällig, schon andeuten. Die Schatzerhütte auf der Südseite der Plose bei Brixen in Südtirol ist tatsächlich außergewöhnlich. Nicht auf den ersten Blick, denn da wirkt sie wie viele andere Hütten – sehr rustikal und nostalgisch. Die Lage macht sie allerdings außergewöhnlich. Die Hütte steht auf einer Wiese auf 2004 Metern Höhe, steht den ganzen Tag in der Sonne und bietet einen kaum zu übertreffenden Blick ins Eisacktal, zum Peitlerkofel und zur Geislerspitze. Die Anreise ist etwas verschlungen, aber für alpine Verhältnisse nicht schwer. Am Südrand von Brixen folgt man der Landesstraße 29 Richtung Würzjoch und biegt kurz nach Afers links ab zum Berghotel Schlemmer. Dort wartet ein großer Parkplatz, von dem aus ein eher gemütlicher Wanderweg zuerst durch den Wald, dann über offene Almwiesen direkt zur Hütte führt.

Mit viel Leidenschaft am Werk

Franz Pernthaler ist der Besitzer und Hüttenwirt, und er ist dafür verantwortlich, dass die Schatzerhütte mittlerweile eine umfangreiche Fangemeinde hat. Gelernt hat er das gastronomische Handwerk bei Heinz Winkler im Gourmetrestaurant Tantris in München und pflegt heute eine leidenschaftliche

BLICK AUF DEN PEITLERKOFEL VOM PASSO DELLE ERBE. WEGEN SEINER LAGE WIRD ER AUCH NORDWESTLICHER ECKPFEILER DER DOLOMITEN GENANNT.

regionale Küche, für die er viel selbst anbaut und produziert. Dazu gehören das Brot, die Nudeln und die Marmeladen. »Über den Sommer baue ich hier nah am Haus Kohlrabi, Zucchini, Mangold, Karotten und Tomaten an. Und Thymian, Oregano, Petersilie, Sellerie und Minze wachsen hier auch sehr gut,« erzählt er. Er hat sein eigenes Wasserkraftwerk und unterirdische Kabel für die Stromzufuhr. Am Herd steht er natürlich selbst. Das Ergebnis ist eine bodenständige, herzhafte Küche ohne modernistische Übertreibungen – so wie es eben am besten passt an diesem Ort.

Ein Platz an der Sonne

Die spektakulärste Innovation, die gab es 2010. Damals baute er hinter der Hütte auf der Wiese etwas weiter oben drei Blockhütten ganz aus Zirbenholz. Jede Hütte hat zwei Einheiten mit jeweils vier Schlafplätzen, mit Dusche/WC und Fußbodenheizung. »Das war damals schon schwierig, die Baugenehmigung zu bekommen«, erklärt er. In Südtirol sind die Behörden bei Bauten in der Natur ziemlich streng. Aber die Mühe hat sich gelohnt, denn die Kombination aus der Traumlage oben am Berg mit dem sehr klassischen Wohnkomfort und der exzellenten Küche ist sehr gefragt.

Die Gäste, die zur Schatzerhütte kommen, sind sehr unterschiedlich, sagt der Franz. Junge Leute, ältere Leute, Einzelgänger und Familien. Die extrem Sportlichen sind es eher weniger. Dafür suchen alle die Ruhe und die schöne Aussicht – und sie genießen es. Hier bei schönem Wetter auf der Terrasse zu sitzen, den Blick schweifen zu lassen, die Ruhe zu spüren und langsam einen Bezug zur Natur zu bekommen, das hat hier höchst erfreuliche therapeutische Wirkungen. Dass man dann auch noch kulinarisch in besten Händen ist, macht den Ausflug zur Plose letztendlich perfekt.

WINTER AUF DER HÜTTE

Die Schatzerhütte ist auch über den gesamten Winter bis April geöffnet. Das bedeutet nicht nur für Tourengeher eine reizvolle Alternative, die hier am 2574 Meter hohen Gabler exzellente Bedingungen mit schönen Tiefschneeabfahrten vorfinden. Von der Hütte ist es nur eine kurze Distanz zum Skigebiet auf der Plose. Man könnte hier also Station machen, tagsüber auf der Piste unterwegs sein und danach die gute Küche und die Ruhe auf der Hütte genießen. Die Schatzerhütte ist auch ein sehr guter Ausgangspunkt für Schneeschuhwanderungen und Spaziergänge auf der sonnenreichen Südseite der Plose. Nur sollte man dabei bedenken, dass gerade die Zirbenholzhütten sehr gefragt und oft ausgebucht sind. Also frühzeitig reservieren.

WEITERE INFORMATIONEN

Schatzerhütte
I-39040 Afers
Tel. 0039 0472 521343
www.schatzerhuette.com

BRIOL – BAUHAUS HOCH ÜBER DEM EISACKTAL

ARCHITEKTURKLASSIKER OBEN AM BERG

Das einsam über dem Eisacktal gelegene Hotel Briol ist dank seiner unverfälschten Bauhausarchitektur seit Jahren ein Geheimtipp mit Kultstatus. Den wahren Luxus findet man hier allerdings nur, wenn man einen Blick für das Wesentliche hat.

Wer nach Briol will, der muss was dafür tun. Einfach ankommen und im einsam hoch über dem Eisacktal gelegenen Hotel Briol einchecken – so läuft das hier nicht. Das Gepäck haben wir am Parkplatz in Barbian oberhalb von Klausen aus dem eigenen Auto umgepackt, und nun schaukelt der knorrige Mitsubishi die steile Forststraße weit über dem Südtiroler Eisacktal hinauf, tastet sich von Schlagloch zu Schlagloch und Steinbrocken zu Steinbrocken. Nach etwa 20 Minuten auf den spärlich gepolsterten Rücksitzen des Geländewagens taucht endlich das Ziel auf. Hinter einer Rechtskurve lichtet sich der Wald, und wir blicken auf ein Haus, das mit der klassischen Südtiroler Alpenarchitektur so gar nichts zu tun hat. Das Hotel Briol ist eine ehemalige Sommerfrische-Villa im Bauhausstil. Kahle weiße Wände im Erdgeschoss, das Obergeschoss mit grauem Holz verkleidet, über dem Eingang ein rechteckiges Säulenportal – alles so wie damals, als sich der in moderne Architektur vernarrte Bozener Porzellan- und Seidenhändler Heinrich Settari hier vor gut 80 Jahren ein Haus ganz nach seinem Geschmack errichten ließ. Und es sollte nicht bei einem Haus bleiben. Für jedes Kind, das die Familie bereicherte, wurde ein Grundstück dazugekauft, kamen weitere Häuser hinzu, die in anspruchsvoller Architektur realisiert wurden. 15 Kinder sollten es am Ende sein. Die Kreationen des Architekten Lois Welzenbacher wurden echte Attraktionen. So wie die nach ihm benannte Villa, die wegen ihres unkonventionellen Aussehens den Beinamen Kaffemühle bekam.

Konzentration auf das Wesentliche

Heute ist das Hotel Briol das Haupthaus und ein lebender Anachronismus. Die Architektur und das Interieur, so wie es vor 100 Jahren entworfen wurde, schaffen ein intensives nostalgisches Wohngefühl, gepaart mit der wahrhaft exklusiven Lage hier oben auf 1300 Metern Höhe in wohltuender Einsamkeit. Johanna Fink ist die Nachfahrin der Familie und die Gastgeberin, die dafür sorgt, dass auch das Innenleben des Hotels so bleibt, wie es immer war. Typisch sind die schmalen Holzstühle mit den schlanken rechteckigen Lehnen, die im ganzen Haus zu finden sind. Auf den Zimmern stehen schlichte Betten aus massivem Holz und Kommoden, auf denen weiße Waschschüsseln und Wasserkrüge stehen. Duschen und Toiletten findet man nur auf dem Flur. Eine Reminiszenz an den Originalzustand des Hauses –, welche die Gäste offensichtlich goutieren: Ein Zimmer in Briol muss man lange im Voraus buchen. Hier oben entfaltet sich ein Wohlgefühl, das nicht aus dem Überfluss und Luxus schöpft, sondern der Konzentration auf das Wesentliche.

DAS SONNIG-WARME KLIMA UM BARBIAN IM EISACKTAL ZOG SCHON IMMER ILLUSTRE GÄSTE AN. AUCH JOHANN WOLFGANG VON GOETHE MACHTE HIER AUF SEINER ITALIENREISE STATION.

Während die Gäste im Briol logieren und auch speisen können, gibt es quasi nebenan noch drei Alternativen. Im Haus Settari, einst die Dependance des Familiensitzes, sind Ferienwohnungen und Doppelzimmer eingerichtet – genauso klassisch und minimalistisch wie im Briol. Für Selbstversorger interessant ist die Weizenbach Villa: Die berühmte Kaffeemühle kann man wochenweise mit zwei Doppelzimmern und Platz für vier Personen mieten. Ganz ähnlich verhält es sich auch im Mutterhäusl, wo Johanna Settari, die Mutter der 15 Kinder, einst wohnte. In der Kaffeemühle und im Mutterhäusl kann man auch mit Halbpension logieren.

PROMENIEREN MIT PANORAMABLICK

Auf den ersten Blick scheint hier oben weit über dem Eisacktal nicht viel los zu sein. Doch das gepflegte Nichtstun in historischem Ambiente ist für sich schon eine anregende Beschäftigung. Und dann locken hier auch reizvolle Ziele für Spaziergänge und Wanderungen. Dazu zählt das berühmte Bad Dreikirchen, ein altehrwürdiges ehemaliges Bauernbad und Sommerfrische, wo schon Sigmund Freud und Christian Morgenstern logierten, das auch heute noch Gasthaus ist. Bad Dreikirchen liegt eine halbe Gehstunde weiter unten Richtung Barbian. Direkt nebenan stehen drei ineinandergebaute kleine Kirchen im gotischen Stil. Ein beliebtes Ausflugsziel sind auch die nahen Barbianer Wasserfälle.

WEITERE INFORMATIONEN

Hotel Briol
I-39040 Barbian
Tel. 0039 0471 650125
www.briol.it

43

KOHLERN – HOCH ÜBER BOZEN

VERGESSENE ELEGANZ AUS GUTEN ALTEN ZEITEN

Ein waldreicher Berg am Rande von Bozen entpuppt sich als ebenso elegantes wie romantisches Ziel für die stilvolle Alltagsflucht.

Gegen die Hitze im Hochsommer hatten die Bozner traditionell ein gutes Gegenmittel. Sie flüchteten auf die umliegenden Berge. So wurden der Ritten und Jenesien zu bekannten Sommerfrischezielen. Aber es gibt da noch einen weiteren Berg auf der Ostseite des Talkessels. Der waldreiche und steil aufsteigende Hügel ragt knapp 900 Meter über Bozen hinaus und entwickelte sich vor über 100 Jahren zu einer gefragten Adresse. 1908 wurde hier die weltweit erste Luftseilbahn gebaut, die heute natürlich in einem deutlich modernisierten Zustand operiert. Die Idee dazu hatte der Bozner Gastwirt Josef Staffler, der damit Gäste zu seinem Gasthaus bringen wollte. Heute gehört die Seilbahn der Gemeinde Bozen, die die Tarife erfreulich niedrig hält.

Erste alpine Luftseilbahn

Oben bei der Bergstation auf 1130 Metern kommt man nach wenigen Schritten an einer der Originalkabinen aus der Gründerzeit der Seilbahn vorbei und kann sich nebenan auf den 36 Meter hohen hölzernen Aussichtsturm wagen. Wirklich brauchen tut man den nicht, denn hier oben ist die Aussicht auf das Bozner Becken und auf die fernen Gipfel bis zum Ortler ohnehin schon sensationell. Rund um die Bergstation drängen sich elegante Villen mit

DAS FARBIGE DACH DES BOZENER DOMS MARIA HIMMELFAHRT ÄHNELT DEM DES STEPHANSDOMS IN WIEN.

großzügigen Gärten, Relikte aus der Zeit der Sommerfrische und heute privilegierte Wohnadressen. Ein paar Meter weiter hinten liegen noch eine Waldorfschule und zwei Gasthöfe. Diese Exklusivität hat natürlich auch den Nachteil der etwas umständlicheren Anreise. Entweder man nimmt die Bahn unten bei der Talstation Pemmern direkt am Stadtrand von Bozen und nur wenige hundert Meter vom zentralen Waltherplatz entfernt oder man gönnt sich die knapp neun Kilometer lange und ziemlich kurvenreiche Straße hinauf nach Kohlern, die direkt neben dem Parkplatz bei der Talstation beginnt. Der Aufwand lohnt sich in jedem Fall. Die Situation, hier oben direkt über dem lebendigen Zentrum von Bozen mitten in der Natur in absoluter Ruhe und weitgehend ohne Verkehr zu sein, hat ihren ganz speziellen Reiz. Zumal Kohlern im Unterschied zum Ritten oder Jenesien heute ein Geheimtipp ist. Man kann sich hier perfekt entspannen und die Ruhe und die besondere Lage genießen. Dazu bieten sich viele Möglichkeiten für Wanderungen zu den umliegenden Weilern, zum Gasthaus Schneiderwiesen in einer idyllischen Lichtung etwa drei Kilometer entfernt oder zum nächstliegenden Gipfel, dem 1615 Meter hohen Titschen. Die Umgebung von Kohlern ist dank zahlreicher Single Trails auch ein gefragtes Bikerevier.

Entspannt auf Bozen hinabblicken

Man kann sich hier auch in einem der Gasthöfe einmieten und sehr naturintensive und entspannte Tage verbringen. Und wenn es dann wirklich mal zu ruhig sein sollte, dann ist man mit der Seilbahn in wenigen Minuten unten in Bozen und kann dort rund um den Waltherplatz und den Obstmarkt flanieren. Das Schöne daran ist, dass man nach der Rückkehr oben in Kohlern diese Lage noch mehr genießt als zuvor.

AUSZEIT MIT STIL UND BESTEN AUSSICHTEN

Es sind nur ein paar Minuten zu Fuß von der Bergstation der Kohlern Seilbahn, vorbei an eleganten alten Villen und sanft bergauf bis zu dem traditionsreichen Gasthof. Die Geschichte des Hauses geht bis auf das Jahr 1870 zurück. Seine Schokoladenseite ist freilich die rückwärtige, mit der großzügigen Terrasse und dem spektakulären Blick auf Bozen samt Talkessel und die Berge weit hinein Richtung Meran und Ortler. Ein stilvoller Hideaway mit einer geschmackvollen Mischung aus Nostalgie und modernem Komfort. Heute ist das Anwesen im Besitz der Familie Schrott und bietet neben der eindrucksvollen Aussicht feine Südtiroler Küche und dazu passend auch einen klassischen Speisesaal. Bezaubernd ist der genauso aussichtsreiche Pool auf der Terrasse. Nächtigen lässt es sich besonders schön in den Kuhfellzimmern ganz oben mit eigenem Balkon und bombastischem Ausblick.

WEITERE INFORMATIONEN

Gasthof Kohlern
Kohlern 11
I-39100 Bozen
www.kohlern.com

44

FENNBERG – ENTLANG DER WEINSTRASSE

DIE ALLTAGSFLUCHT DER SÜDTIROLER

Weit weg vom Trubel versteckt sich der Fennberg in den Bergwäldern hoch oben über der Weinstraße. Ein Badesee, urige Wirtshäuser und ein ungewöhnliches Weingut sind gute Gründe für einen Abstecher hierher.

An heißen Sommertagen kann das Leben unten in der Stadt Bozen schon recht mühsam werden. Die feuchte Hitze, der Verkehr und der Lärm sind gute Gründe, die Stadt zu verlassen und in die Berge zu flüchten. Ein versteckter Ort ganz im Süden ist seit vielen Jahren ein geliebter Geheimtipp für die Einheimischen, wo man sich gut 800 Meter über dem Tal im Schatten der Wälder an einem kleinen romantischen Badesee erfrischen kann, in Verbindung mit einer herzhaften Einkehr. Das sind nur einige der Vorzüge des Fennbergs. Das Kleinod versteckt sich hoch oben über Kurtatsch und Margreid – ein Refugium mit alten Bauernhöfen, einer stattlichen Kirche, einem besonders im Sommer als Ausflugsziel bei Einheimischen beliebten See sowie einigen urigen Gasthäusern. Der Fennberg erscheint wie eine Zeitreise: urwüchsig, gemütlich und auch ein wenig romantisch. So versteckt dieses Kleinod ist, so umständlich ist auch die Anfahrt. Das eine bedingt eben das andere. Zuerst fährt man auf der Weinstraße bis Kurtatsch, dort durch den Ort und weiter bergauf mit etlichen Kurven vorbei an Wiesen und Weingärten, und biegt oben in den Waldpassagen schließlich links ab Richtung Fennberg. Dann geht es weiter geradeaus durch den Wald. Fennberg besteht eigentlich aus zwei Siedlungen: Oberfennberg und Unterfennberg. Bevor man zuerst nach Oberfennberg kommt, passiert man linker Hand eine kleine Kapelle und kommt beim Gasthaus Boarnwald an den berühmten Mammutbäumen vorbei. Diese Mammutbäume wurden 1898 anlässlich des 50-jährigen Jubiläums der Krönung von Kaiser Franz Josef gepflanzt, sind also schon über 120 Jahre alt. Oberfennberg liegt an einer Lichtung und besteht nur aus ein paar Gebäuden, da-

AUCH VERSCHNAUFPAUSEN IN DEN SÜDTIROLER BERGEN HALTEN MEIST HÜBSCHE AUSBLICKE BEREIT.

runter links die Maria-Hilf-Kirche aus dem 17. Jahrhundert und die historische Ulmburg rechts. Die ist in Privatbesitz und kann nicht besichtigt werden. Danach verläuft die Straße weiter durch den Wald und wieder bergab bis Unterfennberg, dem Hauptort des Fennbergs. Der Fennberger See, ein Biotop mit einer besonders üppigen Vegetation im Uferbereich, breitet sich unterhalb der St. Leonhardskirche aus. In Unterfennberg steht auch das Geburtshaus von Franz Philipp Fenner von Fennberg, der dort 1759 geboren wurde und ein erfolgreicher Feldherr in Diensten der Tiroler Armeen war. Nach dem Feldmarschall ist übrigens das Weingut Hofstatt am Fennberg ganz hinten in Unterfennberg benannt. Es gehört der Familie Tiefenbrunner vom Weingut in Entiklar und bietet mit dem Müller-Thurgau, der hier auf einer Höhe von über 1000 Metern reift, eine absolute Rarität. Die Hofstatt war früher auch der Sommersitz des Feldmarschalls.
Direkt unterhalb der Kirche ist ein Parkplatz und daneben steht ein altehrwürdiger Gasthof mit dem passenden Namen »Zur Kirche«. Es ist eines von zwei Lokalen hier oben am Fennberg, die beide im Sommer gefragte Ausflugsziele der Einheimischen sind. Das dürfte wohl auch an der deftigen Küche liegen, die sehr klassisch südtirolerisch ist und sich gut mit ausgiebigen Wanderungen kombinieren lässt. Das Gasthaus mit den rotweißroten Fensterläden hat dazu einen großzügigen Gastgarten und nebenan einen Kinderspielplatz. In dem Lokal, das früher das Widum, das Pfarrhaus war, kann man auch übernachten. Gute 200 Meter retour auf der Straße befindet sich das zweite Lokal, der Gasthof Platten. Auch der ist von klassisch rustikaler Art und bekannt für Wildgerichte und Klassiker wie Bauernbratl, Schweinshaxn und Kaiserschmarrn.
Oberhalb von Margreid gibt es auch einen Klettersteig, der mit Schwierigkeitsgrad C eher mittelschwer ist, aber mit knapp 1000 Höhenmetern relativ lang und dazu mit schönen Aussichten auf das Etschtal. Der Zustieg ist etwa einen Kilometer nördlich von Margreid an der Weinstraße.

EINE WANDERUNG MIT WEIN UND WIRTSHAUS

Anstelle der beschwerlichen und kurvenreichen Fahrt von Kurtatsch aus kann man die Weinstraße auch zu Fuß erklimmen. Und zwar auf einem abwechslungsreichen Weg hinauf vom Schloss Turmhof der Weinkellerei Tiefenbrunner in Entiklar. Normalerweise kommen die Besucher nach Entiklar ob des guten Weines und einer Einkehr im Schloss Turmhof. Entiklar liegt oberhalb der Weinstraße ein kurzes Stück südlich von Kurtatsch auf halbem Weg nach Margreid. Vom Schloss geht man zuerst ein kurzes Stück bergauf in Richtung Penon und biegt dann an der Kreuzung oberhalb der Kapelle links ab. Der schmale Wanderweg 3 bzw. 3a zieht sich dann recht flach durch die Weinberge. Etwa nach einem Kilometer erreicht man eine Gabelung, an der man sich rechts hält. Nun geht es raus aus dem Weinberg und in etwas steilere Waldpassagen. Kurz darauf durchquert man die Fenner-Schlucht. Das Bachbett des Fennerbaches ist übrigens ein interessantes Revier für Fossiliensammler. Der Weg führt weiter bergauf durch den dichten Bergwald, bis man schließlich im Putzwald bei der Kirche Maria im Schnee die ersten Ausläufer von Unterfennberg erreicht. Das letzte Stück marschiert man auf einer asphaltierten Straße, dann links in einen Waldweg bis nach Unterfennberg, wo man beim Plattenhof, dem beliebten Ausflugslokal, ankommt. Von da sind es nur noch ein paar Meter zum See.

WEITERE INFORMATIONEN

Südtirol Information
Südtiroler Straße 60
I-39100 Bozen
Tel. 0039 0471 999 999
www.suedtirol.info

OBERRADEIN – GENUSSVOLLER NATURURLAUB

EINSAMKEIT MIT STIL UND KOMFORT

Was einst Max Planck und Ferdinand Sauerbruch gefiel, das begeistert auch heute noch. Oberradein ist ein einsamer Weiler am Berg südlich von Bozen, wo man sich sehr gediegen zurückziehen kann und spannende Exkursionen warten.

Die Gegend um den Naturpark Trudner Horn gehört zu den weniger bekannten Ecken Südtirols. Und das zu Unrecht, denn hier vermischen sich authentische Natur und verborgene gastronomische Preziosen zu einem ungewöhnlich reizvollen Gesamterlebnis. Wer zum Beispiel auf der Straße bergauf von Neumarkt/Auer Richtung Cavalese fährt und oben links abbiegt, dann weitere steile Kurven absolviert, landet in Oberradein, einem kleinen Weiler auf 1550 Metern Höhe.

Dort erwartet ihn das einsam am Waldrand weit über dem Etschtal gelegene Hotel Zirmerhof. Ob es die idyllische Lage ist oder das altehrwürdige Interieur mit schweren Holzmöbeln, alten Bildern und gediegener Dekoration, die lange Geschichte oder auch die illustren Gäste wie der Nobelpreisträger Max Planck und Chirurg Ferdinand Sauerbruch, man fühlt sich hier wie auf einer Zeitreise mit dem Schönen von gestern, ohne das man auf das Gute von heute verzichten muss. Bekannt ist der Zirmerhof auch für seine gute bäuerliche Küche. Vieles von dem, was auf den Tisch kommt, stammt aus der eigenen Landwirtschaft. Passend dazu besitzt der Zirmerhof auch einen gut sortierten Weinkeller mit rund 250 Etiketten und eine solide Auswahl an Acquavit und Grappa. Perfekt abgerundet wird das gastronomische Erlebnis durch den herrlichen alten Speisesaal mit den Wandmalereien des Südtiroler Künstlers Ignaz Stolz. Echte Schmuckstücke sind zudem die gänzlich mit Holz getäfelte Zirmerstube aus dem 16. Jahrhundert und die alte Bibliothek. Dass man hier Lust bekommt, länger zu bleiben, ist nicht ungewöhnlich. Auf Feriengäste warten geschmackvoll renovierte Zimmer und Suiten mit sehenswertem alten Mobiliar. Wer es noch natürlicher und ruhiger mag, kann sich in einer der drei komfortabel ausgestatteten Berghütten einquartieren. Ein idealer Platz für einen besonders ruhigen und genussvollen Natururlaub. Dazu passen der großzügige Außenpool, der Wellness- und Beautybereich und der Blick in die Natur, wo draußen auf den Wiesen die Hochlandrinder weiden.

UNTERWEGS IN DER BLETTERBACHSCHLUCHT AM TRUDNER HORN. EINE WANDERUNG WIRD HIER ZU EINER GEOLOGISCHEN REISE IN 250 MILLIONEN JAHRE ERDGESCHICHTE.

Ausflug zum UNESCO-Welterbe

Der Zirmerhof ist der bekannteste, aber nicht der einzige interessante Gastbetrieb hier oben in Oberradein. Nebenan steht die Berghoferin, ein elegantes Viersternehaus mit langer Tradition. Und dann gibt es noch einige reizvolle Agriturismo-Betriebe – zu deutsch: Urlaub auf dem Bauernhof – wie den Thomaserhof und den Wastlhof. Ob man nun luxuriös oder rustikal logiert, Oberradein ist ein ausgezeichneter Ausgangspunkt für Ausflüge zu Fuß oder mit dem Bike in den Naturpark Trudner Horn, Richtung Schwarzhorn oder in das benachbarte Bergdorf Aldein, wo es mit dem Gasthof zur Rose eines der besten Wirtshäuser in Südtirol gibt. Und nicht zu vergessen das UNESCO-Weltnaturerbe Bletterbachschlucht. In jedem Fall ist Oberradein ein paradiesischer Ort für Menschen, die gerne stilvoll genießen und ihre Ruhe haben wollen.

SCHÖNE SCHLUCHTEN

Gleich in der Nähe befindet sich die berühmte Bletterbachschlucht, der Grand Canyon Südtirols. Hier hat sich der Bletterbach auf einer Länge von rund acht Kilometern bis zu 400 Meter tief in die Erde eingegraben und somit den Blick auf verschiedene Schichten und damit auf unterschiedliche Erdzeitalter möglich gemacht. Ein sehr aufschlussreicher Einblick in den Aufbau der Gesteine und in die Erdgeschichte über einen Zeitraum von 250 Millionen Jahren. Der ideale Ausgangspunkt für den Ausflug in das UNESCO-Welterbe Bletterbach ist das Besucherzentrum Geoparc in Aldein. Dort kann man sich in einer Ausstellung vorab informieren und eine Führung durch die Schlucht buchen, die etwa vier Stunden dauert.

WEITERE INFORMATIONEN

Zirmerhof
Oberradein 59
I-39040 Radein
Tel. 0039 0471 887215
www.zirmerhof.it

GEOPARC Bletterbach
Dolomiten UNESCO-Welterbe
Lerch 40
I-39040 Aldein
www.bletterbach.info
Tel. 0039 0471 886946

46

ALTREI – DAS KAFFEEDORF IM FLEIMSTAL

EIN BERGDORF MIT UNGEWÖHNLICHEN SPEZIALITÄTEN

Ganz im Südosten Südtirols versteckt sich im Naturpark Trudner Horn das kleine Bergdorf Altrei, das vor allem Naturliebhaber und Freunde spezieller Kulinarik schätzen.

Altrei gehört zu den abgelegensten und am besten versteckten Dörfern in ganz Südtirol. Von Auer an der Weinstraße ganz im Süden des Etschtals kurz vor der Grenze zum Trentino führt die Straße über Montan in einigen Serpentinen bergauf Richtung Cavalese. Ganz oben, wenn die Straße wieder eben verläuft, zweigt die Fahrt rechts ab in den Naturpark Trudner Horn und direkt in das Dorf mit seinen knapp 400 Einwohnern auf rund 1200 Metern Höhe. Altrei liegt sehr beschaulich in sehr sonniger Lage, umgeben von saftigen Bergwiesen und Wäldern. Das wäre an sich noch nichts besonderes. Aber Altrei verfügt über einige ganz spezielle Überraschungen. Der Ort hat etwas, was sonst kaum ein Südtiroler Dorf aufweisen kann: Hier gibt es einen eigenen Kaffee. Dabei ist der Altreier Kaffee streng genommen gar kein richtiger Kaffee, er wird vielmehr aus einem Lupinengewächs mit markanten blauen Blüten gewonnen. Also ein Kaffeeersatz, wie er früher in bescheidenen Zeiten üblich war. Den Kaffee gab es schon vor mehr als 100 Jahren, als die Bauern damit nicht nur Kaffee brauten, sondern auch ihren Kühen selbigen verabreichten, wenn diese Verdauungsprobleme hatten. Heute in Zeiten der naturbewussten Ernährung ist der Altreier Kaffee eine Spezialität, mit der auch Bier, Schnaps und Schokolade verfeinert werden. Der Geschmack tendiert je nach Dosis schon eher in Richtung bitter, aber dafür ist das Produkt absolut natürlich und überaus regional.

SEEROSENTEICH IM NATURPARK TRUDNER HORN

Weinanbau auf 1200 Metern Höhe

Was man hier oben in dieser Form ebenfalls nicht erwarten würde, das ist der Weinanbau. Der Wein ist geschmacklich offensichtlich unbestritten, denn der Wein der Rebsorte Solaris, der hier oben gedeiht, erhielt von einschlägigen Weinführern allerhöchstes Lob. Solaris ist eine eher robuste Sorte, die hier oben von der sonnenreichen Lage und von den warmen Winden profitiert, die vom Gardasee heraufkommen. Der wiederum liegt nur rund 60 Kilometer Luftlinie entfernt.

Wandern auf dem Sagenweg

In Altrei kann man freilich nicht nur kulinarische Entdeckungen machen. Das Dorf befindet sich im Naturpark Trudner Horn, dem südlichsten Naturpark Südtirols mit 6851 Hektar Fläche und einer sehr abwechslungsreichen Naturlandschaft, samt einem submediterranen Klima. Mehr dazu erfährt man übrigens im Naturparkhaus in einer ehemaligen Mühle im Nachbardorf Truden. Namensgeber für den Naturpark ist das 1781 Meter hohe Trudner Horn, das ebenfalls ein beliebtes Ausflugsziel ist. Eine interessante Tour ist die Fahrt mit dem Mountainbike oder E-Bike von Altrei oder Truden zur Horn Alm auf 1755 Metern. Von dort ist es nur noch ein kurzer Weg hinauf zum Gipfel. Auf dem Weg zurück könnte man noch einen Abstecher zum idyllischen Schwarzsee machen. Deutlich gemütlicher und insgesamt auch sehr familienfreundlich erweisen sich die beiden Sagenwege in Truden und in Altrei. Der Altreier Sagenweg führt auf etwa zwei Kilometern durch den Lärchenwald bis zum Sportplatz und erzählt dabei von Hexen und anderen sagenhaften Gestalten, dem »Steffa Mandl« etwa, dem »nächtlichen Hobler« oder den »Wächtern am Stuppner Tor«. Dank der mündlichen Überlieferung konnte dieses Kulturgut hier erhalten werden.

KLASSISCH ITALIENISCH UND HERZHAFT REGIONAL

Etwas abseits des Dorfzentrums in Altrei lockt mit dem Kürbishof ein sehenswertes Gasthaus mit den Spezialitäten der Region sowie mit italienischer Küche. Das liegt daran, dass die Küchenchefin in dem historischen Lokal aus Ligurien kommt, während der Gatte aus der Gegend stammt. Die einstige Scheune wurde zu einem veritablen Gasthaus samt zweier Stuben aus dem 16. und 17. Jahrhundert umgebaut. Die Küche ist klassisch bäuerlich, mit modernen Inspirationen. Es gibt zum Beispiel eine hausgeräucherte Gänsebrust mit Steinpilzen, Dinkelbandnudeln mit Hirschragout, Kalbsbries oder Saibling. Sehr anregend ist auch die Auswahl an hausgemachten Süßspeisen. Dazu gibt es zwei komfortable Gästezimmer im Haus.

WEITERE INFORMATIONEN

Tourist Information Truden Altrei
Am Kofl 2
I-39040 Truden
Tel. 0039 0471 869078
www.trudnerhorn.com

Kürbishof
Guggal 23
I-39040 Altrei
Tel. 0471/882140
www.kuerbishof.it

ITALIEN

DIE GEWALTIGEN FELSWÄNDE LASSEN ERAHNEN, DASS DER AUFSTIEG AUF DEN CRETA GRAUZARIA IN DEN KARNISCHEN ALPEN SEHR STEIL IST.

MASCOGNAZ – URLAUB IN DEN WALSERHÜTTEN

ALPINES UNDERSTATEMENT

Uralte Walserhütten einsam in den Bergen südlich des Matterhorns, das klingt nach puristischem Bergurlaub. Ist aber genau das Gegenteil: Hier gibt es Romantik gepaart mit gediegenem Luxus.

Das Aostatal und seine Berge sind eine Gegend für Menschen, die viel Natur und hohe Gipfel lieben. Auf der italienischen Südseite von Matterhorn und Monte Rosa gibt es im Sommer exzellente Möglichkeiten für Bergtouren in hochalpiner Einsamkeit und im Winter beste Voraussetzungen für Skitouren und anspruchsvolle Freeride-Ausflüge. Luxus und Glamour sind dagegen keine typischen Merkmale dieser Gegend. Dass man archaische Bergromantik und feine Lebensart gut kombinieren kann, dafür gibt es dort allerdings ein ebenso gut verstecktes wie eindrucksvolles Beispiel. Es trägt den etwas sperrigen Namen Hotellerie de Masacognaz und versteckt sich in dem abgelegenen Bergdorf Mascognaz rund vier Kilometer von Champoluc entfernt. Dieser ursprüngliche Wintersportort liegt in einem Sacktal nordöstlich von Aosta und nur knapp 15 Kilometer südlich des Matterhorns.

Komfort in uralten Gemäuern

Der Titel Hotellerie mag etwas täuschen, denn diese Location ist Teil eines kleinen Bergdorfs auf rund 2000 Metern Höhe. Es handelt sich um sieben Chalets, äußerlich historische Walserhütten mit einer sehr rustikalen Bauart mit dicken Holzstämmen, die auch härteste Winter überstehen. In den Chalets schaffen die groben Steinmauern mit den dicken dunklen Holzbalken zusammen mit gediegenem Mobiliar eine sehr stimmungsvolle Wohnatmosphäre, die wie geschaffen ist für aktive Tage in den Bergen. In gewisser Weise erinnern sie an den Stil von Luxuslodges in den Rocky Mountains. Üppige Sofas, breite Betten, Flachbildschirme und Whirlpool sorgen dafür, dass hier auch Schlechtwettertage ihren speziellen Reiz haben können. Im Haupthaus, einem Bergbauernhaus aus dem 17. Jahrhundert, ist das Restaurant eingerichtet. Dazu gibt es noch ein Spa-Gebäude mit Pool, Jacuzzi, Dampfbad und Sauna. Bis zu 50 Gäste haben in diesem anachronistisch wirkenden Luxusquartier Platz. Reizvoll ist die Anlage vor allem für Menschen, die intensive Naturerlebnisse suchen, jedem Trubel aus dem Weg gehen möchten, dabei aber nicht auf jeglichen Luxus verzichten wollen.

EIN WASSERFALL BEI MASCOGNAZ RAUSCHT IN DIE TIEFE. DIE GEGEND IST NICHT NUR ETWAS FÜR WINTERSPORTLER. AUCH WANDERER KOMMEN HIER VOLL AUF IHRE KOSTEN.

Unterwegs mit dem Snowmobil

Die Einsamkeit erfordert aber auch ihre Zugeständnisse. Mit dem Auto hinauffahren bis vor die Haustüre geht hier nicht. Im Sommer wird man mit dem Allradfahrzeug raufgebracht. Im Winter erledigen diese Arbeit Snowmobile. Wer im Winter zum Skifahren will, wird morgens und nachmittags ebenfalls mit dem Snowmobil gefahren. Zu den Freizeitoptionen gehören im Winter des Weiteren organisierte Helitouren Richtung Matterhorn. Im Sommer können die Gäste mit Guides wandern oder mit Mountainbikes oder E-Bikes Touren unternehmen.

Von Profis konzipiert

Die Idee zu diesem Quartier hatte der Turiner Unternehmer Paolo Vitelli, der mit seinem Unternehmen Azimut-Beretti in Viareggio sündteure Luxusjachten baut. Da kann man davon ausgehen, dass Vitelli viel Erfahrung damit hat, was sich Luxuskunden so wünschen und wie man Innenausstattungen für höchste Ansprüche konfiguriert. In der Hotellerie Mascognaz scheint das auf jeden Fall bestens gelungen. Die Preise für die Chalets beginnen bei etwa 250 Euro für ein Doppelzimmer.

AUF DEN SPUREN DER WALSER

Die Walsersiedlung in Mascognaz ist nicht das einzige historische Relikt im Ayas-Tal. Champoluc gehört zur Gemeinde Ayas, deren Hauptort Antagnod mit seinen zahlreichen historischen Bauten wie der Maison Fournier mit dem üppigem Holzbalkon, Turm und einem Museum im Inneren lockt. Typisch für die Gegend sind die alten Holzhütten, die auf Stein gebaut sind sowie die Holzschuhe mit dem Namen Sabots, die von den Einwohnern nicht nur getragen, sondern auch hergestellt werden. In touristischer Hinsicht ist Champoluc der Hauptort, der ein sehr gutes Angebot an Skipisten bietet. Champoluc hat 18 Skipisten, die bis auf 2700 Metern Höhe liegen, dazu die Monterosa-Skitour, eine anspruchsvolle Route, die mit den Orten Gressoney und Alagna in den Nachbartälern verbindet.

WEITERE INFORMATIONEN

Hotellerie de Mascognaz
I-11020 Ayas-Champoluc (AO)
Tel. 0039 338 7295708
www.hotelleriedemascognaz.com

48

MONTE ISOLA – EINER DER SCHÖNSTEN ORTE ITALIENS

EINE INSEL WIE EIN BERG

Monte Isola, die Insel im Iseosee, ist ein Paradies für Naturliebhaber und Freunde echter regionaler Küche. Nicht nur Christo verliebte sich in das pittoreske Setting, als er mit seiner berühmten Installation den See begehbar machte.

Der Lago d'Iseo ist so etwas wie der kleine Nachbar des Gardasees. Er hat eine ähnlich längliche Form, die im Süden, wo die Berge flacher werden, etwas breiter wird. Er ist 45 Kilometer lang und misst 65 Quadratkilometer. Und er bietet etwas, das der Gardasee nicht hat: eine richtig große Insel. Sie heißt Monte Isola, was auch schon viel über ihre Form aussagt. Im Süden des Sees ragt sie mit einer Höhe von maximal 400 Metern wie eine mächtige Kuppe aus dem Wasser. Das hat schon etwas von einer riesengroßen Statue, was den berühmten Verpackungskünstler Christo vielleicht inspiriert haben mag, als er 2016 rund um die Insel leuchtend gelbe schwimmende Ponton-Stege installieren ließ. Floating Piers hieß das Projekt. Normalerweise erreicht man die Insel mit der Fähre. Die kürzeste Verbindung gibt es zwischen Sulzano und Peschiera Maraglio.

Mit dem Fahrrad um die Insel

Im normalen Leben ist die Insel weniger spektakulär, bietet dafür aber eine reizvolle Kombination aus Naturerlebnis und Brauchtum. Rund 1800 Menschen leben hier in neun kleinen Dörfern, und das tun sie seit vielen Generationen zu einem Großteil vom Fischfang. Das mag heute dank Tourismus etwas weniger sein, aber genug, um einen intensiven Eindruck von einer für sich eigenständigen und von Brauchtum geprägten Welt zu bekommen. Wer einige Tage auf der Insel verbringt, wird schnell den Alltagsstress

DER ORT PESCHIERA MARAGLIO LIEGT DIREKT AM SEEUFER DER INSEL, DIE SICH OFFIZIELL ZU DEN SCHÖNSTEN ORTEN ITALIENS ZÄHLEN DARF.

vergessen. Hier gibt es praktisch keinen Autoverkehr, bewegt man sich zu Fuß, mit dem Rad oder mit dem öffentlichen Bus.
Zu einem Inselaufenthalt sollte unbedingt ein Ausflug hinauf zur Wallfahrtskirche Madonna Dell Ceriola gehören. Den kann man zum Beispiel zu Fuß von Peschiera Maraglio aus starten und in einer bis eineinhalb Stunden bei 450 Höhenmetern durch den Wald hinaufgehen. Die Mühe lohnt sich, denn die Aussicht auf den See ist hier vor der barocken Kirche aus dem 15. Jahrhundert perfekt. Oder man unternimmt eine Radtour rund um die Insel. Insgesamt sind es gut neun Kilometer, die der weitgehend flache Radweg misst. Das Rad ist generell das ideale Verkehrsmittel für die Insel. Mit ihm kann man wunderbar von Ort zu Ort fahren und die kleinen Fischerdörfer mit ihren engen Gassen und alten Häusern entdecken.

Regionale Spezialitäten

Sportliche Aktivitäten haben dazu den angenehmen Nebeneffekt, dass sie hungrig machen und man sich den gastronomischen Reizen der Insel hingeben kann. Dass man hier bestens frischen Fisch genießen kann, liegt nahe. Dazu bietet Monte Isola noch andere Spezialitäten wie die Salami und den Schinken. Traditionell hatte früher jede Familie ein Schwein, das zu Beginn des Jahres geschlachtet und eben zu diesen Spezialitäten verarbeitet wurde. Außerdem gehört die Produktion von Olivenöl mit Früchten von eigenen Bäumen zu den Qualitäten der Insel. Gute Voraussetzungen also für eine anregende und schmackhafte Küche. In Italien ist der Begriff *chilometro zero*, also Null Kilometer, für eine Küche mit Produkten aus der unmittelbaren Umgebung mittlerweile recht populär geworden. Auf Monte Isola kann man das in Perfektion erleben.

FISCH UND ÖL

Dass der Fischfang und das Olivenöl auf der Insel Monte Isola eine wichtige Rolle spielen, das hat ganz konkrete kulinarische Auswirkungen. Speziell in den Orten Peschiera Maraglio und Carzano gibt es den Brauch, dass man Sardinen, Barsch und Eitel zunächst reinigt, in der Sonne trocknen lässt, für 24 Stunden in Salz einlegt, wieder reinigt, an Haken aufhängt und einige Tage in der Sonne trocknen lässt, sie anschließend presst und in Olivenöl einlegt. Das war einst die gängige Methode, um den Fisch zu konservieren. Die traditionelle Zubereitung sieht so aus, dass der Fisch über heißer Glut gekocht, mit Öl, Petersilie, Knoblauch gewürzt und mit Polenta serviert wird. Auch heute sieht man auf der Insel zahlreiche Gestelle, an denen die trocknenden Fische montiert sind.

WEITERE INFORMATIONEN

Ufficio Turistico di Monte Isola
Località Peschiera Maraglio, 150
I-25050 Monte Isola (BS)
Tel. 0039 030 9825088
www.visitmonteisola.it

VILLA TEMPESTA – DOLCE FAR NIENTE MIT STIL

DIE SCHÖNSTE SEITE DES GARDASEES

Ein Dreisternehotel mit Fünfsternefeeling und einer Lage, die an Exklusivität kaum zu überbieten ist. Wer es kennt, liebt es, wer es noch nicht kennt, sollte es schleunigst kennenlernen. Die Erwartungen werden sicher nicht enttäuscht.

Für gewöhnlich zieht es am Gardasee Menschen mit Sinn für Stil und Lebensart an das Südwestufer rund um Salo und Fasano. Dabei gibt es am Nordostufer einen verborgenen Ort, der das alles ebenso bieten kann. Die Villa Tempesta liegt knapp zwei Kilometer südlich von Torbole am Ostufer in ruhiger Alleinlage, die man besser kaum erfinden könnte. Nichts für Menschen, die sehen und gesehen werden wollen, sondern ein perfekter Hideaway. Eine elegante Villa mit klassisch dezenter Architektur, umgeben von einem weitläufigen Garten mit Palmen, Olivenbäumen, Zypressen und Zitronenbäumen. Ein dicht bewachsener Hang trennt die Villa von der Uferstraße und sorgt damit für Ruhe und Privatsphäre. Das Hotel hat lediglich 15 Zimmer, zählt offiziell zur Dreisternekategorie, schafft aber ein Lebensgefühl, das sonst nur teuren Luxushotels zu eigen ist. Der perfekte Hideaway für Menschen, die den Gardasee entspannt und intensiv erleben und dabei eine inspirierende Auszeit an einem der schönsten Plätze am See genießen möchten. Die Voraussetzungen dazu sind hier ideal. Jedes Zimmer hat entweder eine Terrasse, einen Balkon oder raumhohe Panoramafenster mit grandiosem Seeblick. Zur Standardausstattung gehören Safe, Klimaanlage, Kosmetik- und Pflegelinie, Bademäntel, Badeslipper und Badetücher. Der terrassenartig angelegte Garten mit dem beheizten Pool bietet genügend Platz für ungestörte Mußestunden am Wasser. Die hoteleigene Privatbucht mit Bootssteg ist der perfekte Startplatz für ausgedehnte Ausflüge mit Surfbrett, Segelboot oder Motorboottaxi. Zur Villa gehört auch ein eigener Fitnessraum. Exzellente Aussichten bietet das Restaurant mit seiner großzügigen Verglasung. Hier oder auf der offenen Terrasse genießen die Gäste das exzellente Frühstücksbüffet mit überwiegend regionalen Produkten, mit frischem Gebäck ausgesuchter einheimischer Bäckermeister, frisch zubereiteten Eierspeisen, köstlichen Salami- und Käseaufschnitten, frischem Obst, Müsli, Marmeladen, Joghurt und vielem mehr. Für den Rest des Tages werden auf Wunsch Imbisse serviert. Zum Angebot gehören auch vegetarische und glutenfreie Mahlzeiten. Abends werden delikate Seefischspezialitäten oder auch rustikale Speisen wie Polenta mit Pökelfleisch aufgetischt. Dazu steht ein großzügiges Sortiment an guten Weinen im Angebot.

HOCH ÜBER DEM HOTEL VERLÄUFT DER SENTIERO PANORAMICO BUSATTE TEMPESTA. 120 METER ÜBER DEM WASSERSPIEGEL DES SEES GEHT ES BEI GERINGEN STEIGUNGEN DURCH DIE TRAUMHAFTE NATUR.

Der perfekte Hideaway direkt am See

Es gibt nur wenige Hotels am Gardasee, die direkt am Wasser so viel Privatsphäre und so geniale Aussichten bieten. Besonders eindrucksvoll sind die ersten Momente des jungen Tages. Nach dem Aufstehen öffnet man die Terrassentür, tritt hinaus und genießt diesen spektakulären Blick. Rechts leuchten die Häuserfassaden von Riva in der Morgensonne, links schaut man über den dunkelblau glänzenden See weit in den Süden bis Sirmione am Südufer. Das Hotel ist übrigens eine gefragte Location für private Anlässe und da besonders für Paare, bei denen ein Heiratsantrag auf dem Programm steht. Mehr Romantik als in der Villa Tempesta geht schließlich kaum mehr.

SPAZIERGANG MIT SEEBLICK

Die Villa Tempesta ist wie geschaffen für elegantes Nichtstun, für *Dolce Far Niente* mit Stil. Sie ist aber auch ein perfekter Ausgangspunkt für Ausflüge auf den See, für eine Tour mit dem Boot nach Riva, Malcesine oder Limone. Ein Klassiker befindet sich in direkter Nachbarschaft: Nicht weit entfernt ist der Sentiero Panoramico Busatte Tempesta, der Panoramawanderweg von der Ortschaft Busatte bei Torbole südwärts nach Tempesta am Hochufer. Der Weg verläuft auf etwa elf Kilometern am Hang deutlich oberhalb des Ufers mit sanften Steigungen und eröffnet herrliche Ausblicke auf den See. Dazu gibt es unterwegs mehrere Infotafeln über Flora und Fauna am nördlichen Gardasee. Zwischendurch passiert man auf Metalltreppen steile Felswände. Man kann ihn von Busatte aus, aber auch umgekehrt von Tempesta aus laufen.

WEITERE INFORMATIONEN

Villa Tempesta
Torbole 2
I-38069 Torbole am Gardasee
Tel. 0039 0464 505100
www.villatempesta.it

50

COMANO GIUDICARIE – ALTERNATIVURLAUB IM TRENTINO

DIE UNBEKANNTE SCHÖNHEIT ABSEITS DES GARDASEES

Es sind nur wenige Minuten Autofahrt, aber es ist eine ganz andere Welt als an den Ufern des Gardasees. Das Valle di Comano bietet eine eindrucksvolle Mischung aus Naturschönheiten, Geschichte und guter Kulinarik.

Das Valle di Comano ist eine Gegend, die entdeckt werden will. Nur wenige Kilometer nördlich des Gardaseeufers zwischen Riva und Molvenosee breitet sich diese hügelige Bilderbuchlandschaft aus. Weite offene Wiesen, auf denen quirlige Bäche ihren Weg suchen und romantische Bergdörfer passieren. Dahinter bauen sich die mächtigen Felswände der Brenta als Kulisse auf. Etwas abseits versteckt sich hier eine hochoffizielle Schönheit. Wer nach Rango will, muss eine steinerne Treppe oder eine breite gepflasterte Straße bergauf laufen, um schließlich unter dem Torbogen in diese bezaubernde Welt einzutauchen. Dann freilich ist alle Mühe vergessen, und es erwarten einen mächtige Häuser, mit meterdicken, aus schwerem Stein zusammengesetzten Mauern, dazu filigrane Holzbalkone und zierliche Fenster, die im Frühjahr üppig mit Blumen dekoriert werden. Der Weg schlängelt sich fast unterirdisch, nimmt willkürlich enge Ecken, landet vor verborgenen, schweren Holztüren. Eine Entdeckungsreise, die etwas an Streifzüge durch Venedig erinnert, wo man nicht weiß, was einen hinter der nächsten Ecke erwartet. Rango ist ungewöhnlich, ein winziges Bergdorf, ein archaisches Gesamtkunstwerk. Im Sommer ein Paradies nicht nur für Kulturmenschen, sondern für alle, die vor der heißen Sonne fliehen wollen. In den Gassen verstecken sich kleine Läden und eine Osteria, die eine geheimnisvolle Geborgenheit ausstrahlt. Seit 2011 zählt Rango zu den Borghi Piu belli d'Italia, zu den schönsten Dörfern Italiens. Rango verdankt seine Faszination auch seiner langen Geschichte. Es lag an einem Knotenpunkt der

CANYONING-TOUR UNWEIT DES DORFS COMANO TERME

»Via Imperiale«, die von Händlern, Pilgern und Hirten mit ihren Herden durchquert wurde, die hier wiederum Station machten.

Durch verschlungene Gassen

Rango ist nicht die einzige Schönheit im Gebiet von Comano. Auch San Lorenzo in Banale mit seiner knapp tausendjährigen Geschichte begeistert seine Besucher mit historischer Architektur und vielen verschlungenen Wegen, die einer Entdeckungsreise gleichkommen. San Lorenzo in Banale ist größer, weitläufiger als Rango, besitzt aber im Zentrum die gleichen Besonderheiten. Die groben Kopfsteinpflaster, die verschlungenen Wege führen vorbei an jahrhundertealten Wohnhäusern mit unzerstörbar erscheinenden festen Mauern, hölzernen Zubauten und zuweilen auch mit Fenstern, die etwas an venezianische Architektur erinnern.

UNESCO-Welterbe statt Massentourismus

Das Valle di Comano kennt keinen Massentourismus. Hier findet man stattdessen eine wertvolle Kulturlandschaft vor, die von der UNESCO den offiziellen Titel eines Biosphärenreservats bekommen hat. Die Torfmoore, Feuchtwiesen und kleinen Moorwälder, die Biotope im Lomasona Tal bilden eine ideale Lebensgrundlage für mehr als 1600 Pflanzenarten, von denen 33 endemisch sind, und 149 geschützte Tierarten. Nicht minder eindrucksvoll sind die Pfahlbauten in Fiavé, die in die Liste des UNESCO-Welterbes aufgenommen wurden, und der neue Parco Archeo Natura, ein archäologischer Naturpark. Nur wenige Meter von den sichtbaren Überresten der alten Pfahlbauten entfernt, eröffnet sich auf 12 000 Quadratmetern Fläche eine faszinierende Zeitreise in eine archaische Welt.

CHILOMETRO ZERO – RADELN, WANDERN UND FEIN SPEISEN

Mit Chilometro Zero meint man in Italien Speisen, die am Ort der Produktion konsumiert werden. Im Valle di Comano ist das der passende Titel für einen gastronomischen Themenweg für Radler wie auch für lauffreudige Wanderer. Straßen und Feldwege mit wenig bis sehr wenig Verkehr gibt es auf der hügeligen Hochebene genug und auch an stilgerechten Produkten mangelt es hier nicht. 54 Kilometer misst der Rundkurs, der sich von San Lorenzo Dorsino im Norden bis Fiavé im Süden durch das ländliche Terrain schlängelt, bei dem man mit den kulinarischen Schätzen der Region, von den Bleggio-Nüssen über die Ciuìga, die typische Salami aus Schweinefleisch und weißen Rüben mit Slow-Food-Prädikat bis zu Carne Salada, Speck und Käse direkt vom Bauern, Bekanntschaft machen kann.

WEITERE INFORMATIONEN

ApT Terme di Comano
I-38070 Terme di Comano
Tel. 0039 465 702626
www.comanodolomiti.it

ASIAGO – MEHR ALS NUR KÄSE

SPRACHINSEL UND BERGIDYLLE

Eine ursprüngliche Hochebene in den Bergen des Veneto mit einer ungewöhnlichen Geschichte, mit herrlichen Rad- und Wanderwegen und einem berühmten Käse.

Sette Comuni, die sieben Gemeinden, liegen bestens versteckt abseits des Etschtals, wo sich die Grenzen von Südtirol, Trentino und Veneto treffen. Vom Etschtal schraubt sich eine kurvenreiche Straße vorbei am mächtigen Castel Beseno hinauf. Oben wird man nach der anstrengenden Fahrt mit dem Anblick einer sanft hügeligen Hochebene versöhnt. Auf rund 1000 Metern Höhe breitet sich die Ebene auf einer Distanz von knapp 20 Kilometern bis zum Tal der Brenta nördlich von Bassano del Grappa aus.

Wer über die Hochebene fährt, mag sich zuweilen über die recht deutsch klingenden Ortsnamen wundern. Neben dem Hauptort Asiago und Folgaria gibt es hier noch Luserna, Leiten, Kaberlaba oder Rotz. Das hat seine spezielle Geschichte, denn die Sette Comini sind eine Sprachsinel. Hier wird ein eigener, deutschstämmiger Dialekt gesprochen, die sogenannte Lingua di Cimbri. Als Cimbri, also Zimbern, bezeichnete man früher die Menschen auf der Hochebene, die aus dem deutschen Sprachraum kamen und die Hochebene besiedelten. Das dürfte etwa im elften Jahrhundert gewesen sein. Diese Siedlungen schlossen sich später im 14. Jahrhundert zu den sieben Gemeinden zusammen. Durch die abgeschottete Lage weit oben und weit weg vom Durchgangsverkehr im Etschtal konnte sich diese Kultur über die Jahrhunderte gut halten. Das änderte sich auch unter der Herrschaft der Venezianer, der Österreicher und unter dem Königreich Italien nicht. Während des Ersten Weltkriegs herrschten hier schreckliche Zustände. Die sieben Gemeinden befanden sich direkt an der Frontlinie, woran noch viele Relikte wie Bunker und Friedhöfe erinnern.

HIER GRASEN DIE KÜHE DIREKT AUF DER ALMWIESE UND GEBEN DIE GUTE MILCH FÜR DEN BERÜHMTEN ASIAGO-KÄSE.

Den Zimbern auf der Spur

Während der Großteil der Hochebene zum Veneto gehört, ist ein Teil Trentiner Gebiet. Dazu zählt das archaische Dorf Luserna, wo man auf sogenannten »Pletz vom Motze« Relikte aus der Steinzeit gefunden hatte. Diese ungewöhnliche Historie gepaart mit dem sehr ländlichen Charakter und der Ursprünglichkeit macht den speziellen Charme dieser Gegend aus. Dabei sollte man aber nicht übersehen, dass es hier eine gut entwickelte Landwirtschaft gibt und hochwertige regionale Produkte vom Käse bis zum Biohonig produziert werden. Wer sich mehr für die Historie der Sette Comuni interessiert, für den ist ein Besuch des Cimbrischen Kulturzentrums in Roana sehr zu empfehlen.

Unterwegs auf ehemaligem Kriegsgebiet

Die Hochebene der Sette Comuni ist ein erstklassiges Freizeitrevier, wie geschaffen für Wanderungen und Ausflüge mit dem Mountainbike. Dazu tragen vor allem auch die zahlreichen alten Militärstraßen bei, die sich über die Gegend verteilen und auf denen noch so manche Relikte wie ehemalige Bunker oder Soldatenfriedhöfe zu sehen sind. Entsprechend findet man ein umfassendes Angebot an ausgeschilderten Touren. Im Winter bietet die Hochebene sehr gute Voraussetzungen zum Langlaufen. Die Höhenlage garantiert gute Schneebedingungen. Das Loipennetz umfasst insgesamt rund 500 Kilometer.

WOHLSCHMECKENDES WAHRZEICHEN

Der Asiago – damit ist das wichtigste Produkt auf der Hochebene der Sette Comuni gemeint. Der berühmte Käse, für den die Milch von den Bauern in der Hochebene kommt, die dazu die besten Voraussetzungen liefert. Den Asiagokäse, der mit Kuhmilch produziert wird, gibt es als Mittelalten/Mezzano mit vier bis zehn Monaten, als Reifen/Vecchio mit über zehn Monaten und als Extrareifen/Stravecchio mit mehr als 15 Monaten.
Für seine Qualität spricht auch das italienische Herkunftsprädikat DOP.
Neben dem Käse entstehen hier auch noch andere Spezialitäten wie Salami, Speck und Biohonig.
Kenner des Asiago genießen ihn als Stravecchio zusammen mit Steinpilzen und Polenta oder als Omelett mit Wildkräutern.

WEITERE INFORMATIONEN

Asiago Turismo
Palazzo del turismo Millepini
Via Millepini, 1
I-36012 Asiago
Tel. 0039 0424 460003
www.asiago.to

52

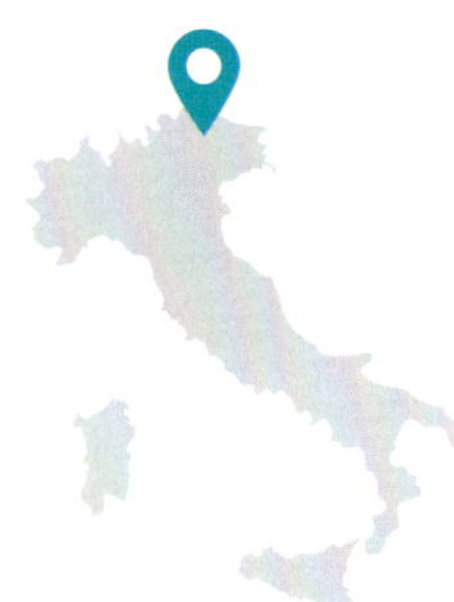

SAN PELLEGRINO PASS – AM DOLOMITENHÖHENWEG

EIN SONNENPLATZ IN DEN DOLOMITEN

Zwischen legendären Dolomitengipfeln versteckt sich der San Pellegrino Pass direkt an der Grenze des Trentino zum Veneto. Ein aussichtsreicher Ort zum Wandern und Genießen.

Der Name deutet es schon an. Mönche hatten hier im südlichen Teil der Dolomiten frühe Pionierarbeit geleistet und auf der Passhöhe auf 1919 Metern im 14. Jahrhundert ein Hospiz errichtet. Die Ersten waren sie hier oben nicht. Der Weg von Süd nach Nord wurde auch von Säumern genützt, und man fand zudem Relikte aus der Steinzeit. Im Ersten Weltkrieg waren hier wichtige Verbindungsstraßen, die später touristisch genutzt wurden. Reizvoll ist der Pass, weil er einerseits sehr offen und sonnenreich ist, andererseits aber umgeben von mächtigen Felsflanken. Das Hospiz überlebte den Krieg leider nicht, aber es gibt heute eine sehr gute touristische Infrastruktur. Oben auf der Passhöhe steht ein halbes Dutzend Hotels der mittleren Kategorie. Hinter den Bäumen auf der rechten Seite, wenn man von Moena kommt, versteckt sich der kleine San Pellegrino See. Der Pass ist ein idealer Ausgangspunkt für Wanderungen. Ein kurzer Spaziergang verläuft ein Stück nach der Passhöhe auf dem Weg links Richtung Fuciade bis zum San Pellegrino Wasserfall. Der Dolomiten-Höhenweg 2, auch bekannt als Höhenweg der Legenden, der von Brixen bis Feltre führt, macht hier Station. Zwischen Pass und dem Col Margherita auf 2514 Metern gibt es verschiedene schöne Wege, zum Beispiel zum Lago di Cavia. Eine sehr aussichtsreiche Route führt vom Bergdorf Falcade auf der Ostseite des Passes vorbei am Lago di Cavia hinauf zum Col Margherita mit einem Höhenunterschied von knapp 800 Metern. Falcade ist auch bekannt für seine ungewöhnlich große und mit sehr eigenwil-

DIE MARKANTEN ZACKEN DER DOLOMITEN STELLEN REIZVOLLE WANDERZIELE DAR.

liger Architektur ausgestatteten Pfarrkirche Santa Maria Immacolata, die 1933 auf dem Boden eines ehemaligen Soldatenfriedhofs erbaut wurde. In der Umgebung von Falcade stehen zahlreiche historische Holzscheunen, die teils mehrere Jahrhunderte alt sind und zur Lagerung des Heus gebaut wurden.

Wandern zu den berühmten Dolomitengipfeln

Im Sommer ist der San Pellegrino Pass eine gute Ausgangsbasis für Bergtouren: ruhig gelegen abseits der Durchgangsstraßen in unmittelbarer Nähe zu den berühmten Dolomitengipfeln Rosengarten, Langkofel, Sella und Marmolada im Norden sowie der Pala-Gruppe im Süden und der Civetta im Osten. Wer sich ganz auf die Bergtouren konzentrieren will, kann hier oben auf dem Pass logieren, tagsüber wandern und danach praktisch zum Feierabend die Ruhe und den Sonnenuntergang oben am Berg genießen. Auch Freunde des Klettersports finden in den Felsen um den Pass perfekte Bedingungen vor. Beispielsweise der 3010 Meter hohe Cima d'Uomo ist ein sehr beliebtes Ziel mit einer grandiosen Aussicht über das Val di Fassa.

Skifahren im Skigebiet Trevalli

Im Winter ist der San Pellegrino Pass Teil des Skigebiets Trevalli, das sich rund um den Pass, auf die benachbarte Alpe Lusia und hinunter nach Falcade ausbreitet. Besonders reizvoll sind die sonnenverwöhnten und sehr breiten Pisten auf der Nordseite der Passhöhe. Das Skigebiet ist auch Teil des Verbunds Dolomiti Superski und zuweilen Schauplatz von Weltcuprennen. Der Name des Passes hat übrigens nichts mit dem gleichnamigen Mineralwasser und der Therme zu tun. Die befindet sich in der Lombardei in der Provinz Bergamo.

GESCHMACKVOLL IN DER EINSAMKEIT

Eine renommierte Adresse für Feinschmecker und auch für Bergromantiker versteckt sich etwas abseits des San Pellegrino Passes. Nur ein paar Meter östlich der Passhöhe zweigt nach Norden der breite Weg nach Fuciade ab. Nach kurzem Weg erreicht man die Einsiedelei, die einst von Patern gegründet wurde. Heute ist Fuciade ein exzellentes Bergrestaurant in gediegenem rustikalen Ambiente mit einer Küche, die Ladinisches mit Italienischem kombiniert. Es gibt sehr gemütliche, mit viel Holz ausstaffierte Zimmer und etwas abseits ein recht geräumiges und nostalgisches Chalet mit Kachelofen, Sauna und Platz für bis zu fünf Gäste. Ein herrlicher Ort für Feinschmecker für ein Wochenende, was übrigens auch im Winter möglich ist. Da wird man mit dem Motorschlitten bei Bedarf abgeholt.

WEITERE INFORMATIONEN

APT Val di Fassa
Streda Roma, 36
I-38032 Canazei
Tel. 0030 0462 609500
www.fassa.com

Ristorante Fuciade
I-38030 Passo San Pellegrino
Tel. 0039 0462 5745281
www.fuciade.it

VAL DI SELLA – DAS TAL DER ÜBERRASCHUNGEN

VERBORGENE KUNSTSCHÄTZE IN DER NATUR

Eine schmale Straße mit vielen Kurven führt bis ans Ende des Tals und zu einer ungewöhnlichen Attraktion. Ein kontemplativer Ort mit einem Open-Air-Kunstmuseum. Ob Baumäste, Steine oder Erde – die Materialien für die Werke liefert die Natur selbst.

Das Valsugana ist ein beliebter Schleichweg für Menschen auf dem Weg zwischen Etschtal und Südtirol und Veneto mit Padua und Venedig. Anstelle der Autobahn fährt man auf einer gut ausgebauten Straße vorbei an schönen Seen und kleinen Dörfern. Zu diesen reizvollen Dörfern gehört auch Borgo Valsugana mit seinem beschaulichen nostalgischen Zentrum. Dort gibt es eine Attraktion, die nur wenigen Passanten bekannt ist. Auf der Südseite der Talstraße zweigt der Weg ab ins Val di Sella. Zuerst geht es flach am Ufer des Moggio entlang, bis vor dem Parkplatz vor der Osteria Caraco eine scharfe Rechtskurve kommt. Nun führt die Straße steil bergauf und wird immer schmäler. Man sollte sich besser vor Gegenverkehr in Acht nehmen. Doch die Mühe der Anfahrt lohnt sich. Etwa drei Kilometer weiter oben wird es flacher und alles wieder ein wenig übersichtlicher. Man fährt durch schattige Buchen- und Lärchenwälder in einer sehr ursprünglichen Naturlandschaft. Nur vereinzelte Wohnhäuser säumen den Weg bis zum Ristorante Legno und zu der schlichten und massiv gemauerten

Kirche Santa Maria ad Nives. Die weiten und sanft welligen Wiesen laden geradezu ein zu ausgedehnten Spaziergängen. Hier gibt es zudem noch einen weiteren speziellen Anreiz: In diesem wirklich abgelegenen Winkel gibt es viel Kunst zu erleben. Arte Sella nennt sich das Projekt, bei dem es sich um eine weitläufige Ausstellung moderner Kunst im Freien handelt.

DAS CASTEL TELVANA ERHEBT SICH UNWEIT VON BORGO VALSUGANA MALERISCH AUF EINEM BERGRÜCKEN.

Streifzug durch das Open-Air-Museum

Angefangen hat alles 1986 mit einer Ausstellung moderner Kunst in der Natur. Die Idee, die Schönheit der Kunst mit der Schönheit der Natur zu verflechten, sorgte dafür, dass die Open-Air-Ausstellung stetig gewachsen ist. Ein Grundprinzip dieser Ausstellung ist, dass die Künstler ihre Werke mit natürlichen Materialien formen, also mit Ästen, Baumstämmen, Steinen oder Erde. Arte Natura nennt sich dieser Weg, der mit erstaunlichen Kreationen konfrontiert, mit Tiernachbildungen aus Holz, mit minimalistischen kleinen Bauwerken und verspielten Arbeiten. Ein Höhepunkt ist auf halbem Weg die elegante Villa Strobele, in deren Garten sich weitere fantasievolle Werke befinden, wie etwa ein Hirsch aus Holz, ein monumentaler Holzbogen oder schlangenhaft verschlungene Baumstämme. Hier werden auch Werke renommierter Architekten ausgestellt, zum Beispiel von Ettore Sottsass. Der Streifzug auf dem flachen Weg durch den Wald steckt voller Überraschungen. Eine gute halbe Stunde dauert es für gewöhnlich. Man kann hier aber viel mehr Zeit verbringen, wenn man die Kunstwerke auf sich wirken lassen möchte. Der Weg führt weiter bis zur Malga Costa, wo es einige Lokale gibt, wie das Ristorante Carlon oder das Dall'Ersilia Mountain Bistro mit einer typischen und recht deftigen Trentiner Küche.
Es ist insgesamt eine sehr individuelle, faszinierende kleine Welt ganz oben in der Einsamkeit der Berge. Ein fantasievoller Hideaway. Übrigens kann man hier oben auch übernachten: zum Beispiel im Chalet Barbara oder in der Pension Sella al Cipriani.

WIE IN GUTEN ALTEN ZEITEN

Wer nur auf der Durchreise ist, wird von den Qualitäten von Borgo Valsugana nichts mitbekommen. Dabei lohnt es sich, einen Abstecher direkt zum Ufer der Brenta zu machen, wo auch der beliebte Valsugana-Radweg vorbeikommt. Auf der Piazza Degasperi, auf der Brücke über die Brenta und in den angrenzenden engen Gassen mit ihren hübschen historischen Bürgerhäusern kann man schön flanieren, einen Espresso trinken und die gelassene Atmosphäre auf sich wirken lassen. Hier ist vieles noch wie in der guten alten Zeit. Es gibt noch kleine Geschäfte wie den Metzger, den Fischladen oder den Kräuterladen mit typischen regionalen Spezialitäten. Im Corso Ausugum auf der Nordseite der Brenta versteckt sich mit der Locanda del Borgo ein sehr geschmackvolles kleines Hotel in einem historischen Haus.

WEITERE INFORMATIONEN

Visit Valsugana – Ufficio di Levico Terme
Via Vittorio Emanuele, 3
I-38056 Levico Terme TN
Tel. 0039 0461 727700
www.visitvalsugana.it

54

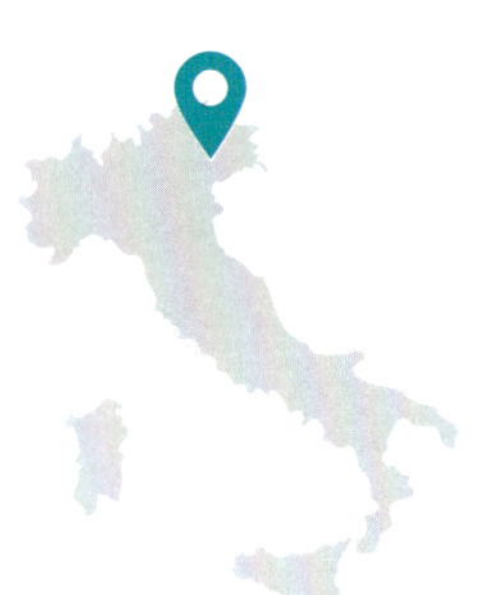

CISON DI VALMARINO – IN DEN HÜGELN DES VENETO

BERGE UND PROSECCO

Das romantische kleine Bergdorf Cison di Valmarino liegt am Rande der Alpen und nicht weit von Treviso und Venedig. Das macht es nicht nur geografisch und kulturell interessant, auch Gourmets und Schaumweinfreunde kommen hier auf ihre Kosten.

Manche Orte in den Alpen definieren sich nicht nur über ihre imposante Bergkulisse. Cison di Valmarino ist da ein eindrucksvolles Beispiel. Das historische Dorf mit seinen 2600 Einwohnern und prachtvollen historischen Bauten liegt an den südlichen Ausläufern der Alpen, an den letzten sanften Hängen vor der Ebene des Veneto Richtung Venedig. Cison gehört zur Provinz von Treviso, das nur 35 Kilometer entfernt ist. Bereits zur Römerzeit hatte der Ort eine strategische Bedeutung als Station an der Via Claudia Augusta. Dabei spielte die mächtige Festung auf dem Hügel über dem Dorf eine wichtige Rolle. Das Castel Brando beherbergt heute ein Luxushotel sowie ein Museum mit sechs Bereichen. Das Castel wie auch die zahlreichen eleganten Villen in und um Cison prägen heute noch den Charme des Ortes, der Mitglied der Organisation »Borghi piu belli d'Italia« ist, der schönsten Dörfer Italiens. Während des Ersten Weltkriegs bauten die Österreicher hier innerhalb von nur 100 Tagen eine aufwendige Straße über den San Boldo Pass. Dafür wurde in drei Schichten rund um die Uhr gearbeitet. Die Straße, die mit zahlreichen Tunnels und engen Kurven nur einspurig und mit Ampelregelung befahrbar ist, heißt deshalb Straße der 100 Tage. Oben auf der Passhöhe wurde dazu ein Museum eingerichtet.

Entlang der Via dell'Aqua

Der zentrale Platz in Cison ist die Piazza Roma mit der Kirche Santa Maria Assunta. Etwas weiter nörd-

WASSERLÄUFE DES RUJO IM ZENTRUM VON CISON DI VALMARINO

lich beginnt die Via dell'Aqua, ein Themenweg entlang verschiedener Wasserläufe des Flusses Rujo, der für das Dorf, für Mühlen, Handwerker und Waschhäuser die Lebensader bedeutete. Der Weg reicht bis zum Wald von Penne Mozzo. Dort oben befinden sich verschiedene interessante Themenwege vorbei an Relikten sowie Gedenk- und Grabsteinen, die an die Zeit des Ersten Weltkriegs erinnern. Die Wege führen mitunter aber recht eng und steil durch den Wald. Von dort oben ließe sich auch die Wanderung auf dem Grat über den Praderadego Pass fortführen. Dafür ist ein steiler Anstieg im Val del Diavol zu absolvieren. Danach läuft man auf dem Grat und einem nicht ganz einfachen Weg über den Crodon de Farega auf gut 900 Metern Höhe und den Monte Castelaz weiter bis zum mächtigen Castel Brandon. Hier oben wird man einmal mehr mit einer herrlichen Aussicht auf das flache Land Richtung Treviso belohnt. Zurück geht es auf einem steilen Weg durch den Wald und links wieder nach Cison. Dort gibt es im Teatro La Loggia eine sehenswerte Ausstellung mit historischen Radiogeräten.

An der Strada del Prosecco

Was Cison di Valmarino zusätzlich reizvoll macht, ist seine sehr spezielle Lage in den Bergen nahe der Strada del Prosecco, dem berühmten Anbaugebiet des Proseccos. Rund um Cison kann man diverse Weingüter besichtigen, bei Wein- bzw. Sektproben das Angebot testen und sich gleich vor Ort mit exzellenten Prosecco eindecken.
Einen Besuch wert ist Anfang August auch das Festival Artigianato Vivo, bei dem die besten Kunsthandwerker der Gegend ihre Produkte ausstellen und die hübschen Gassen mit Fackeln erleuchtet und durch Musik und Gaukler belebt werden.

STILVOLL WOHNEN IM SCHLOSS

Das markanteste Bauwerk in Cison, genauer gesagt über Cison, ist das mächtige Castel Brando. Über viele Jahrhunderte war es ein bedeutender Adelssitz, wurde aufwendig restauriert und beherbergt heute ein Fünfsterne-Luxushotel mit 50 Zimmern mit historischem Mobiliar im Stil des 17. Jahrhunderts. Sehenswert ist der Museumsbereich, der unter anderem Sammlungen mit historischen Musikinstrumenten und Waffen und eine Folterkammer umfasst. Sehr elegant ist auch die Villa Marcello Marinelli in der Piazza Roma in Cison. Nur wenige Kilometer entfernt in dem beschaulichen Ort Follina gibt es mit der Vila Abbazia ein weiteres eindrucksvolles Luxushotel mit viel Nostalgie und Romantik. Die Villa Abbazia ist ein eleganter Jugendstil-Palazzo mit 12 Zimmern, einem Restaurant mit Michelinstern und viel Charme.

WEITERE INFORMATIONEN

Comune di Cison di Valmarino
Piazza Roma, 1
I-31030 Cison di Valmarino
Tel. 0039 0438 977601
www.comune.cisondivalmarino.tv.it

SAURIS – EIN DEUTSCHSPRACHIGER FLECK IM FRIAUL

SAURIS: GUT LEBEN IN DER EINSAMKEIT

In Sauris leben die Leute ziemlich abgeschieden in den Bergen des Friauls, sprechen einen eigenwilligen deutsch-österreichischen Dialekt und sind bekannt für hervorragenden Schinken und handwerklich gebrautes Bier.

Irgendwo mitten in den Bergen des Friauls verstecken sich zwei kleine Bergdörfer, um die sich ungewöhnliche Geschichten ranken. Zu den kleinen Flecken Sauris di Sotto und Sauris di Sopra mit gerade mal 400 Einwohnern kommt niemand zufällig und verirrt sich auch kaum jemand. Zu beschwerlich ist die Anreise über das weite Tal des Tagliamento westlich von Tolmezzo und die 15 Kilometer lange Straße von Ampezzo hinauf mit ihren zahllosen Kehren und Tunnels. Nach gut 700 Höhenmetern öffnet sich endlich der Blick auf den Stausee und die steilen Wiesen rechts und links, erkennt man weiter oben die Siedlungen mit den alten Bauernhäusern, überragt vom monumentalen Bergmassiv des 2472 Meter hohen Monte Bivera.

Die Gemeinde Sauris ist eine Comunità Germanofona, eine deutschsprachige Gemeinde, eine Sprachinsel inmitten Italiens. Die Einheimischen sprechen den eigenen Dialekt Saurano, dazu noch Italienisch und Friulanisch. Das klingt kompliziert – und ist es auch. Das Schaf heißt im Sauranischen »Schof«, der Wirt ist der »Burt«, der Arzt der »Orz«, und zum Bäcker sagt man »Proatmachar«. Der Legende nach besiedelten im Mittelalter zwei Jäger namens Oswald und Lorenzo das einsame Tal vom Osttiroler Gailtal aus. Weil sich beide bald darauf zerstritten und aus dem Weg gegangen sein sollen, entstanden zwei Ortsteile.

Schinken und gutes Bier

Die idyllische Berglandschaft rund um den Monte Bivera bietet zahlreiche Wanderwege und Bergtouren sowie Mountainbikestrecken. Es gibt gemütliche Almhütten zur Einkehr und dazu eine gut sortierte Gastronomie. Im Vergleich zu anderen Urlaubsorten im Friaul oder im benachbarten Veneto ist Sauris ein Geheimtipp geblieben, ein Ziel für Kenner und Genießer des Ursprünglichen. Als Mitglied der Vereinigung Alpine Pearls versucht man seit einigen Jahren, diese Qualitäten etwas besser zu vermarkten. Dabei hat Sauris einige Preziosen, um die sie etliche andere Orte in der Umgebung beneiden dürften. Bekannt ist Sauris vor allem für seinen Schinken. Bis der Tourismus kam, lebte man von der Holzwirtschaft und hielt sich Schafe und Schweine als Haustiere. Den Schinken brauchte man für den Cambiomerce, den Tauschhandel gegen Kartoffeln, Mehl und Früchte. Daraus entwickelte sich eine florierende Schinkenproduktion mit einem modernen Fertigungsbetrieb. Neben Speck und Salami ist der Schinken, der leicht angeräuchert wird und ein ganzes Jahr zur Reife braucht, nach wie vor das Aushängeschild des Ortes. Sauris hat aber noch eine weitere Spezialität. Die Brüder Massimo und Sandro Petris aus Sauris di Sopra starteten vor rund 20 Jahren mit einer kleinen Brauerei. Dort entsteht das Zahre Bier in verschiedenen Varianten und wird in kunstvoll gestalteten Flaschen abgefüllt. Das Sortiment umfasst helles Pils, Vienna Rossa, Hanfbier, Weissbier, die Ouber Zahre und das dunkle Räucherbier. Das handwerklich gefertigte Bier ist allerdings auch deutlich teurer als das, was man aus Supermarkt kennt.

URSPRÜNGLICHE DORFSTRUKTUR IN SAURIS DI SOPRA. FRÜHER LEBTE MAN HIER VON SCHAF- UND SCHWEINEZUCHT UND DER HOLZWIRTSCHAFT.

EIN FESTTAG FÜR DEN SCHINKEN

Beim Schinkenproduzenten Wolf in Sauris kann man sich mit verschiedenen Schinken, Speck und Salami eindecken. Dazu gibt es auch noch Marmeladen, Kekse, Schnäpse und Polentamehl aus heimischer Produktion. Die Spitzenprodukte sind die Schinken und Specksorten der Linie Nonno Bepi, Großvater Bepi. Eine gute Gelegenheit, mit den Spezialitäten aus Sauris Bekanntschaft zu machen, ist das traditionelle Schinkenfest. Die Festa del Prosciutto findet an zwei Wochenenden im Juli statt. Dabei kann man in Sauris di Sopra testen, ob Schinken und Zahre Bier wirklich so gut miteinander harmonieren und dazu noch andere Köstlichkeiten vom Käse von den einheimischen Bauern bis zum Strudel und zum Eis verkosten.

WEITERE INFORMATIONEN

Ufficio Turistico IAT
Fr. Sauris di Sotto, 91/A
I-33020 Sauris
Tel. 0039 0433 86076
www.sauris.org

56

SAPPADA – EIN DORF IM WANDEL DER GESCHICHTE

EINE (SPRACH)INSEL MITTEN IN DEN BERGEN

Im Bergdorf Sappada in den Karnischen Alpen hat sich nicht nur der alte bairisch-tiroler Dialekt der Vorfahren gehalten, sondern auch viele Traditionen. Wer hier verweilt, begibt sich in vielerlei Hinsicht auf eine alpine Zeitreise.

Auf den ersten Blick erscheint hier vieles anders. Die Namen der Lokale klingen nicht gerade italienisch. Edelweiss, Perkhitte oder Sonne Haus. Man ist hier mitten in den Karnischen Alpen an der Grenze des Veneto zum Friaul. Die Häuser im Tiroler Stil, die Namen eher deutsch als italienisch – Sappada ist eine Sprachinsel und auch eine Kulturinsel. Das Straßendorf auf 1300 Metern Höhe mit insgesamt 15 Weilern und den Ortsteilen Sappada Vecchia und Cima Sappada wurde vor rund 1000 Jahren von Osttirol aus und zwar vom ebenfalls sehr abgeschiedenen Villgratental besiedelt, und davon ist in der abgeschiedenen Lage zwischen den hohen Bergen vieles erhalten geblieben. Der Ort heißt im eigenen Sprachgebrauch Plodn, der Dialekt Plodarisch. Die Scuola Elementare, die Grundschule heißt hier Schuil va Plodn. Im Ersten Weltkrieg war hier wie in vielen anderen Tälern Frontlinie, wurden die Bewohner teils umgesiedelt. In den Bergen zeugen davon heute noch viele Relikte.

Tradition und Vielfalt

Heute kann Sappada mit dieser Eigenart und der vermeintlichen Rückständigkeit recht gut leben. Die Ursprünglichkeit mitten in den Bergen, der gute Erhalt der Bräuche und Traditionen, dazu die einheimische Küche mit regionalen Produkten passt gut zu dem allgemeinen Trend, Ruhe und Ursprünglichkeit in den Bergen zu suchen – und abgeschiedener als in Sap-

ALTE WASSERMÜHLE BEIM BERGDORF SAPPADA. DURCH DEN ORT FLIESST DER FLUSS PIAVE, DESSEN NAME SICH WOHL VOM ROMANISCHEN WORT FÜR REGEN (LAT.: PLUVIA) HERLEITET.

pada kann man auch hier in den Karnischen Alpen kaum logieren. Typisch für Sappada sind die alten Holzhäuser, die in traditioneller Blockbauweise gefertigt wurden. Bekannt ist Sappada auch für seine zahlreichen kulinarischen Spezialitäten. Dazu gehören der Speck, der Rohschinken, die Hirschsalami, der Almkäse, diverse Marmeladen, Honig und Pilze. Aus Sappada kommt auch ein spezieller Kräuterlikör. An der Hauptstraße nahe der barocken Kirche Santa Margherita ist ein Delikatessenladen, die Bottega di Sappada, in der man sich mit einheimischen Produkten eindecken kann.
Wer sich mehr für die Geschichte von Sappada interessiert, kann das Museum zur bäuerlichen Tradition, das Bräuche und Lebensstil der Bewohner der Gegend veranschaulicht, besuchen. Auch das kleine Weltkriegsmuseum ist einen Besuch wert.

Wechsel der Regionszugehörigkeit

Apropos Geschichte. Sehr gut zur eigenwilligen Historie des Dorfs passt auch, dass man bereits 2008 ein Referendum durchführte, bei dem sich 95 Prozent der Einheimischen für einen Wechsel von der Region Veneto zu Friaul-Julisch-Venetien aussprachen, was mit einiger Verzögerung 2017 schließlich realisiert wurde. Erleichtert wurde dies, weil der Ort direkt an der Grenze der beiden Regionen liegt.
Sappada steht für sehr klassischen und bodenständigen Natururlaub. Es gibt einen Sessellift am Monte Siera, der auch im Sommer in Betrieb ist. Wanderer haben die Wahl zwischen gemütlichen Spaziergängen entlang des Piave-Ufers flussaufwärts zur Quelle des Flusses oder rechts hinauf zur Calvi-Hütte, zur Malga Tuglia und anspruchsvolleren Touren, zum Beispiel zu Schauplätzen des Ersten Weltkriegs und zu Gipfeln wie dem 2644 Meter hohen Monte Peralba.

WALLFAHRT NACH MARIA LUGGAU

Einen guten Eindruck von der Bedeutung der Traditionen in Sappada bekommt man bei der Wallfahrt nach Maria Luggau. Seit mehr als 200 Jahren wird diese Wallfahrt durchgeführt, die einst für den Beistand der Maria zum Schutz vor der Viehseuche gemacht wurde. Jedes Jahr Ende September starten frühmorgens am Samstag um 3.30 Uhr mehrere hundert Wallfahrer und gehen zu Fuß die neunstündige Wanderung über die Quelle des Flusses Piave und die Calvi-Hütte nordwärts bis zum Kärntner Wallfahrtsort Maria Luggau im Lesachtal. Am nächsten Morgen wird eine Messe in Maria Luggau gefeiert und dann wird wieder zurück nach Sappada gewandert.

WEITERE INFORMATIONEN

Consorzio Sappada Dolomiti Turismo
Borgata Bach, 41
I-33012 Sappada
Tel. 0039 375 533 0302
www.sappadadolomiti.com

VENZONE – KLEINOD AN DER ALPEADRIA

DIE WIEDERAUFERSTANDENE SCHÖNHEIT AM TAGLIAMENTO

Venzone hat nicht nur ein sehenswertes historisches Zentrum, sondern auch eine außergewöhnliche Geschichte

Autofahrer ignorieren sie meist zwangsläufig – Radfahrer haben es da besser. Die Radler, die auf dem mittlerweile sehr populären Radweg AlpeAdria von Salzburg bis nach Grado an der Adriaküste unterwegs sind, kreuzen die kleine Ortschaft neben der Autobahn an den Südausläufern der friulanischen Berge. Venzone liegt direkt am Ufer des breiten und ursprünglichen Tagliamento, etwa drei Kilometer Luftlinie von der Autobahn entfernt. Nicht weit ist es nach Carnia, einem wichtigen Verkehrsknotenpunkt in der Region. Das kleine Venzone mit seinen rund 2000 Einwohnern blickt auf eine mehr als ungewöhnliche Geschichte zurück. Bei dem katastrophalen Erdbeben der Stufe 8 bis 9 auf der zwölfteiligen Mercalliskala im Mai 1976 sowie einem Nachbeben im Herbst wurde der Ort mit seinen historischen Bauten aus dem 14. Jahrhundert weitgehend zerstört. Knapp 50 Menschen fielen der Naturkatastrophe zum Opfer. Als es dann Pläne gab, den Ort mit Fertigbauteilen wieder aufzubauen, führte dies zu umfassendem Widerstand in der Bevölkerung. Über Jahre gelang es schließlich, anhand von

Fotografien das historische Zentrum von Venzone zu rekonstruieren und den Ort neu, jedoch im Originalzustand, wieder auferstehen zu lassen. Das Ergebnis kann sich sehen lassen. Venzone besitzt heute ein bezauberndes Zentrum, das die Historie des Ortes schön widerspiegelt. Für echte Altbauten sehen die Häuser zwar etwas sehr gepflegt aus, aber alles wirkt dennoch sehr stimmungsvoll und gediegen. Für das gelungene Projekt spricht auch, dass Venzone heute Mitglied in der Vereinigung der »Borghi piu belli d'Italia« ist, der schönsten Dörfer Italiens. Wer mehr zu dieser ungewöhnlichen Geschichte erfahren will, der findet dazu viel Wissenswertes in dem eigens dafür eingerichteten Museum »Tiere Motus« in Venzone.

FASZINIERENDE, DOCH LEIDER SEHR VERGÄNGLICHE KUNSTWERKE WERDEN AUF DEM ALLJÄHRLICHEN KÜRBIS-FESTIVAL PRÄSENTIERT.

Auferstanden aus Ruinen

Wenn man sich Venzone nähert, fallen zuerst der Wassergraben und die mittelalterliche Ringmauer auf. Es stehen auch noch die drei Eingangstore, von denen die Porta di San Genesio auf der Ostseite direkt bei der Piazza Municipio auch noch einen Wachturm hat. Markantestes Bauwerk ist der große und kantige Dom Sant'Andrea Apostolo im gotischen Stil. Die Piazza Municipio ist der großzügig angelegte Hauptplatz des Ortes mit etlichen kleinen Geschäften und Bars, einer Pasticceria und einer Pizzeria. In der Via Mistuzzi steht der Palazzo Orgnani-Martina, ein sehr gut erhaltenes Bauwerk aus dem 16. Jahrhundert, in dem im ersten Stock das Museum »Tiere Motus« eingerichtet wurde. Sehenswert ist auch das Rathaus mit seiner Loggia und den Renaissance-Fresken von Pomponio Amalteo, einem Maler aus dem 16. Jahrhundert, der in der Region gelebt hatte. Wenn man von der Piazza links geht, folgt etwas abseits die Locanda al Municipio mit einem schönen Gastgarten im Innenhof. Venzone bietet einige gute Gründe, hier einen Spaziergang zu machen und eine ausgedehnte Pause einzulegen. Zweifellos zählt Venzone heute wieder zu den schönsten Orten Friauls und zu einer echten Sehenswürdigkeit neben der Autobahn in den Süden. Bekannt ist Venzone übrigens auch für sein Kürbis-Festival, die Festa della Zucca, am letzten Oktoberwochenende.

DER LANGE WEG ZURÜCK

Es war eine unglaublich mühsame und detaillierte Arbeit, das historische Venzone wieder aufzubauen. Mit einer Unterschriftensammlung und einer Petition setzte man sich für den Wiederaufbau ein. Viele historische Originalteile, wie etwa zweiflügelige Fenster, Wappen, Fensterbänke, Portale und Mauerteile konnten gerettet werden. Leider wurden durch die Arbeit der Bulldozer auch viele Gebäudeteile unnötig zerstört. 1982 begann man damit, jeden Stein des Doms zu katalogisieren und Fotos oder Kartenausschnitten zuzuordnen. Allein für den Dom wurden 8000 quadratische Steine registriert. 1995 war der Wiederaufbau des Doms schließlich abgeschlossen und damit auch ein Symbol für die Wiedergeburt der vom Erdbeben betroffenen Orte im Friaul.

WEITERE INFORMATIONEN

Venzone Turismo
Via Glizoio di Mels 5/4
I-33010 Venzone
Tel. 0039 0432 985034
www.venzoneturismo.it

58

MONTE LUSSARI – AUF DEM WUNDERSAMEN BERG

WO DIE WALLFAHRT ZUM GENUSS WERDEN KANN

Der Monte Lussari steht direkt im Dreiländereck Kärnten, Slowenien und Friaul neben der Autobahn und ist ein reizvolles Ziel nicht nur für Wallfahrer, sondern auch für Genussmenschen und Naturliebhaber.

Das Kanaltal zwischen Tarvis an der österreichisch-italienischen Grenze, genau genommen zwischen Kärnten und Friaul-Julisch Venetien, ist ein wenig beachtetes Tal auf dem Weg Richtung Meer oder zurück in den Norden. Die Leute haben es eilig – schade eigentlich, denn das Kanaltal ist nicht nur historisch und kulturell interessant, es bietet auch etliche schöne Plätze unweit der Autobahn und weist einige gastronomische Qualitäten auf. Das gilt im Besonderen auch für den Monte Lussari kurz hinter Tarvis.

Der Monte Lussari ist ein Wallfahrtsberg, der bei den Kärntnern und Slowenen recht beliebt ist. Hinauf kommt man mit einer modernen Seilbahn von der Tastation kurz nach Tarvis in Camporosso direkt neben der Hauptstraße. Die stattliche Wallfahrtskirche ganz oben auf dem Gipfel auf knapp 1800 Metern geht auf mehrere Überlieferungen zurück. 1360 wurde dort zunächst eine Kapelle errichtet als Reminiszenz an die Geschichte eines Hirten, der seine Schafherde oben am Berg andächtig vor einer Marienstatue fand. Die Statue brachte er dem Dorfpfarrer, doch am nächsten Tag stand sie zusammen mit der Schafherde wieder oben, was sich daraufhin noch wiederholt haben soll. Im Lauf der Jahrhunderte wurde aus der Kapelle die große Kirche, um die sich heute etliche Gebäude scharen.

Doch zurück zur Anreise. Wer nun mit der Seilbahn hinaufkommt, hat ein kurzes Stück, wenige hundert Meter von der Bergstation bis zur Siedlung rund

AUF DEM BERGRÜCKEN SCHMIEGEN SICH RUND UM DIE WALLFAHRTSKIRCHE EINIGE RESTAURANTS UND BIETEN – NEBEN HERVORRAGENDER KÜCHE – TOLLE AUSBLICKE IN DIE JULISCHEN ALPEN.

um die Kirche. Alternativ kann man den Pilgerweg, den Sentiero del Pellegrino, mit etlichen steileren Passagen von Tarvis durch den Bergwald nehmen. Es gibt aber auch noch eine gemütlichere Variante von der Rückseite, am Eingang in das Val Bruna. Heute sind es jedoch nicht nur die Pilger, die zum Gipfel wollen, sondern auch viele Feinschmecker. Oben ist nicht nur die Aussicht auf das Dreiländereck Kärnten, Italien und Slowenien grandios, es warten auch hervorragende Einkehrmöglichkeiten.

Kulinarisches Gipfelglück

Gleich drei Trattorien versorgen hungrige Pilger mit der typischen Alpen-Adria-Küche mit friulanischen, kärntnerischen und slowenischen Einflüssen. Da stehen in der Locanda al Convento zum Beispiel ganz klassisch Gnocchi mit Ricotta und Rucola, Tagliatelle mit Pilzen und natürlich Ravioli mit dem bekannten Montasiokäse aus der Region auf der Tageskarte. Ähnlich gestaltet sich das Angebot auch in dem Gasthof Rododendro und dem Rifugio Monte Lussari hinter der Kirche. Eine empfehlenswerte Kombination wäre die Tour hinauf zu Fuß auf dem Büßerweg in gut zwei Stunden bis auf knapp 1800 Meter Höhe, gefolgt von einer wohlverdienten Einkehr und anschließend die knieschonende Rückfahrt mit der Seilbahn.

Auch für die Sportler ist gesorgt

Im Winter bietet der Monte Lussari ein überschaubares, aber recht sportliches Skigebiet, in dem auch schon Weltcuprennen stattfanden. Insgesamt 14 Lifte gibt es, die teilweise gleich direkt am Ortsrand von Tarvis starten. Abgesehen davon ist der Monte Lussari auch ein gefragtes Gebiet für Paraglider und Skitourengeher. Daran dürfte die gute Gastronomie allerdings auch nicht ganz unbeteiligt sein.

EINE GUTE GEGEND FÜR FEINSCHMECKER

Wir sind hier in der Heimat des berühmten Montasiokäses, einem würzigen Hartkäse aus Kuhmilch, den man hier gerne relativ jung goutiert. Überhaupt lohnt es sich hier abseits der Autobahn, etwas genauer hinzuschauen. Unten an der Strada Statale beim Kreisverkehr und nur ein paar Schritte von der Talstation entfernt, kann man sich bei Dawit mit Kaffee und hausgemachten Kuchen, aber auch mit feinen Destillaten und eben Montasiokäse versorgen. Eine wohlsortierte Auswahl an Montasio, wahrscheinlich die beste weit und breit, gibt es bei der Cooperativa Val Canale in Ugovizza, das nur fünf Fahrminuten auf der Strada Statale entfernt ist. Käse, Schinken und Salami aus der Region gibt es hier mehr als genug. Und dass der Schinkenort San Daniele nicht weit ist, macht sich im Angebot auch bemerkbar.

WEITERE INFORMATIONEN

PromoTurismo FVG
Via Carso 3
I-33052 Cervignano del Friuli (UD)
Tel. 0039 0431 387111
www.turismofvg.it

ALTE ALMSIEDLUNG IN HOLZBAUWEISE VOR EINEM FELSMASSIV IM LÖTSCHENTAL

SCHWEIZ

59

BÜRGENSTOCK – LUXUS ÜBER DEM VIERWALDSTÄTTERSEE

ÜBER DEN DINGEN SCHWEBEN

Exklusiv ist am Bürgenstock nicht nur die Lage weit oberhalb des Vierwaldstättersees, sondern auch das Angebot, auf Topniveau zu genießen oder zu gesunden oder am besten gleich beides zusammen.

Er wäre eigentlich kein besonderer Berg – der Bürgenstock baut sich gut 500 Höhenmeter über dem Vierwaldstättersee gleich neben Luzern auf. Nicht ungewöhnlich in der Zentralschweiz, wo viele große und schöne Berge die Kulisse bestimmen. Aber der Bürgenstock ist einzigartig, und das liegt an dem exklusiven Resort ganz oben. In dieser Traumlage über dem See breitet sich eine Hotelanlage mit vier Häusern (drei bis fünf Sterne) aus, mit opulenten Spa-Bereichen, Restaurants und vor allem mit der omnipräsenten sensationellen Aussicht auf See und Berge. Die Idee, in dieser privilegierten Lage ein Hotel zu bauen, hatten Franz Josef Bucher und Josef Durrer Ende des 19. Jahrhunderts. Dazu ließen sie einen Felsenweg einrichten, der mit dem damals sensationellen und auch heute noch spektakulären Hammetschwand-Aufzug verbunden ist, mit dem die Gäste vom Ufer hinauffahren können – heute noch der höchste Außenlift in ganz Europa.

Weltstars zu Gast

Die Vorzüge von Bürgenstock hatten schon viele Prominente entdeckt, darunter Sophia Loren, die hier einst mit ihrem Gatten Carlo Ponti logierte, oder Audrey Hepburn, die ihren Schauspielerkollegen Mel Ferrer auf dem Bürgenstock heiratete und ebenfalls eine Wohnung bezog. Charlie Chaplin, Konrad Adenauer, US-Präsident Jimmy Carter und Sean Connery gehörten zu den Stammgästen.

MIT DER BÜRGENSTOCK-BAHN GEHT ES ZUM HOTEL AUF DEN BÜRGENSTOCK ODER BÜRGENBERG AUF 450 METER ÜBER DEM SEE.

Heute ist das Bürgenstock Resort nach etlichen Jahren im Dornröschenschlaf wieder aufgeblüht, nach aufwendigen Renovierungen wurde es 2017 wiedereröffnet. 60 Hektar misst das gesamte Areal, zu dessen Highlights das Fünfsterne-Superior Bürgenstock Hotel & Alpine Spa mit seinen 102 Zimmern und Suiten über der steilen Felswand zählt sowie auch das neue Fünfsterne Waldhotel Health & Medical Excellence, das terrassenförmig in die Landschaft gebaut und komplett vom italienischen Stararchitekten Matteo Thun gestaltet wurde. Zum Waldhotel mit seinen 137 Zimmern und Suiten gehören ein Spa mit Innen- und Außenpools, Sole-Schwebebad, Saunawelt, Hamam und ein als Klinik anerkanntes medizinisches Zentrum mit über 3000 Quadratmetern und modernen Behandlungsmethoden nach dem Konzept »Health by Nature«. Rund um das Hotel verteilen sich herrliche Wanderwege inklusive des berühmten Felsenwegs mit dem Hammetschwand Panoramalift. Wer es lieber klassisch Schweizerisch mag, findet nebenan die Taverne 1873, ein Dreisterne-Chalet mit zwölf Zimmern, rustikalem Ambiente und typischen Gerichten der Schweizer Küche.

Feinschmecker kommen voll auf ihre Kosten

Bürgenstock ist eine Welt für sich weit oberhalb des Vierwaldstättersees und vermittelt das Gefühl, dem Alltag auf sehr stilvolle Weise entflohen zu sein. Dabei bieten die aussichtsreiche Lage und die direkte Nähe zur Natur mit Wäldern und Almwiesen eine wohltuende Inspiration. Man kann hier zwischen unterschiedlichen Welten wechseln, sich einmal im asiatischen Restaurant von der preisgekrönten Spices-Chefköchin Chatsorn Pratoomma bekochen lassen, in die italienische Osteria gehen oder zur Abwechslung auch orientalisch speisen. Alles immer auf höchstem Niveau – allerdings auch zu sehr gehobenen Tarifen.

VERY COOL IM ICE LAB

Zu den besonderen Spezialitäten des Waldhotels zählt das Ice Lab. Der Ausflug in die Kältekammer soll ausgesprochen wohltuende Wirkungen haben. Sie soll Stoffwechselvorgänge in den Zellen stimulieren, gegen rheumatische Erkrankungen helfen, auch gegen Muskelkater, was besonders Leistungssportler anspricht. Außerdem wirkt sie angeblich positiv bei psychischen Problemen wie Panikattacken oder Schlafstörungen. Dazu begibt man sich spärlich bekleidet zur Eingewöhnung in die Minus-zehn-Grad-Kammer, dann geht es weiter bei minus 60 Grad und als Höhepunkt lange drei Minuten bei minus 100 Grad. Und das beginnt bald auf der Haut zu brennen, man fühlt sich stocksteif und kann das Verlassen der Gefrierkammer anfangs gar nicht so richtig genießen. Dazu sollte man sich danach auch eine Ruhezeit gönnen.

WEITERE INFORMATIONEN

Bürgenstock Hotels & Resort
CH-6363 Obbürgen
Tel. 0041 41 612 6000
www.burgenstockresort.com

FAULHORN – NOSTALGISCHES GIPFELGLÜCK

WEIT OBEN IM BERNER OBERLAND

Das Faulhorn ist bei Weitem nicht der höchste Berg im Berner Oberland, auch nicht der spektakulärste. Aber mit dem nostalgischen Hotel am Gipfel bietet er doch sehr einzigartige Erlebnisse.

Bei diesem Titel geht es nicht um das berühmte Jungfraujoch. Vielmehr steht hier das nicht ganz so berühmte und auch wesentlich niedrigere Faulhorn im Mittelpunkt. Mit 2681 Metern spielt der Berg, der seinen Namen nicht von untätigen Alpinisten, sondern vom bröckeligen schwarzen Kalkschiefer hat, im gewaltigen Berner Oberland nur eine Statistenrolle. Was ihn aber besonders macht, das ist das alte und traditionsreiche Hotel auf seinem Gipfel. Nun gibt es höher gelegene Hotels in der Schweiz, wie etwa auf dem Gornergrat gegenüber des Matterhorns auf 3100 Metern oder auf der Diavolezza auf 3000 Metern, aber keines liegt so spektakulär auf dem Gipfel und bietet eine derart dramatische 360-Grad-Rundumsicht. Das Faulhorn liegt auch etwas abseits der berühmten Gipfel Eiger, Mönch und Jungfrau zwischen dem Bieler See bei Interlaken und Grindelwald.

Hoher Besuch am Gipfel

Ein gefragtes Ziel für Bergwanderer scheint das Faulhorn schon immer gewesen zu sein. Immerhin wurde oben auf dem steilen kuppelartigen Gipfel bereits in den Dreißigerjahren des 19. Jahrhunderts ein Berggasthaus errichtet. Eine Seilbahn wurde jedoch nie hinaufgebaut. Sie sucht man auch heute noch vergebens. Dabei waren die Schweizer beim Bau von waghalsigen Bergbahnen schon immer sehr kreativ und tüchtig. Wer also heute dem Faulhorn und seinem altehrwürdigen Hotel einen Besuch abstatten will, muss das zu Fuß tun. Was im Übrigen die holländische Königin Wilhelmine vor gut 90 Jahren bereits geschafft hatte. Vor ihr war auch schon der Komponist Felix Mendelssohn-Bartholdy oben auf dem Faulhorn. Es muss also durchaus etwas Besonderes dran sein an diesem Berg, wenn er bei dieser nachbarschaftlichen Konkurrenz so begehrenswert scheint.

DIE FELSWAND DER SCHYNIGE PLATTE REFLEKTIERT BEI REGEN DAS LICHT SEHR INTENSIV, DAHER IHR NAME (DEUTSCH: SCHEINENDE PLATTE).

Nächtigen in nostalgischem Flair

Der lange Weg hinauf wird auf alle Fälle belohnt. Oben erwartet einen von der Terrasse die grandiose Aussicht rüber zum Wetterhorn oberhalb von Grindelwald, zum Eiger und weiter hinten zur Jungfrau. Drinnen im Restaurant geht es gemütlich und nostalgisch zu. Die Küche ist klassisch schweizerisch, mit vielen Zutaten aus der Region. Der Wein ist selbstverständlich auch made in Switzerland. Die Zwei- und Dreibettzimmer sind mit viel Holz ausgestattet, die Biedermeierbetten stehen noch wie anno dazumal, als das Hotel gebaut wurde. Insgesamt stehen 16 Betten in den Zimmern, jeweils mit Etagenbädern, zur Verfügung sowie 80 Schlafplätze im Matratzenlager. Das Übernachten lohnt nicht nur angesichts des langen Weges hinauf, sondern vor allem wegen der Aussicht auf faszinierende Sonnenauf- und -untergänge. Die ungewöhnliche Lage fordert allerdings auch Zugeständnisse: Die Versorgung und Entsorgung geschieht per Helikopter, das Wasser wird hydraulisch vom Gletscher ins Haus gepumpt und dort per Holzfeuer erwärmt. Unter diesem Aspekt sollten auch die Preise besser zu verstehen sein. Für die Übernachtung mit Frühstück im Lager muss man ab 45 Euro berappen, im Zimmer ab 75 Euro.

VIELE WEGE FÜHREN ZUM ZIEL

Für den Aufstieg zum Faulhorn bieten sich verschiedene, unterschiedlich lange Wege an. In der Gegend rund um Wengen und Grindelwald gibt es ein erstklassiges Netz an Wanderwegen. Man kann von Grindelwald aus mit der Seilbahn bis First fahren und von dort in etwa zwei bis zweieinhalb Stunden hinaufgehen. Das ist die kürzeste Variante. Oder man fährt mit dem Bus von Grindelwald bis Bussalp auf 1800 Metern und geht dann knapp drei Stunden hoch. Von Wilderswil kann man mit der Seilbahn zur Schynige Platte auf 1987 Metern fahren. Von dort benötigt man dann noch etwa vier Stunden bis zum Faulhorn-Gipfel.

WEITERE INFORMATIONEN

Berghotel Faulhorn
CH-3818 Grindelwald
Tel. 0041 79 534 9951
www.faulhorn.ch

61

MÜRREN – AUF DEN SPUREN VON JAMES BOND

SCHÖNE AUSSICHTEN IM BERNER OBERLAND

Die Kulisse von Eiger, Mönch und Jungfrau, ein spektakuläres Drehrestaurant auf 3000 Meter Höhe und die Spuren von James Bond sind die Zutaten für inspirierende Tage im nostalgischen Bergdorf Mürren.

Dass dieses romantische und noch dazu autofreie Bergdorf im Berner Oberland immer noch ein Geheimtipp ist, das ist schon ziemlich ungewöhnlich. Das mag wohl an der berühmten direkten Nachbarschaft zu den Orten Wengen, Grindelwald und Interlaken liegen. Dabei war das nostalgische Bergdorf auf 1650 Metern Höhe vor 100 Jahren schon einmal ziemlich trendy. Vermögende Briten entdeckten den Ort und verliebten sich in die dramatische Bergkulisse mit Eiger, Mönch und Jungfrau direkt gegenüber auf der anderen Talseite. Heute ist Mürren die eher ruhigere Alternative, um die alpinen Schätze des UNESCO-Welterbe Schweizer Alpen Jungfrau-Aletsch im Berner Oberland kennenzulernen. Die Anreise gestaltet sich allerdings etwas umständlich. Wer nach Mürren mit der Bahn anreist, fährt mit Intercity oder Eurocity bis Interlaken und dann weiter mit der Berner Oberlandbahn bis Lauterbrunnen.
Vom Bahnhof führt dann eine Zahnradbahn hinauf zur Grütschalp. Dort wechselt man in den Zug, der einen direkt nach Mürren bringt. Autofahrer parken in Lauterbrunnen und wechseln ebenfalls in die Zahnradbahn, können aber auch bis Stechelberg fahren und dort die Seilbahn nehmen.
Doch dafür logiert man hier in einem ruhigen, sehr ursprünglichen Bergdorf und freut sich bei jedem Spaziergang durch die engen Gassen, vorbei an jahrhundertealten Häusern mit verwitterten Holzfassaden und genießt natürlich die faszinierende Aussicht auf die legendären Gipfel.

DIE SEILBAHN BRINGT EINEN AUF DEN GIPFEL DES SCHILTHORNS. DEN AUSBAU DES GIPFELGEBÄUDES BEZAHLTEN DIE FILMPRODUZENTEN DES JAMES-BOND-FILMS *IM GEHEIMDIENST IHRER MAJESTÄT*.

Aktivurlaub im Berner Oberland

Im Sommer hat man von hier exzellente Möglichkeiten für Wanderungen wie etwa zum nahen Gipfel des Allmendhubel oder zur Gritschalp. Sehr gut ist auch das Angebot an hochalpinen Touren und Kletterrouten mit zwei Klettergärten und dem Klettersteig Mürren. Mit Mountainbike oder E-Bike lässt sich die Gegend ebenfalls gut erkunden, etwa bei den Touren zum Mittelberg oder zur Rotstockhütte sowie im gesamten Jungfraugebiet. Zum absoluten Pflichtprogramm gehört aber der Ausflug hinauf zum Gipfel des Schilthorn, den man zu Fuß oder ganz bequem mit der Seilbahn erreichen kann. Das Drehrestaurant mit dem 360-Grad-Panorama ist im Sommer ein beliebtes Ausflugsziel von Bergwanderern, im Winter nehmen es die Skifahrer in Beschlag.

Infernale Sportevents

Aber so richtig lebendig wird es nur im Januar, wenn dort oben rund 1800 Teilnehmer des traditionsreichen Inferno-Rennens starten. Das seit den 1920er-Jahren alljährlich stattfindende Skirennen hatten sich einst ein paar unternehmungslustige Briten ausgedacht. Heute zählt es zu den größten und mit knapp 16 Kilometern längsten Volksrennen im gesamten Alpenraum. Die Sommervariante, der Inferno Triathlon, findet alljährlich im August statt. Die Schwimmstrecke startet in Thun im Thunersee, die Rennradstrecke führt über 97 Kilometer bis nach Grindelwald, bevor es noch mal für 30 Kilometer aufs Mountainbike geht. Der dritte Part, der Berglauf, endet nach 25 Kilometern und 2175 Höhenmetern im Ziel auf dem Schilthorn.

Es gibt aber auch Leute, die einfach nur die außergewöhnliche Lage, die traumhafte Aussicht und die Ruhe ganz ohne Autoverkehr genießen wollen. Das funktioniert am besten in der Sommersaison abseits der Ferienwochen. Im Winter kann es hier in dem populären Skigebiet schon etwas betriebsam werden.

AUF DEN SPUREN VON JAMES BOND

Im Oktober 1968 begannen hier die Dreharbeiten zum sechsten James Bond Streifen *Im Geheimdienst Ihrer Majestät*, nach dem Buch von Ian Fleming. Wie bei Bond üblich, hat er es auch hier mit einem Mega-Ganoven zu tun, der die Welt unterjochen und das große Geld damit machen will. Blofeld heißt der Bösewicht und wurde gespielt von Telly Savalas, bekannt auch als TV-Detektiv Kojak. Die Rolle des James Bond übernahm das erste und einzige mal der Australier George Lazenby. Für Blofeld suchte die Filmcrew eine standesgemäße exponierte Basis und fand sie in Mürren. Dort wurde kurz vorher die Seilbahn auf den 3000 m hohen Schilthorn samt einem damals einzigartigen Drehrestaurant eröffnet. Zusammen mit seiner Gespielin Tracy, dargestellt von der bekannten britischen Mimin Diana Rigg, eroberte Bond die hochalpine Festung von Blofeld. So freute sich Mürren über einen Werbeeffekt, der bis heute nachwirkt. Im Film nannte man das Schilthorn übrigens Piz Gloria. Ein Name, der ihm bis heute geblieben ist.

WEITERE INFORMATIONEN

Mürren Tourismus
Höhematte
CH-3825 Mürren
Tel. 0041 33 856 86 86
www.muerren.swiss

GUARDA – EIN RÄTOROMANISCHES SCHMUCKKÄSTCHEN

WIE EIN FREILICHTMUSEUM IM ENGADIN

Bergdorf und zugleich Architekturmuseum. Das kleine Guarda im Unterengadin mit seinen typischen Steinhäusern ist eine archaische Schönheit.

Wer zwischen St. Moritz und der österreichischen Grenze im Engadin unterwegs ist, bekommt es nicht zu sehen. Nach Guarda kommt man kaum zufällig. Das kleine Dorf mit nur 170 Einwohnern versteckt sich oben auf einem sonnenreichen Hang auf 1650 Metern Höhe rund 15 Kilometer westlich von Scuol. Der kurvenreiche Weg hinauf lohnt sich vor allem in Verbindung mit einem Spaziergang durch das Dorf. Wegen der gut erhaltenen klassischen Engadiner Architektur ist es eine kleine Berühmtheit und erhielt auch Auszeichnungen und den offiziellen Titel einer »nationalen Bedeutung«. Charakteristisch sind die typischen Häuser mit ihren dicken Mauern, mit den bunten Fresken und Sgraffiti, mit Eingangstoren mit Rundbögen und kantigen viereckigen Fenstern. Die Häuser sind hoch und eng aneinander gebaut. Sie dienten zugleich als Stall und Wohnhaus. Ganz unten stand das Vieh, darüber war der Wohnraum mit Küche und oben die Schlafräume. So konnte die von unten aufsteigende Wärme jeweils weiter genutzt werden. An den kleinen Plätzen mit einem Brunnen in der Mitte waren die Häuser oft so gebaut, dass man jeweils von den Fenstern den Platz einsehen und sich vergewissern konnte, wer dort gerade unterwegs war.

Ein Dorf als Wachposten

Guarda ist ein Open-Air-Museum, für das man sich Zeit nehmen sollte. Dafür spricht auch die lange Geschichte, die mit der ersten urkundlichen Erwähnung Mitte des 12. Jahrhunderts begann. Die Lage oben am Berg hat damit zu tun, dass die Straßen durch das Inntal früher auf halber Höhe verliefen, weil unten im Talgrund die Gefahr von Muren und Überschwemmungen zu groß war. Guarda hatte, wie der Name andeutet, eine Wachfunktion. Im Lauf seiner langen Geschichte wurde es im Rahmen kriegerischer Handlungen mehrfach zerstört und wieder aufgebaut. Bis in die Mitte des 19. Jahrhunderts lebte man dort gut mit den durchziehenden Säumern. Mit der neugebauten Talstraße war diese Quelle dann versiegt.

Dörfer mit der markanten Engadiner Architektur gibt es entlang der Straße einige, aber Guarda sticht mit seinem besonders geschlossenen architektonischen Arrangement hervor. Die Zufahrtsstraße zum Dorf absolviert einige Serpentinen, bis man zu einem öffentlichen Parkplatz kommt. Dort sind es dann nur 200 Meter, bis man die ersten Häuser erreicht. An der ersten Kreuzung steht die schlicht gebaute Reformierte Kirche.

KUNSTVOLL MIT DER SGRAFFITO-TECHNIK BEMALTE FASSADE EINES KLASSISCHEN ENGADINERHAUSES IM DORF. DIE MALTECHNIK STAMMTE URSPRÜNGLICH AUS ITALIEN UND WURDE HIER IM ENGADIN VERVOLLKOMMNET.

Die Geschichte vom Schellenursli

Wenige Meter sind es dann nur noch bis zu einem berühmten Gebäude: dem Schellenursli Haus mit der Nummer 51. Das typische Bauwerk war das Vorbild für das Haus, mit dem Alois Carigiet die Illustration für das in der Schweiz berühmte Kinderbuch von Chelina Cörz über das Schellenursli machte. Das Buch wurde 2015 auch verfilmt. In Guarda gibt es dazu ein Schellenursli-Museum im Haus Nummer 41. Von dort sind es auf der Straße nur noch 200 Meter bis zum Dorfende. In Guarda gibt es mehrere schöne Übernachtungsmöglichkeiten in Hotels und Ferienwohnungen in historischen Häusern. Außerdem gibt es seit einiger Zeit auch eine spezielle App für das Smartphone, auf der ein Dorfspaziergang dokumentiert wurde, anhand dessen man viel über das Dorf und seine Häuser erfahren kann.

ALLEGRA & A REVAIR

Die Schweiz ist ein multilinguales Land. Neben den offiziellen Sprachen Schwyzerdütsch, Französisch und Italienisch gibt es noch das Rätoromanische. Und das ist hier im Engadin rund um Guarda die Umgangssprache. Dazu spricht man hier noch verschiedene lokale Dialekte, wie das im Unterengadin übliche Vallader. In der Schule ist es bis zur 3. Klasse als Unterrichtssprache üblich. Bei genauerer Betrachtung fallen beim Romanischen die Ähnlichkeiten mit Italienisch bzw. Latein auf, was natürlich am gemeinsamen Stamm liegt. Erste Bekanntschaften machen Gäste mit den Begriffen »Allegra« für »Guten Tag« und »a Revair« für »auf Wiedersehen«. »Bon viadi« für gute Reise klingt schon sehr nach »buon viaggio« im Italienischen. Hier im Engadin gibt es auch Zeitungen und einen Radiosender in rätoromanischer Sprache.

WEITERE INFORMATIONEN

Gäste-Information Scuol
Stradun 403a
CH-7550 Scuol
Tel.0041 81861 8800
www.scuol-zernez.engadin.com

63

JUF – JENSEITS DER BAUMGRENZE

JUF – SO EINSAM KANN DIE SCHWEIZ SEIN

Das höchstgelegene ganzjährig bewohnte Dorf Europas versteckt sich in Graubünden und ist gerade wegen seiner Abgeschiedenheit besuchenswert. Hier erwartet einen nichts als die traumhafte Schönheit der wilden Bergwelt.

Juf zählt zu den berühmtesten Bergdörfern in der Schweiz. Trotzdem ist es ein Secret Place, denn seine Berühmtheit hatte bisher wenige Auswirkungen auf die ungewöhnlich ausgeprägte Ruhe und Einsamkeit in diesem Graubündner Bergdorf. Juf liegt am Ende eines langen Tals auf 2126 Metern Höhe und gilt als das höchste ganzjährig bewohnte Dorf Europas.

Diese Ruhe und Abgeschiedenheit muss man sich erst einmal erarbeiten bzw. erfahren. Von Chur fährt man gut 40 Kilometer nach Süden Richtung Splügen und hält sich dann links nach Außerferrara. Das letzte Stück durch das Averstal geht es über 20 Kilometer kontinuierlich bergauf, mit wenigen engen Serpentinen. Auf den letzten Kilometern jenseits der Baumgrenze kann man bei entsprechendem Wetter die herrliche Aussicht genießen und passiert die letzten Weiler Campsut, Cröt, Cresta, Pürt, Am Bach, Juppa. Am Ende der Talstraße erreicht man schließlich das adrette Örtchen Juf.

Beschaulichkeit auf über 2000 Metern

Juf selbst besteht nur aus einem guten Dutzend Häusern, in denen rund 30 Leute zuhause sind. Die Menschen im Tal leben von der Landwirtschaft und vom Tourismus. Offensichtlich hat das einsame Juf eine fixe Fangemeinde. In Juf selbst stehen mehrere Ferienwohnungen, eine Pension und ein Gasthof zur Wahl, wobei der nostalgische Gasthof Alpenrose

WUNDERSCHÖNE IMPRESSIONEN ERWARTEN DIE WANDERER BEI EINER TOUR JENSEITS DER BAUMGRENZE AN DEN FLÜESEEN BEI JUF.

sehr gut zum Charakter dieses abgelegenen Tals passt. Die Einsamkeit und das Erlebnis, im höchsten ganzjährig bewohnten Dorf Europas zu weilen, das zieht offensichtlich etliche Ausflügler an. Wer hier aber Urlaub machen will, der sollte gut mit der Ruhe zurechtkommen bzw. möglichst viel Ruhe suchen. Hier kann man nicht wirklich flanieren, und auch sonst ist außer in den Stuben der Gasthäuser entlang der Talstraße wenig los. Dafür bieten die Tage in Juf vor allem im Sommer viele eindrucksvolle Naturerlebnisse. Das Dorf ist ein erstklassiger Ausgangsort für Wandertouren zu alten Passübergängen, zur ehemaligen Averser Straße und zu historischen Walserwegen. Für Familien besonders interessant ist der Murmeltierlehrpfad beim nächsten Weiler Am Bach, bei dem man hier oben natürlich zahlreichen echten Murmeltieren begegnen kann. Eine Besonderheit bietet der Tossa Hof im Weiler Pürt, wo man die Nacht auf dem Stroh verbringen kann. Zu dem Haus gehört auch ein kleiner Hofladen.

Regionale Leckereien und gelbe Busse

Diverse Alpkäse, Hauswürste und Nusstorten zählen zu den typischen regionalen Produkten, die als gehaltvolle Stärkung nach langen Bergtouren bestens bewährt sind. Wer übrigens das ganze Tal erkunden will, der kann sich auch den gelben Postbussen anvertrauen. Die verkehren hier wie auch sonst in der Schweiz regelmäßig und zuverlässig. Das ist sicherlich die bequemste Art, die Umgebung zu bewundern – am Fenster sitzen, hinausschauen und staunen. Interessant ist bei all der Abgeschiedenheit auch, dass Juf im Endeffekt nur knapp zehn Kilometer Luftlinie vom Maloja Pass und weniger als 20 Kilometer von St. Moritz entfernt liegt. Gefühlt sind das aber Welten – und mit dem Auto sind es über Thusis stolze 100 Kilometer.

SKI OHNE STRESS

Genuss auf höchstem Niveau – so werben die Leute in Juf mit ihrem Skigebiet. Klingt nach Superskizirkus, ist es aber natürlich nicht. Kein Glamour, kein Rummel, sondern Ruhe und Natur. Und viel Schnee. Da reichen auch drei Lifte und acht Pistenkilometer, davon 5,5 Kilometer sogar als schwarze Pisten. Und das alles zwischen 2000 und 2600 Meter Höhe, also mit ziemlich viel Schneesicherheit. Dazu gibt es kostenlose Parkplätze, Loipen und Winterwanderwege, eine Natureisfläche zum Schlittschuhlaufen oder Eisstockschießen und eine Skischule. In der Cavetta Skihütte unten im Tal unweit des Zusammenflusses von Jufer Rhein und Averser Rhein wird regelmäßig auch Nachtskifahren mit Raclette angeboten. Die Anfahrt ist zwar etwas länger, aber dafür hat man garantiert seine Ruhe.

WEITERE INFORMATIONEN

Gemeinde Avers
Cresta 107
CH-7447 Cresta (Avers)
Tel. 081 667 1162
www.gemeindeavers.ch

VAL FEX – URLAUB MIT STIL IM ENGADIN

EINE LUFT WIE CHAMPAGNER

Ein Ausflug in das stille Seitental Val Fex im oberen Engadin, wo berühmte Künstler und Literaten einst ihr Seelenheil fanden, ist mit viel Nostalgie und noch mehr Ruhe verbunden.

Richard Strauss jubilierte im Jahre 1947: »Wir schlürfen die Luft der Gämsen wie französischen Champagner«. Strauss war nur einer von vielen Künstlern, die von dem kleinen und schmalen Tal im oberen Engadin völlig begeistert waren. Das beschauliche Val Fex zweigt bei Sils ab und zieht sich sieben bis acht Kilometer in Richtung der Bernina-Gebirgsgruppe. Früher hieß es noch »Tal der Schafe«, wegen der ausschließlich landwirtschaftlichen Nutzung. Als die ersten Künstler kamen, wurde es schnell zum begehrten Ziel für stilgerechte Entschleunigung. Karl Kraus, Friedrich Nietzsche und etliche andere wurden hier Stammgäste und suchten bei langen Spaziergängen Inspiration und Wohlergehen. Das geht auch heute noch. Die besondere Qualität des Tals liegt darin, dass es seine Ursprünglichkeit bewahren konnte, dass man sich außer in einigen eher bodenständigen Gasthäusern dem Tourismus nicht übermäßig angepasst hat.

Auf Dürrenmatts Spuren

Der klassische Spaziergang beginnt beim Hotel Waldhaus, wo wenige Meter entfernt eine Windskulptur daran erinnert, dass hier die Niederländerin Anne Frank 1935 und 1936 mit ihrer Familie die Ferien verbrachte. Der Weg taucht in den tiefen Wald ein und erreicht nach einer halben Stunde eine Lichtung mit einigen Bauernhöfen. Bei der Pension Chesa Pool verbindet sich der Weg mit der Straße vom Dorf Sils Maria herauf. Die Pension ist ein Gebäude mit mehr als 400 Jahren Geschichte, schönen holzgetäfeltem Stuben und dezent restaurierten Gästezimmern. Der Weg führt nun weiter auf der Fexerstraße bis zu dem Weiler Crasta mit der kantigen kleinen Bergkirche direkt neben einem Hotel, das im klassischen Engadiner Stil mit grauem Mauerwerk und hellen Fensterfassungen gebaut ist. Friedrich Dürrenmatt war von diesem Haus so begeistert, dass er es in seinem letzten Roman *Durcheinandertal* verewigte. Anschließend folgt die Straße dem Bach weiter taleinwärts über den breiten Talboden bis zum Weiler Churtins, der letzten Siedlung.

DER OBERENGADINISCHE ORT SILS MARIA IM FEXTAL GEHÖRT ZUR REGION MALOJA.

Ein Hotel geht auf Reisen

Hier hat man vom Hotel Fex aus einen schönen Blick Richtung Talschluss und weiter zu den schneebedeckten Hängen der Bernina-Alpen. Das Hotel ist ein Kuriosum, stand es doch bis zum Jahr 1900 in St. Moritz, wurde dann abgebaut und hier ganz hinten im Tal wieder aufgebaut. Wer nun noch weiter will, hat die Wahl zwischen zwei archaischen Alphütten, die etwas oberhalb des Talgrunds stehen: ein guter Platz, um sich eine Rast zu gönnen. In das Fextal kommen sonst nur Wanderer, Biker und Kutschen. Autos sind weitgehend ausgesperrt. Das Tal steht seit 1954 auch unter Naturschutz. So sind ihm moderne touristische Entwicklungen größtenteils erspart geblieben. Entschleunigung ist hier im Tal keine Modeerscheinung, sondern eine Selbstverständlichkeit. Und das gilt übrigens auch für die Wintersaison, wo man das Tal bei Winterwanderungen oder mit Langlaufski erkunden kann. Oder mit der Kutsche – aber das ist dann schon fast zu touristisch.

EINE ZEITREISE MIT STIL

Der Eingang ins Fextal sollte am besten mit einer Legende beginnen. Das Waldhaus thront auf einem Hügel wie eine Festung, hat aber nichts Kriegerisches an sich. Das Waldhaus ist ein klassisches Grandhotel, ein lebender Anachronismus, der seinen speziellen Charme daher bezieht, dass er heute noch so wirkt wie vor hundert Jahren. Die Zimmerausstattungen, die Salons und viele Details sind gelebte Nostalgie und strahlen eine eindrucksvolle Ruhe und Gelassenheit aus. Stammgäste des Hauses waren Thomas Mann, Friedrich Dürrenmatt, Hermann Hesse, Marcel Proust und auch modernere Koryphäen wie Rod Stewart oder David Bowie. An Thomas Mann erinnert auch seine originalgetreu eingerichtete ehemalige Suite.

WEITERE INFORMATIONEN

Sils Tourist Information
Via da Marias 93
CH-7514 Sils Maria
Tel. 0041 81 838 50 50
www.sils.ch

Hotel Waldhaus
CH-7514 Sils Maria
www.waldhaus-sils.ch

SOGLIO BERGELL – KUNST UND KASTANIEN

AUF DEN SPUREN VON GIACOMETTI UND RILKE

Ein mittelalterliches Bergdorf mitten im Kastanienwald, dazu ein Hotel in einem historischen Palazzo mit bemerkenswerter Geschichte. Gute Gründe, um im Bergell eine ausführlichere Pause einzulegen.

Eine Mischung aus Engadin und Italien. Das Bergell im Süden der Schweiz ist eine interessante Gegend. Das enge Tal zwischen Malojapass und dem italienischen Ort Chiavenna kennen die meisten nur von der Durchfahrt auf dem Weg zwischen St. Moritz und Comer See oder Mailand. Dabei verbergen sich hier erstaunliche Preziosen. Die Künstlerfamilie um den Bildhauer und Maler Alberto Giacometti lebte hier und der berühmte Maler Giovanni Segantini schuf hier so manches Werk. Wer den Zauber des Bergell erfahren will, der sollte es nicht versäumen, kurz vor der italienischen Grenze die vielen Kurven bergauf zu dem Bergdorf Soglio auf 1088 Meter Höhe zu fahren und dort den Spuren berühmter Künstler zu folgen. Soglio braucht kein Museum – Soglio ist ein Museum. Die Fahrt vom Tal hinauf durch die Kastanienwälder endet vor dem mittelalterlichen Dorf mit seinen verkehrsberuhigten Gassen. Das Sonnenlicht fällt nur spärlich zwischen die sich dicht drängenden Steinhäuser mit ihren dicken Mauern und den zierlichen Fenstern, die klein wie Schießscharten sind und von breiten Simsen gerahmt.

Kunstgenuss im Palazzo

Die enge Gasse öffnet sich schließlich zu einer Piazza hin. Hier hatte das Adelsgeschlecht von Salis viele

SPAZIERGANG DURCH DIE BESCHAULICHEN ALTSTADTGASSEN DES BERGDORFS SOGLIO

Jahrhunderte seinen Stammsitz. Dessen weißer Palazzo aus dem 17. Jahrhundert mit dem herrschaftlichen Portal und den grau abgesetzten Granitfassungen lässt sich keiner Stilrichtung zuordnen. Jede Epoche hat hier ihre Spuren hinterlassen. Dieses Haus mit seinen jahrhundertealten Möbeln, schweren Holzdecken, Hirschgeweihen und Antiquitäten an der Wand atmet Geschichte. Sehenswert wie die Zimmer sind auch die üppig ausstaffierten Salons im ersten und zweiten Obergeschoss. Hier schwere Holzbetten und Kommoden, dort filigrane Metallmöbel. Mal ziert die Zimmerdecke feiner Stuck, mal mächtige Kassetten. Mit ihren verspielten Himmelbetten, den barocken Spiegeln, antiken Stühlen und Tischen wirken die Räume noch heute so wie zu jenen Zeiten, als Rainer Maria Rilke und der Alpenmaler Giovanni Segantini im Palazzo logierten. Der rückwärtige Garten wurde dem vornehmen Wesen des Hauses entsprechend im Renaissancestil angelegt. Über eine Freitreppe spaziert man von der Terrasse vorbei am alten Springbrunnen und den gemauerten Blumenbeeten hinüber zu zwei Mammutbäumen. Der Palazzo ist Kunstobjekt und Zufluchts- und Entspannungsort zugleich, an dem Natur und Kultur miteinander verschmelzen. Ein wunderbarer Platz, um sich zurückzuziehen.

Spaziergang auf der Panoramica

Zu den weiteren Attraktionen von Soglio zählen die Spaziergänge durch die Kastanienwälder etwa auf dem Bergeller Panorama-Höhenweg, der Panoramica, Richtung Chiavenna oder zum Malojapass. Man wandert auf alten Pfaden durch bunte Mischwälder, über massive Granitplatten, immer die steilen Gipfel der Sciora-Gruppe im Blick. Der Abschied von Soglio war nicht leicht, schrieb Rilke. So wird es auch heute noch vielen Gästen ergehen.

DAS BESTE DER KASTANIE

Wer das Bergell kennenlernen will, muss die Kastanie kennenlernen. Sie gehört zu dem Tal wie die Künstlerfamilie Giacometti. Zwischen Soglio und Castasegna breitet sich der größte Kastanienwald Europas aus. Und da ist es wenig überraschend, dass die Kastanie hier wichtiges Kulturgut ist. Sie wird in kleinen Räucherhütten getrocknet und in verschiedenster Weise weiterverarbeitet. Als ganze Frucht oder auch als Mehl für Kuchen und Torten oder als Beilage zur Pasta.

Beim alljährlichen Kastanienfestival im Herbst kann man sie mit verlockenden Gerichten genießen. Und dazu gehören Gnocchetti mit Kastanie und einem Ragout von der Hirschsalami, Kastanien-Cappuccino mit saurer Creme und krokantem Porree, Tropea-Zwiebeln mit Maroni und Speckstreifen, Cannelloni vom Kastanienmehl gefüllt mit Käse und getrüffelten Honigpilzen, Teigrolle mit Kastanienschaum gefüllt oder Vermicelli und Eis mit einem Destillat der Kastanie.

WEITERE INFORMATIONEN

Bregaglia Engadin Turismo
Strada cantonale 140
CH-7605 Stampa
Tel. 0041 81 822 1555
www.bregaglia.ch

Palazzo Salis
Plazza 2
CH-7610 Soglio
Tel. 0041 81 822 1208
www.palazzosalis.ch

FAFLERALP IM LÖTSCHENTAL – URLAUBEN WIE CHARLIE CHAPLIN

IM TAL DER WILDEN MASKEN

Das Lötschental im Wallis ist bekannt für archaische Bräuche, bei denen gruselige Masken eine Hauptrolle spielen. Ganz hinten im Tal auf der Fafleralp geht es ruhig und romantisch zu. Der Ausblick auf die Gipfel der Berner Alpen bestimmt die Szenerie.

Das Lötschental gehört zu den besonders ursprünglichen Bergtälern in der Schweiz. Es liegt, ganz einfach ausgedrückt, auf halbem Weg zwischen Eiger und Jungfrau im Berner Oberland und dem Matterhorn im Wallis. Das Lötschental zweigt vom Rhônetal ab und macht einen langen Rechtsbogen nordostwärts. Ganz hinten im Tal versteckt sich eine alpine Idylle. Dort, wo die Talstraße endet, liegt die Fafleralp, eine Almfläche auf 1770 Metern Höhe umgeben von Lärchenwäldern. Bunte Blumenwiesen, kleine Seen, Wildbäche und rauschende Wasserfälle schaffen hier ein abwechslungsreiches Naturerlebnis. Kein Wunder, dass die Fafleralp ein beliebtes Ziel für Ausflüge und Startort für Wanderungen ist.

Die Straße führt vom letzten Dorf im Tal zunächst recht geradewegs am Lonza-Ufer entlang vorbei an hübschen Kapellen und zahlreichen kleinen Holzhütten bis zum Talschluss, wo noch ein paar Kurven zu absolvieren sind. Auf der Fafleralp sieht man links am Hang eine Siedlung mit hölzernen Ferienhäusern. Weiter hinten breitet sich ein größerer Parkplatz aus, und es gibt auch noch einen sehr schön gelegenen Campingplatz.

Auf den Spuren von Charlie Chaplin

Wer länger bleiben will, kann es sich hier auch gemütlich und stilvoll einrichten und einen längeren Aufenthalt planen. Auf der Fafleralp gibt es das traditionsreiche Hotel Fafleralp, ein Berghotel mit über 100 Jahre langer Geschichte. Das stattliche Haus mit seiner über die Jahrzehnte verwitterten dunklen Holzfassade fügt sich harmonisch in die Umgebung ein. Zum Haupthaus mit der Terrasse vor dem Eingang gehören auch noch vier Nebengebäude, das Bergführer Chalet, das historische Hotel Langgletscher mit Ferienwohnungen, das Chalet Aloyisa und das Chalet Chaplin – Charlie Chaplin war einst mit seiner Familie auf einem Maulesel hier hochgeritten. So viel Platz bietet auch reichlich Flexibilität. Logieren kann man hier in schlichten Touristenlagern ebenso wie in komfortablen Einzel- und Doppelzimmern oder großzügigen Suiten.

DIE KLEINE LONZA, DIE DEN ORT BLATTEN DURCHFLIESST, ENTSPRINGT EIN STÜCK WEITER OBEN AM LANGGLETSCHER.

Auf dem Lötschentaler Höhenweg

Von der Fafleralp aus bieten sich zahlreiche Wanderwege und Gipfeltouren an. Ein Klassiker und eine ideale Route, um das Tal kennenzulernen, ist der Lötschentaler Höhenweg. Wer den Höhenweg hier startet, läuft talauswärts mit herrlichen Aussichten auf das Bietschhorn mit geringen Höhenunterschieden auf einer Höhe zwischen 1800 und 2100 Metern. Unterwegs kann man beim idyllischen Schwarzsee eine Pause einlegen und weiter bis zur Lauchernalp, dem Skigebiet des Lötschentals, laufen. Nächste Station ist das Gasthaus Kummenalp, wo man über die Trockenalp hinunter nach Ferden wandern könnte. Oder man kehrt hier ein, bei traditioneller Walliserküche und selbstgemachten Desserts und Kuchen.

Insgesamt 16 Kilometer beträgt die Strecke des Höhenwegs. Man kann ihn auch abkürzen und nur bis zu den Orten Wiler oder Blatten gehen und für den Rückweg den Bus nehmen. Das ließe sich gut mit einem Besuch des Lötschentaler Museums verbinden. Dort gibt es neben vielen Infos zur Geschichte des Tals auch eine umfangreiche Sammlung mit den berühmten Masken der Tschäggättä.

VORSICHT, DIE TSCHÄGGÄTTÄ SIND UNTERWEGS

Sie sind so etwas wie das Wahrzeichen des Lötschentals. Die gruseligen Holzmasken, Larven genannt, werden hier im Tal seit vielen Generationen geschnitzt und zusammen mit derben Tierfellumhängen zum Ende des Winters getragen. Tschäggättä heißt die Verkleidung, die dem Brauch nach zwischen Maria Lichtmeß und Aschermittwoch zum Einsatz kommt. Abends streifen die maskierten Gestalten durch das Tal, um Passanten zu erschrecken. Das tun sie meist sehr individuell. Offizielle Umzüge gibt es nur beim Tschäggättä-Umzug und beim Fasnachtsumzug. An diesen Terminen ist normalerweise ziemlich was los im Lötschental, denn die Tschäggättä sind berühmt. In der Schnitzstube in Ferden kann man sich übrigens eine eigene Maske schnitzen.

WEITERE INFORMATIONEN

Lötschental Marketing AG
CH-3918 Wiler
Lötschental, Wallis (VS)
Tel. 0041 27 938 88 88
www.loetschental.ch

67

LAGO RITOM – HOCH ÜBER DEM GOTTHARDTUNNEL

DIE STEILSTE BAHN, DER BESTE KÄSE

Das Val Piora oberhalb des Gotthardpasses im Tessin mit seinen 20 Bergseen lädt zu traumhaften Wanderungen ein und verführt dank der berühmten Käse und Schinken, die oben am Berg reifen.

Natürlich ist der 57 Kilometer lange Gotthardtunnel, der längste Eisenbahntunnel der Welt, eine segensreiche verkehrstechnische Einrichtung. Andererseits entgeht einem Reisenden da wirklich viel Schönes. Bestes Beispiel ist das Pioratal. Das Val Piora, wie es die Tessiner nennen, die ja bevorzugt Italienisch sprechen, ist ein Hochtal oberhalb des Gotthardpasses mit einer Anmutung von fast perfekt wirkender Schönheit. Dieses Tal hat alle Zutaten für einen schönen Bergurlaub. Dazu zählt ein Arrangement aus rund 20 Bergseen, die teils wirklich winzig in unterschiedlichen Höhen fast stufenartig gelegen sind und die mit Wanderwegen gut erschlossen sind. Oben warten auf die Wanderer noch einige außergewöhnliche Spezialitäten und zum Glück auch mehrere Übernachtungsmöglichkeiten.

Rauf geht es vom Dorf Piotta, wo die Talstation der Funiculare Ritom steht. Mit einer der steilsten Standseilbahnen Europas mit 87,8 Prozent Steigung geht es dann bergauf. Die Seilbahn wurde übrigens bereits vor 90 Jahren erbaut. Die Fahrt ist aber immer noch oder vielleicht gerade deswegen ein Erlebnis. Bei der Bergstation auf 1850 Metern Höhe beginnt die 3-Seen-Wanderung mit dem Lago Ritom, dem größten der insgesamt 20 Bergseen im Umkreis. Keine halbe Stunde braucht man bis zur Alpe Cadagno, wo es einen Naturlehrpfad und eine recht moderne Berghütte gibt, in der man einkehren und übernachten kann. Von dort sind es nur ein paar Minuten zu Fuß

IN DEN HÜTTEN UM DEN LAGO CADAGNO KANN MAN NATÜRLICH AUCH DIE LECKEREN SCHINKEN UND KÄSE TESTEN, DIE HIER OBEN REIFEN.

zur Alpe Piora und zu den zwei Berühmtheiten des Val Piora. Da wäre einmal der Piora-Schinken, der hier in alten Steinhütten reift, außerdem wird hier oben auch der Piora-Käse mit seinen besonderen Geschmacksqualitäten hergestellt. Er zählt zu den besten und teuersten Käsesorten in der Schweiz. Käse und Schinken können hier oben selbstverständlich auch verkostet werden.

Der Drei-Schichten-See

Direkt vor einem breitet sich der Lago Cadagno aus, eine naturwissenschaftliche Kuriosität: Der See besteht aus drei unterschiedlichen Wasserschichten, die sich nicht vermischen. Eine obere Schicht besteht aus gewöhnlichem Schmelz- und Regenwasser, in der Mitte eine 1,5 Meter dicke, von roten Schwefelbakterien bewohnte Schicht, und ganz unten eine Schicht mit sehr salz- und schwefelhaltigem Wasser. Ein weltweit einmaliges Phänomen, für das 1994 am Seeufer ein Forschungszentrum für alpine Biologie eingerichtet wurde.
Ein beliebtes Ausflugsziel ist auch die Cadlimo-Hütte, die etwas weiter nördlich hinter dem Lago Scuro oberhalb eines winzigen Bergsees steht. Auf dem Weg sind noch gut 800 Höhenmeter zu absolvieren. Aber es lohnt sich, denn hier kann man nicht nur einkehren, sondern auch Bekanntschaft mit Steinböcken machen. Die tauchen gern vor der Hütte auf, weil der Wirt sie mit etwas Salz lockt, das er vor der Hütte auslegt.
Wenig überraschend ist das Val Piora angesichts der vielen Seen auch ein beliebtes Ausflugsziel für Angler. Und dass hier auch Mountainbiker unterwegs sind, liegt sicherlich vor allem daran, dass eine Etappe der Route Gottardo Bike zwischen Andermatt und Biasca hier durchführt. Man könnte aber auch eine Genusstour mit dem E-Bike hinauf einplanen, um eine Käse- und Schinkendegustation zu machen.

DER BERÜHMTE PIORA-KÄSE
Der Käse aus dem Val Piora zählt zu den besten Schweizer Käsesorten. Offensichtlich sorgt die Milch von den Kühen, die hier oben weiden, für eine besondere Qualität. Das und die konsequent traditionelle Herstellung machen ihn auch zu einem relativ teuren Käse. Dafür gehen im Sommer rund 500 Rinder auf die Alpe Piora, die mit 3500 Hektar die größte Bergweide im Tessin ist. Die Tiere bleiben 70 Tage oben und liefern den Rohstoff für den Käse, von dem pro Saison rund 3000 Laibe hergestellt werden. Das entspricht einem Gewicht von 23 000 Kilogramm. Der Käse reift hier oben in alten Holzhütten mit guter Luftzufuhr. Allerdings sind die Türen bestens abgesichert, denn das, was hier lagert, ist sehr viel Geld wert.

WEITERE INFORMATIONEN
Ticino Turismo
Via C. Ghiringhelli 7
CH-6501 Bellinzona
Tel. 0041 91 8257056
www.ticino.ch

DAS HIPPIE-PARADIES AM LAGO MAGGIORE

Inmitten teurer Villen mit Seeblick versteckt sich bei Ascona eine einstige Hippiekolonie. Ein nostalgischer Spaziergang zu einem Ort der Ideen und Idealisten.

Es begann damit, dass sich zur Jahrhundertwende der belgische Unternehmersohn Henri Odenkoven und die deutsche Pianistin Ida Hofmann auf dem Monte Modescia bei Ascona niederließen, um dort ein Modell eines neuen, wahrhaftigeren Lebens zu realisieren. Sie nannten den Hügel Monte Verità, den Berg der Wahrheit, auf dem sie Gemüse anbauten, vegetarisch lebten und auch sonst alternative Ideen umsetzen wollten. Diesen Plan hatten auch die Brüder Gusto und Karl Gräser, die zu den ersten Mitbewohnern gehörten. Vor allem Gusto Gräser hatte ziemlich fundamentalistische Vorstellungen, während Oedenkoven und Hofmann eine vornehme Heilanstalt für Liebhaber natürlicher Lebensweise führen wollten. Hier der anarchische Fundamentalismus, dort die gehobene Selbstverwirklichungstherapie. Das sollte schon bald für Spannungen sorgen. Unten in Ascona eregten vor allem die ziemlich avantgardistischen Aktivitäten beim hüllenlosen Ausdruckstanz starkes Aufsehen. Abenteurer und Anthroposophen versuchten sich am Berg der Wahrheit, was das Zusammenleben nicht einfacher machte. Gusto Gräser zog sich zeitweilig in eine Höhle zurück, brachte Hermann Hesse auf den Hügel, der kurze Zeit auch mit in seiner Höhle wohnte. Der Psychiater Otto Gross verfasste am Monte Verità seine Theorie zur sexuellen

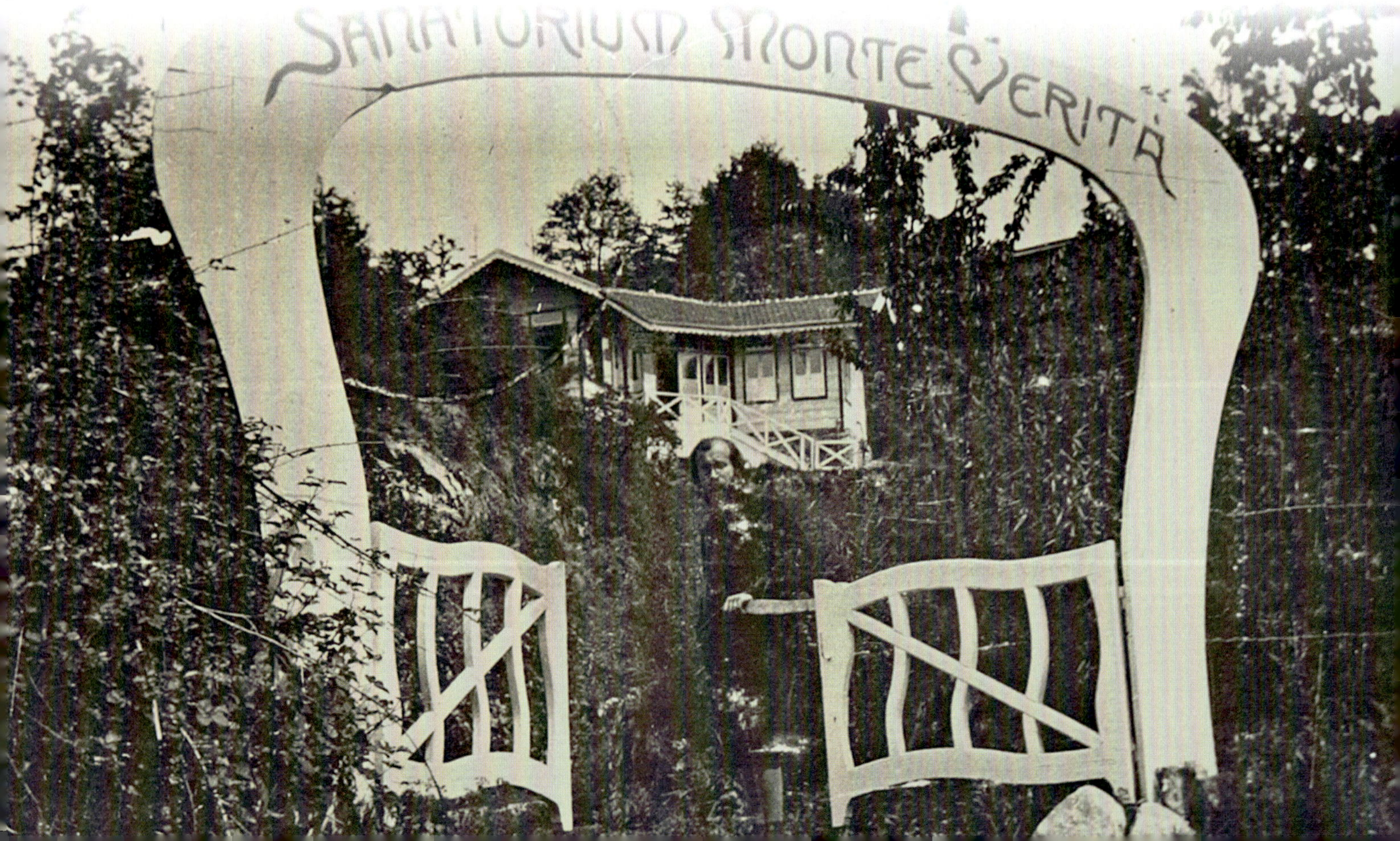

Revolution, der Philosoph Ernst Bloch holte sich hier offensichtlich Anregungen für seinen »Geist der Utopie«. Einheimische verdienten sich etwas dazu, indem sie mit Booten Neugierige Richtung Monte Verità fuhren, die die Aussteiger beim Nackttanz beobachten wollten. Ida Hofmann und Henri Oedenkoven zogen 1920 schließlich nach Brasilien und gründeten dort eine neue Kolonie. 1926 übernahm der wohlhabende deutsche Bankier und Kunstsammler Eduard von der Heydt den Monte und ließ vom Architekten Emil Fahrenkamp ein Hotel im Bauhausstil errichten. Von der Heydt verwandelte den Monte Verità nun in einen Treffpunkt der besseren Gesellschaft. Nach dessen Tod ging der Berg 1964 gemäß seiner testamentarischen Verfügung auf den Kanton Tessin über, seitdem steht dort ein Kongress- und Kulturzentrum mit einer Stiftung, an der auch die Eidgenössische Technische Hochschule Zürich (ETH) beteiligt ist.
Ein Spaziergang auf dem Monte Veritá hat einen speziellen Reiz, eine besondere Inspiration. Von der Casa Giovanna zieht sich der Weg hinauf bis zum Haus der Russen, dessen Name von den vielen russischen Studenten zur Blütezeit der Kolonie kommt. Über schmale Stufen geht es weiter hinauf zur Casa Anatta, die künftig ein Museum beherbergen soll. Die Casa Anatta wurde 1902 gebaut und war das Wohnhaus von Henri Odenkoven. Geradeaus führt der Weg zur Jugendstilvilla Semiramis. Dort sind es links nur noch wenige Schritte zum Hauptort des Monte Verità mit dem Kongresszentrum und dem Hotel, das um ein üppig verglastes Restaurant erweitert wurde. Etwas abseits warten noch einige kleinere Schätze aus der Vergangenheit, wie der Tennisplatz, das einstige beheizte Schwimmbad, das heute für Theater- und Musikaufführungen genutzt wird, und rostige alte Duschen für die damaligen rituellen Waschungen. Nebenan sind der Kräutergarten und das Teehaus, in dem Zeremonien mit dem selbst angebauten Tee angeboten werden. Das alles wirkt schon sehr nostalgisch.

DIE SCHÖNEN HÄUSER DER ALTEN SIEDLUNG STEHEN GRÖSSTENTEILS NOCH WIE VOR 100 JAHREN INMITTEN ÜPPIGER VEGETATION.

WOHNEN IM RUSTICO, ESSEN IM GROTTO

Heute spielt sich die Landflucht im Tessin in den Seitentälern ab. Das gilt vor allem für das lange und enge Verzascatal mit seinem großen Stausee, den Wasserfällen und mächtigen Felsformationen im Flussbett. An den Ufern hängen kleine Dörfer mit den typischen kleinen Steinhäusern. Rustico heißen diese beliebten Feriendomizile. Davon gibt es auch im benachbarten Maggiatal viele. Für ein renoviertes Rustico für zwei bis vier Personen zahlt man je nach Lage und Ausstattung ab 60 Euro pro Tag. Und wer auf klassisch Tessiner Art seine Ferientage verbringen will, der lässt sich in einem Grotto von den Wirtsleuten regionale Gerichte auftischen. Grotto ist die Tessiner Variante der Osteria. Der Name kommt daher, dass man früher Wein, Schinken und Käse in Grotten kühl aufbewahrt hatte.

WEITERE INFORMATIONEN

Fondazione Monte Verità
Strada Collina 84
CH-6612 Ascona
Tel. 0041 91 785 4040
www.monteverita.org

Organizzazione Turistica Lago Maggiore e Valli
CH-6600 Locarno
Tel: 0041 848 091091
www.ascona-locarno.com

DIE PFARRKIRCHE SANTA MARIA DEL SASSO AM STEILEN HANG ÜBER MORCOTE. DER BLICK VON HIER OBEN ÜBER DEN LUGANER SEE IST ATEMBERAUBEND SCHÖN.

69

MORCOTE – AM STEILEN HANG ÜBER DEM SEE

EIN ORT WIE EIN FREILICHTMUSEUM

Das ehemalige Fischerdorf Morcote bezaubert Besucher mit einer spektakulären Lage, historischen Sehenswürdigkeiten und viel romantischer Atmosphäre.

Es handelt sich hier um keine Fantasie aus einer kitschigen Romanze – es ist alles real. Das kleine Schweizer Bergdorf, vor Jahren gekürt zum schönsten Dorf des Landes, liegt im Kreis Paradiso am Luganersee im Tessin. Dieses Arrangement aus See, malerischen Promenaden mit stolzen Patrizierhäusern, dahinter engen alten Gassen, die sich an den steilen Hängen verlieren, ist absolut filmtauglich. Nur 770 Einwohner hat Morcote, unter denen immer wieder auch Prominente waren und sind wie einst Peter Alexander, der hier eine Villa besaß, und heute noch der Schlagersänger Peter Kraus. Auch Romy Schneider zog es immer wieder nach Morcote zu ihrem Ferienhaus. Das klingt alles etwas nostalgisch, was auch gut zum Charakter des Dorfes passt. Morcote blickt auf mehr als 1000 Jahre Geschichte zurück. Der Ort entstand einst als Wachstation, mit der man den Seeverkehr kontrollierte. Davon zeugen noch die Überreste der einstigen Burg hoch oben am Berg. Ungewöhnlich, aber sehr charakteristisch für Morcote ist die räumliche Trennung zwischen dem Ort unten am Wasser und der Kirche, die mit einem steilen Aufstieg mit 400 Stufen erreichbar ist. Zur Belohnung wartet oben eine spektakuläre Aussicht auf den Luganersee. Die Pfarrkirche Santa Maria del Sasso geht bis auf das 13. Jahrhundert zurück, wurde im 15. Jahrhundert neu gebaut und ist heute ein stattlicher Renaissancebau und damit das fast alles überragende Wahrzeichen von Morcote. Berühmt ist übrigens auch der Friedhof mit seinen historischen Grabsteinen und Grabkapellen, wo etliche Berühmtheiten ihre letzte Ruhe fanden.

Aber auch unten im Dorf wirkt Morcote wie ein Freilichtmuseum. Hier stehen zahlreiche prachtvolle historische Bauten wie das im Renaissancestil gebaute Rathaus, die aus dem 16. Jahrhundert stammende, ebenfalls in Renaissancebauweise gestaltete Casa Ruggia, der barocke Palazzo Fedele oder die Casa Buzzi mit prachtvoller Sgraffitofassade. Von der langen Geschichte des Ortes zeugt unter anderem der Torre del Capitano, der aus dem 14. Jahrhundert stammt und im 18. Jahrhundert auf das Höhenniveau der umliegenden Häuser gestutzt wurde. Diese Pracht und dazu die exklusive Lage mit den herrlichen Ausblicken auf den See zogen verständlicherweise viele betuchte Besucher an. Das gilt auch heute noch. Je weiter man auf den verschlungenen und kurvenreichen Straßen nach oben kommt, desto prachtvoller werden die Villen.

Was Morcote wohl so einzigartig macht, das ist diese ungewöhnlich große Zahl an Geschichten, Attraktionen und Sehenswürdigkeiten in einem kleinen Dorf mit weniger als 800 Einwohnern. Zu den Höhepunkten zählt der Parco Scherrer direkt unterhalb

ÜBERALL IN MORCOTE FÜHREN STEINGASSEN UND -TREPPEN DIE HÄNGE HINAUF UND HINAB. DER ORT BIETET HAUFENWEISE SEHENSWÜRDIGKEITEN, WIE DEN PAVILLON IM ÜPPIG GRÜNEN PARK DER VILLA SCHERRER.

der Kirche Santa Maria del Sasso zwischen Morcote und dem Ortsteil Vicomorcote. Herrmann Arthur Scherrer war ein erfolgreicher Textilhändler und ein weitgereister Mann, der sich in Morcote Grundstücke kaufte, um dort seinen Traum von einem polyglotten Park wahr werden zu lassen. Scherrer ließ Bambus, Palmen, Zedern und Zypressen pflanzen, dazu Kunstwerke aufstellen, die Platz in eigens errichteten Gebäuden fanden. Scherrer vereinte klassische Stilrichtungen mit fernöstlicher Ästhetik, baute einen arabischen Palast, ein siamesisches Teehaus, ein ägyptisches Mausoleum und einen griechischen Tempel. Scherrer verstarb 1956. Seine Witwe vermachte den Park der Gemeinde Morcote mit der Auflage, dass er für die Öffentlichkeit frei zugänglich sein sollte. Und das ist er auch heute noch.

Es gibt hier so viel zu sehen, dass das kleine Morcote genügend Programm für mehrere Wochen liefert. Charakteristisch für das Dorf ist, dass hier in den sonnenreichen Lagen neben den sündteuren Villen auch exzellenter Merlot gedeiht, die für das Tessin so typische Rebsorte. Wer nicht nur mit der exquisiten Lage am Luganersee, sondern auch mit dem Merlot näher Bekanntschaft machen will, findet mit dem Weingut Castello di Morcote hoch oben an den Hängen in Vico Morcote eine ideale Adresse: eine Kombination aus Weingut und Hotel, wo auch Cabernet Franc, Chardonnay und Sauvignon angebaut, dazu Honig und Olivenöl hergestellt werden. Im April 2019 eröffnete die Besitzerfamilie Gianini dazu das kleine, elegante Boutique-Hotel Relais Castello di Morcote im Stil einer luxuriösen Privatvilla mit zwölf Zimmern nur wenige Schritte vom Weingut entfernt. Das Patrizierhaus aus dem 17. Jahrhundert wurde restauriert und die Zimmer mit Naturmaterialen ausgestattet. Im neuen Hotel befindet sich das Restaurant La Sorgente mit einer regionalen italienischen Küche, die dem Gault-Millau 15 Punkte wert war.

Eine andere Art, sich näher mit dem Luganersee zu beschäftigen, sind natürlich die Ausflüge auf dem See. Von Morcote aus gibt es zahlreiche Verbindungen mit Linienschiffen Richtung Lugano oder dem Grenzort Ponte Tresa. Außerdem werden von Lugano aus verschiedenste Kreuzfahrten angeboten wie etwa als Lunch Tour mit Menü inklusive oder als Grotti Tour mit einem Tessiner Abendessen. Manche Kreuzfahrten machen auch in Morcote Station.

PANORAMATOUR ZUM SAN SALVATORE

Wer neben den herrlichen Aussichten in Morcote noch mehr sehen will von dieser Bilderbuchlandschaft am Luganersee, fährt mit Bus oder Schiff nach Lugano-Paradiso und nimmt die Seilbahn zum Gipfel des San Salvatore auf 912 Metern mit einem eindrucksvollen 360-Grad-Panorama. Anschließend wandert es sich gemütlich durch die Kastanienwälder zum Künstlerdorf Carona mit einem Abstecher in den malerischen Parco San Grato mit seiner eindrucksvollen Sammlung an Azaleen, Rhododendren und Koniferen. Zum Schluss geht es dann steil hinab nach Morcote zum Parco Scherrer oder in eine der Caffè Bars und Trattorien an der Uferpromenade. Knappe zehn Kilometer ist diese Tour lang, die man an einem halben Tag absolvieren kann, die sich aber auch gut zu einer Tagestour ausdehnen lässt.

WEITERE INFORMATIONEN

Ticino Turismo
Via C. Ghiringhelli 7
CH-6501 Bellinzona
Tel. 0041 91 825 70 56
www.ticino.ch

70

WHITEPOD ECO LUXURY – HOTEL DER BESONDEREN ART

ÖKOLOGISCH UND LUXURIÖS

Dass man mitten in der Natur und oben am Berg auch sehr komfortabel und dabei ökologisch sinnvoll Urlaubstage verbringen kann, das zeigt das Whitepod Eco-Luxury Hotel bereits seit 2004. Heute ist diese Art von Logis aktueller denn je.

Luxusurlaub, das klingt für viele Menschen heute nach Verschwendung und wenig umweltbewusstem Lebensstil. Das Whitepod Eco-Luxury Hotel beweist, dass das auch anders geht. Eben Eco und Luxury. Dabei gibt es diese Idee bereits seit 2004. Damals eröffnete das Hotel, das sich anfangs Hightech Eco Camp nannte, mitten in der westlichen Walliser Bergwelt auf 1500 Metern Höhe bei Les Cerniers südöstlich des Genfer Sees. Herzstück des Hotels sind die sogenannten Pods. Dabei handelt es sich um halbkugelförmige weiße Luxuszelte, die in verschiedenen Größen und Stilrichtungen verfügbar sind. Sie sind auf einer Plattform aus Holz fix verankert. Die Halbkugel ist mit Dreiecken stabilisiert, die einen selbsttragenden Rahmen bilden. Diese Pods sind unabhängige Einheiten, separate Suiten, die mit Pelletöfen beheizt und mit Quellwasser versorgt werden. Im Prinzip logieren die Gäste wie in Hotelzimmern oder Suiten, mit individuellen Badezimmern mit Dusche und WC, nur eben auf ökologisch sinnvolle Weise mitten in der Natur. Dass man von dieser viel mitbekommt, wenn man sich im Innenraum befindet, dafür sorgt ein großes Panoramafenster.

Zum ökologischen Konzept gehört auch, dass Wasser- und Stromverbrauch kontrolliert werden, regionale Produkte eine wichtige Rolle spielen und sämtliche Abfälle recycled werden. Autoverkehr ist im

JEDER POD IST IN SICH AUTARK UND BIETET UNTERSCHIEDLICHEN KOMFORT. TERASSE UND PANORAMABLICK GEHÖREN ZUM STANDART.

Whitepod stark reduziert. 2004 war das sehr innovativ, heute ein solider Standard. Unbestritten ist freilich das ungewöhnliche Ferienerlebnis in einem Luxuszelt einsam in den Bergen. Glamping der alpinen Art könnte man das auch nennen.

Pods für jeden Geschmack

Es gibt dort oben etliche verschiedene Ausführungen von Pods, sodass man sich sein ganz individuelles Quartier aussuchen kann, wenn es nicht gerade ausgebucht ist. Die kleinste Version ist der Cosy Pod mit Kingsize-Bett und Zusatzbett im Zwischengeschoss sowie Terrasse – ideal für Paare oder Familien mit einem Kind. Mehr Platz bieten dagegen die Pods Deluxe. Wer Wert auf Schweizer Ambiente legt, kann es sich in der Swiss Pod Suite mit rustikalem Bett, Schweizer Mobiliar und Hüttenatmosphäre sowie Nespressomaschine und iPad gemütlich machen – nicht zu vergessen eine Privatsauna. In der Forest Suite ist man auch innen von Bäumen umgeben und kann sich dank der Baumstämme in einer Hängematte entspannen. In der Zen Pod Suite gibt es fernöstliche Stimulationen mit einem traditionellen japanischen »Zen Bed« und einem »Furo-Bad« inklusive Bergblick. Bei diesem Bad handelt es sich ganz typisch um hohe Holzwannen, in denen man sitzt. Die Japaner pflegen die Angewohnheit, sich vor dem Einstieg in die Wanne zu waschen. Viel Platz und feste Wände bieten die Suiten-Chalets mit drei Zimmern und zwei Badezimmern. Ganz neu im Programm ist die Timeless Suite, die ebenfalls mit einer Privatsauna und einem Outdoor Nordic Bath aufwartet.
Morgens kommt der Land Rover Food Truck und bringt das Frühstück bis vor die Tür. Für Mittag- und Abendessen steht das Restaurant Les Cerniers parat.
Das Hotel bietet dazu im Winter wie im Sommer diverse Outdoor-Aktivitäten an. Von der Hundeschlittentour bis zum Forest Escape Game ist für jeden Geschmack etwas dabei.

NICHTS TUN ODER VIEL TUN

Man kann sich oben im Whitepod einfach entspannen und über die Distanz zum Alltag freuen. Es gibt aber auch ein umfangreiches Freizeitangebot von Wanderungen mit dem Bergführer, Touren mit Huskys, Kräuterwanderungen, Ausflügen mit dem Mountainbike oder E-Bike. Bei den Escape Forest Games geht man gemeinsam auf Schatzsuche in den Wald. Angeboten werden auch Tandemflüge mit einem erfahrenen Piloten. Im Winter stehen Exkursionen zu Fuß allein, mit Führer, mit Schneeschuhen, mit Huskys oder als Skitour zur Wahl. Außerdem ist das riesige Skigebiet von Portes du Soleil nicht weit. Dorthin werden auch Shuttlefahrten angeboten. Ansonsten liegt ganz in der Nähe der Genfer See. Die Maison Cailler der noblen Schokoladenfirma oder das bezaubernde Museum von Charlie Chaplin in dessen ehemaliger Villa in Vevey sind absolut sehenswert.

WEITERE INFORMATIONEN

Whitepod Hotel & Restaurant
Eco-Luxury hotel
Les Giettes, Des Cerniers 100
CH-1871 Monthey
Tel. 0041 24 471 38 38
www.whitepod.com

DIE BERGREGION RUND UM MALBUN IST DAS EINZIGE LIECHTENSTEINER SKIGEBIET.

LIECHTENSTEIN

MALBUN – DER KLEINE NACHBAR DER SCHWEIZ

AUF DEN SPUREN DER WALSER

Das kleine Fürstentum Liechtenstein hat seine Qualitäten, wenn es um Natururlaub geht. Vor allem im abgelegenen Malbun eröffnen sich schöne Wege auf historischen Pfaden.

Das Fürstentum Liechtenstein kann dasselbe bieten, wofür man gerne in die Schweiz fährt: im Sommer Bergwandern und im Winter Skifahren. Nur mit dem Unterschied, dass das Angebot sehr viel kleiner und überschaubarer ist. Aber das muss kein Nachteil sein. Dafür gibt es das kleine Bergdorf Malbun etwa 15 Kilometer von der Hauptstadt Vaduz entfernt, das auf 1600 Metern Höhe im Winter ausgesprochen schneesicher ist. Durchgangsverkehr gibt es hier keinen. Das Tal und auch die Malbunstraße enden hier.

Die Gegend um Malbun ist sehr geschichtsträchtig. Bereits im 13. Jahrhundert besiedelten die Walser die Hänge oberhalb von Vaduz bis zur Alpe Maldun und kultivierten die Landwirtschaft. Vor hundert Jahren bestand Malbun noch aus 30 Maiensäss-Hütten. Bei den Maiensäss, einer Schweizer Spezialität, handelt es sich um Hütten auf halber Höhe zwischen Tal und Gipfel. Ebenfalls knapp 100 Jahre ist es auch her, dass die ersten Touristen zum Skifahren und für Touren hierher kamen. 1985 waren hier sogar Prinzessin Diana und Prinz Charles auf den Pisten unterwegs.

Gemütliche Wanderungen

Malbun ist ein idealer Ausgangspunkt für Bergwanderungen. Dass man hier in einem Fürstentum unterwegs ist, bleibt einem dabei nicht verborgen. Zum

Beispiel auf dem Fürstin-Gina-Weg von Malbun aus auf den 2358 Meter hohen Augstenberg vorbei an schönen bunten Blumenwiesen bis zur Pfälzer Hütte auf 2108 Metern Höhe, direkt an der Grenze zu Österreich. Mit 12 Kilometern Länge und 900 Höhenmetern eine schöne Tagestour. Deutlich gemütlicher wäre ein Ausflug hinauf zum Sareiserjoch auf 2000 Metern Höhe. Die Strecke kann man mit der Seilbahn absolvieren, aber auch mit einer Wanderung mit überschaubaren 400 Höhenmetern. Oben auf der Terrasse des Bergrestaurants hat man eine herrliche Aussicht und kann dazu noch eine Tour zum Ochsenkopf oder zur Pfälzer Hütte anschließen.
Zu den traditionellen Sehenswürdigkeiten in Malbun zählt die Friedenskapelle. Sie wurde 1950 in Gedenken und als Danksagung dafür errichtet, dass Liechtenstein während des Zweiten Weltkriegs verschont geblieben war. Die Glocke stammt aus der abgerissenen alten Pfarrkirche, die Malereien in der Kirche von dem Schweizer Künstler Johannes Hugentobler. Vielen sehenswerten alten Walserhäusern begegnet man auch auf dem Philosophenweg oberhalb von Triesenberg. Ein Rundweg mit zwölf Kilometern Länge, der in Gnalp beginnt und über die Walsersiedlung Masescha, weiter über Vorderprofatscheng und Hinterprofatscheng nordwärts führt, schließlich eine Kehre macht und gegen Süden zurück verläuft. Unterwegs eröffnet sich ein herrlicher Ausblick auf das Rheintal.

BERGSTATION DER SAREIS-SESSELBAHN – DER RUNDUMBLICK HIER OBEN IST PHÄNOMENAL.

Kulinarische Spezialitäten

Wer sich mit der Liechtensteiner Kulinarik beschäftigt, wird auch hier auf eigenwillige Namen stoßen. Zu den populärsten Gerichten zählen Ribel, ein ehemaliges Arme-Leute-Essen aus Maismehl, das mit Apfel- oder Holundermus gegessen wird oder auch Rehpfeffer mit Spätzle. Zu Weihnachten sollte man auch die süßen Teeringli, Weihnachtskrömle und Liachtaschtaanerli, Ausstechkekse Liechtensteiner Art, probieren.

LEBENDIGE GESCHICHTE

Der Hauptort der Walser war nicht das abgelegene Malbun, sondern Triesenberg auf halbem Weg nach Vaduz. Dort lebt die Walsertradition auch heute noch. Im Dorf kann man historische Architektur wie das 400 Jahre alte »Walserhaus« im Zentrum erleben. Das Haus ist auch Teil des Triesenberger Heimatmuseums, in dem viele Bräuche und Geschichten dieser wichtigen Kultur dokumentiert sind. Wer sich dafür interessiert, sollte den WalserSagenWeg nicht versäumen, auf dem man unterwegs Bekanntschaft mit Legenden wie dem »Feuerroten Geißbock« oder dem »Wildmannli« machen kann. Bevor der Tourismus die Berge eroberte, waren selbige für die Menschen unheimliche und unwirtliche Gegenden, die auch stets die Fantasie beflügelten. Interessant sind übrigens auch die regelmäßigen Walsertreffen in Triesenberg, zu denen die Walser aus verschiedensten verstreuten Siedlungen zusammenkommen.

WEITERE INFORMATIONEN

Liechtenstein Marketing
Äulestr. 30, Postfach 139
9490 Vaduz, Liechtenstein
Tel. 00423 239 63 63
www.liechtenstein.li

DER ETWA 170 KILOMETER LANGE FERNWANDERWEG TOUR DU MONT-BLANC (TMB) VERLÄUFT DURCH FRANKREICH, ITALIEN UND DIE SCHWEIZ.

FRANKREICH

72

LES CONTAMINES-MONTJOIE – AM FUSSE DES MONTBLANC

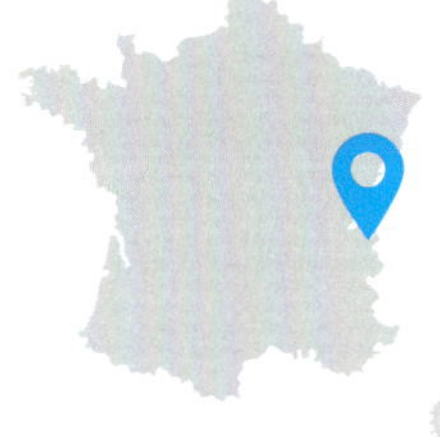

KLEINES DORF VOR GROSSER BERGKULISSE

Les Contamines-Montjoie ist ein idyllisches und dazu sehr hübsches Bergdorf in einem ruhigen Seitental zu Füßen des Montblanc-Massivs, von dem aus es nur einen Katzensprung zum großen Skigebiet ist.

Bei französischen Skiorten kommt schnell das Klischee in den Sinn, dass es sich dabei meist um wenig attraktive und monströse moderne Zweckbauten handelt. Das ist sicherlich nicht abwegig, aber es gibt natürlich auch erfreuliche Ausnahmen. Und genau eine solche ist Les Contamines-Montjoie. Das kleine Dorf mit dem für nichtfranzösischsprechende Menschen nur schwer zu artikulierenden Namen liegt in den Savoyer Alpen an sehr prominenter Stelle und zwar direkt zu Füßen des Montblanc. Les Contamines-Montjoie ist ein traditionelles Bergdorf auf 1164 Metern Höhe inmitten eines 5500 Hektar großen Naturschutzgebiets mit barocken Kirchen, alten Holzhäusern im Stil der Savoyen, viel Grün und einer sehr rustikalen, fast schon ländlich-gemütlich wirkenden Atmosphäre. Gerade die Kirchen, wie die Pfarrkirche Sainte-Trinité, die bis auf 1760 zurückgeht, und anstelle einer mittelalterlichen Burg erbaut wurde, oder die Kirche Notre-Dame de la Gorge ganz hinten im Tal dokumentieren die lange Tradition des Tals. Victor Hugo beschrieb es mit den Worten »Die Perle der Alpen in einer Schatztruhe aus Gletschern«.

Kontrastprogramm zum Skizirkus

Genau betrachtet besteht der Ort aus mehreren Weilern mit alten Bauernhäusern und traditionellen Chalets und ist somit das krasse Gegenstück zu den großen Wohnsilos im Stil von bekannten Skistationen

BLICKT MAN VON NORDEN HER AUF IHN, IST DER MONT BLANC VOLLSTÄNDIG VERGLETSCHERT.

wie Avoriaz oder Isola 2000. Für Wintersportler, die es eher ruhig haben wollen, ist Les Contamines-Montjoie ideal. Sie wohnen abgeschieden in ruhiger Lage, haben hier aber direkten Zugang zum riesigen Skigebiet rund um den Montblanc mit insgesamt 440 Pistenkilometern. Für Langläufer stehen im Tal insgesamt 25 Loipenkilometer zur Wahl.

Im Sommer lebt dieser Kontrast zwischen dem beschaulichen Dorf und der großen Urlaubsdestination noch stärker auf. Das Naturschutzgebiet von Les Contamines-Montjoie bis zur 3892 Meter hohen Aiguille Nord de Tré-la-Tête umfasst vielfältige Wanderwege und Bergrouten, bei denen man unterwegs Steinböcken und Murmeltieren begegnen kann. In dem 13 Kilometer langen Sacktal, das bei St. Gervais-les-Bains abzweigt, ist viel Platz für Freizeitaktivitäten, die sich vor allem sehr familienfreundlich präsentieren. Das gilt im Besonderen für den 30 Hektar großen Freizeitpark, der mit Angeboten für so ziemlich alle Altersgruppen lockt: Hier gibt es einen Badesee, die Möglichkeit zum Tretbootfahren, einen Hochseilgarten, man kann reiten, Bogenschießen, zum Klettern gehen oder Tennis spielen. Nur was das Nachtleben betrifft, schaut es hier eher bescheiden aus. Ein weiterer Pluspunkt von Les Contamines-Montjoie: Trotz der ruhigen Lage ohne Durchgangsverkehr ist der Ort über Saint-Gervais-les-Bains gut erreichbar und nur 15 Kilometer von der Autobahn A40 entfernt.

Frühe Siedlungsgeschichte

Das Tal, das Val Montjoie, wurde übrigens bereits im zweiten Jahrhundert besiedelt, eine erste urkundliche Erwähnung des Ortes erfolgte 1277 unter dem Namen Contamina. Ursprünglich kommt der Name vom lateinischen Ausdruck Condominium, was so viel wie gemeinsamer Besitz bedeutet.

KLEINE UND GROSSE BERGTOUREN

Les Contamines mit seiner sehr individuellen Lage mitten in der Natur und so nah am berühmten Montblanc ist ein beliebter Ausgangspunkt für Bergtouren, die auch länger und anspruchsvoller ausfallen können. Das können leichtere Ausflüge sein wie die Tagestouren zum Col de la Fenêtre auf 2245 Metern oder zum Col de Tricot auf 2120 Metern. Beliebt sind auch mehrtägige Exkursionen wie die Überschreitung der Dômes de Miage vom Ortsteil Le Cugnon aus. Die Dômes bilden eine Bergkette, die bis zu 3670 Meter hoch ist. Eine Krönung wäre dann der Fernwanderweg Tour du Montblanc. Die insgesamt 170 Kilometer lange Route mit 10 000 Höhenmetern führt durch Frankreich, Italien und die Schweiz und verläuft durch das Val Montjoie mit Les Contamines-Montjoie weiter zur Vallée des Glaciers.

WEITERE INFORMATIONEN

Les Contamines Tourisme
18 Route de Norte Dame de la Gorge
F-74170 Les Contamines-Montjoie
Tel. 0033 450 4701 58
www.lescontamines.com

TALLOIRES – EIN UNGEWÖHNLICHER ORT

STRAND UND PISTE AN EINEM ORT

Manchmal handelt es sich gerade bei den kleinen Orten um die wahren Schätze. So wie Talloires am Lac d'Annecy., das nicht nur Strand und Pisten besitzt, sondern auch noch viel Historie und exzellente Gastronomie.

Talloires gehört wahrlich nicht zu den berühmten großen Urlaubsdestinationen. Auf den ersten Blick verständlich, denn der kleine Ort am Ostufer des Annecy-Sees in dem französischen Département Haute-Savoie und damit an den westlichen Ausläufern der Alpen ist recht überschaubar. Dabei hat er aber etwas, worum ihn viele große und glamouröse Ortschaften beneiden können. Talloires hat zwar nur 2000 Einwohner und liegt auf bescheidenen 447 Metern Höhe, besitzt aber zwei Badestrände am See und ein Skigebiet. Zugegebenermaßen ist das Skigebiet eher klein und umfasst gerade einmal zwei Lifte, dazu fünf Pisten und ein Boarder-Cross-Gelände. Aber allein das Privileg, beides an einem Ort zu haben, im Frühjahr beispielsweise vormittags auf die Piste zu gehen und nachmittags segeln oder surfen, das bedeutet schon eine gewisse Exklusivität. Ganz offiziell möglich ist diese doppelte Attraktion erst seit ein paar Jahren, als Talloires und seine Nachbargemeinde Montmin miteinander fusionierten. Die Skipisten gehören nämlich zu Montmin.

Per pedes oder per E-Bike

Die Berge oberhalb von Talloires sind auch nicht zu unterschätzen. Hier gibt es steile Hänge, die sich bis auf den Gipfel der Tournette aufbauen, und die ist immerhin 2351 Meter hoch. Es gibt also gute Möglichkeiten, hier an der Tournette, an den Kalkfelsen der Dents de Lanfon und Rochers du Varo ordentliche Touren zu absolvieren. Bei Montmin gibt es auch noch den offiziellen Klettersteig Roc & Rol's. Eine andere Möglichkeit, diese sehenswerte Landschaft zu erobern, wäre, sich in der Leihstation Nomad Bike im Espace Lac Angon ein Mountainbike oder E-Bike zu holen, vom Ufer aus auf die Berge hinaufzuradeln und sich mit spektakulären Ausblicken auf den Annecy-See zu belohnen.

DER LAC D'ANNECY WIRD VON GEBIRGSFLÜSSEN GESPEIST, SEIN WASSER HAT TRINKQUALITÄT.

Zu Gast im ehemaligen Kloster

Talloires hat aber auch eine ganz andere Seite, die gut mit der malerischen Lage direkt am See harmoniert. Dabei spielt die frühere Benediktinerabtei von Talloires eine Hauptrolle, die 2018 ihr tausendjähriges Bestehen feierte und die heute unter anderem ein exklusives Hotel beherbergt. In dem ehemaligen Priorat ist heute das European Center der Tufts University untergebracht, einer Privatuniversität aus Massachusetts in den USA, die hier Studenten die Möglichkeit gibt, einen kulturellen Austausch mit Studienarbeiten zu verbinden. Die Tufts University zählt zur Elite der US-amerikanischen Colleges.

Im Schatten der mittelalterlichen Burg

Geschichte erleben kann man in Talloires auch im nahen Schloss Menthon-Saint-Bernard, das mit grandiosem Ausblick 600 Meter über dem See residiert. Die alte Wehrburg aus dem 12. Jahrhundert wurde in der Renaissance zu einer Wohnburg umgebaut und kann bei Führungen besichtigt werden, zu denen zum Abschluss auch Verkostungen regionaler Produkte angeboten werden. Außerdem ist das Schloss ein beliebter Ort für Hochzeiten, Seminare und andere Veranstaltungen.

STILVOLL WOHNEN AM SEE

Die einstige Benediktinerabtei steht heute für sehr weltliche Genüsse. Das Abbaye de Talloires ist ein historisches Viersternehotel in bester Lage am See mit stilvollen, sehr nostalgisch eingerichteten Zimmern, mit einem Gourmetrestaurant und einer eleganten Brasserie. Das Hotel verfügt auch über einen kleinen Spa-Bereich mit Sauna, Hamam, Jacuzzi und Fitness. Unter den zahlreichen Auszeichnungen, die es mittlerweile bekommen hat, ist auch ein Preis für die beste Weinkarte Frankreichs. Direkt nebenan und direkt am Ufer steht mit der Auberge du Père Bise ein weiteres nobles Hotel der Fünfsternekategorie inklusive Gourmetrestaurant. Deutlich jünger, aber immer noch mehr als 100 Jahre alt ist das benachbarte Viersternehotel Le Cottage. Ein ziemlich gut bestücktes Angebot für einen kleinen Ort wie Talloires.

WEITERE INFORMATIONEN

SAMETT
Talloires Organisation
BP 18, 233 Route du Port
F-74290 Talloires-Montmin
www.talloires-lac-annecy.com

DAS HÖCHSTGELEGENE KÜSTEN-DORF EUROPAS

Sainte-Agnès thront an steilen Berghängen über der Mittelmeerküste bei Menton und ist nicht nur wegen seiner eindrucksvollen Geschichte als Festungsort sehenswert.

Wenn ein Dorf den Namen der heiligen Agnes trägt, dann verbirgt sich dahinter natürlich eine besondere Geschichte. Im Falle von Sainte-Agnès geht es der Legende nach um eine italienische Prinzessin, die während einer Wanderung eben genau an diesem Ort von einem Gewitter überrascht worden sein soll und Schutz in einer Grotte fand. Eine nette Geschichte, die auch gut zum Charakter dieses romantischen Bergdorfs passt, das über der Küste bei Menton und nur wenige Kilometer von der italienischen Grenze entfernt liegt. Sainte-Agnès im Département Alpes-Maritimes ist eine Schönheit mit offizieller Bestätigung. Das nach eigenen Angaben höchstgelegene Küstendorf in Europa wurde von der Vereinigung Les Plus Beaux Villages de France zu einem der schönsten Dörfer Frankreichs prämiert.

Die herrliche Aussicht auf die Küste hatte viel Einfluss auf die Geschichte von Sainte-Agnès. Wegen der strategisch wertvollen Lage war das Dorf mit seiner Burg bei den angrenzenden Adelshäusern sehr begehrt, darunter auch die Grimaldis aus Monaco. Im 19. Jahrhundert gehörte es auch eine Zeit lang zum Königreich Sardinien-Piemont. Ursprünglich stand hier ein römisches Kastell, später eine rein mittelalterliche Burg. Anfang der 1930er-Jahre wurde in Sainte-Agnès eine moderne Festung erbaut, mit der man sich gegen Angriffe von italienischer Seite schützen und die Maginot-Linie stärken wollte. Direkt bei den Artilleriestellungen des Forts, das übrigens sehr umfangreiche

MENTON UND DIE QUIRLIGEN TOURISTENZENTREN DER CÔTE D'AZUR SIND NICHT WEIT ENTFERNT.

unterirdische Räumlichkeiten mit altem militärischen Inventar umfasst, ist eine Aussichtsplattform mit bestem Blick über die Küste und die Autobahn, die sich durch das waldreiche Hinterland schlängelt.

700 Meter über Menton

Heute geht es in Sainte-Agnès mit seinen rund 1300 Einwohnern deutlich ruhiger zu, und die Besucher kommen mit friedlichem Absichten, um die nostalgische Atmosphäre des Dorfzentrums mit seinen Bauwerken aus dem 11. Jahrhundert zu erleben. Dafür ist aber eine ziemlich kurvenreiche Fahrt hinauf von Menton erforderlich. Von der Küste bis zum Dorf sind es etwas mehr als zehn Kilometer und rund 700 Höhenmeter. Am Ziel angekommen, gehört ein Spaziergang durch die alten Kopfsteinpflastergassen vorbei an den historischen Bürgerhäusern und Geschäften und Lokalen natürlich zum Pflichtprogramm. Sehenswert ist übrigens auch ein Besuch der Kirche mit ihrem kurzen, kegelförmigen und bunt dekorierten Kirchturmdach.

Kulturelle Highlights im Schatten der Burg

Vom Dorf führt ein Weg steil hinauf zur alten Burg bzw. zu deren Überresten, die wie ein Adlerhorst über der Landschaft thronen. Die Aussicht dort oben ist natürlich nicht minder spektakulär.
Mittlerweile ist Sainte-Agnès auch eine touristische Attraktion, in der sich über die Jahre eine bemerkenswerte kulturelle Szene entwickelt hat. Im Sommer gibt es Veranstaltungen wie das Lavendelfest im Juli oder das Mittelalterfest mit Straßenaufführungen und Schaukämpfen im August sowie zahlreiche Ausstellungen.

SAINTE-AGNÈS UND DIE UNTERIRDISCHE STADT

So herrlich die Aussicht in Sainte-Agnès auch ist, viele Besucher zieht es besonders in unterirdische Bereiche. Dabei handelt es sich um das Fort Sainte-Agnès, das Anfang der 1930er-Jahre gebaut wurde, um die Verteidigung gegen die Italiener zu stärken. Zur Festung gehörten dicke Artilleriestellungen und vor allem eine regelrechte Stadt unter der Erde mit mehr als 2000 Quadratmetern Fläche und Platz für rund 350 Soldaten. Auch heute noch stehen Anlagen von damals in den Katakomben und vermitteln einen Eindruck der bedrückenden Atmosphäre zu Kriegszeiten. Der Eingang zum Fort befindet sich am Dorfrand neben den Artilleriestellungen.

WEITERE INFORMATIONEN

Office de Tourisme
Menton, Riviera, Merveilles
Av. Boyer 8
F-06500 Menton
www.menton-riviera-merveilles.fr

TÜRKIS SCHIMMERT DIE SOČA IN IHREM TAL IN DEN JULISCHEN ALPEN. FÜR MANCHE IST SIE DER SCHÖNSTE FLUSS EUROPAS.

SLOWENIEN

75

BOVEC – ELDORADO FÜR WASSERSPORTFREUNDE

ENTLANG DER WILDEN SOČA

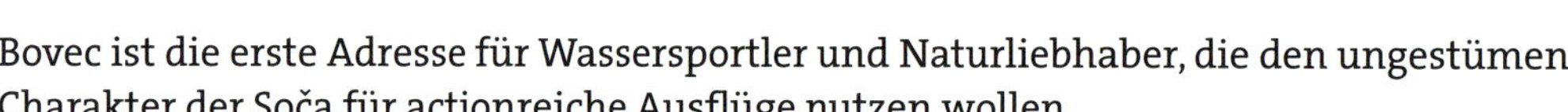

Bovec ist die erste Adresse für Wassersportler und Naturliebhaber, die den ungestümen Charakter der Soča für actionreiche Ausflüge nutzen wollen

Menschen, die gerne mit Kajak, Kanu oder beim Rafting unterwegs sind, muss man das Soča-Tal im Nordwesten Sloweniens nicht erklären. Der Fluss zählt zu den populärsten Wassersportrevieren in den Alpen. Im oberen Bereich der Soča, die bei Monfalcone in die Adria fließt und auf der italienischen Seite Isonzo heißt, liegt die Stadt Bovec. Die kleine Stadt mit rund 3000 Einwohnern ist ein idealer Ausgangspunkt für Exkursionen in diese faszinierende Naturlandschaft. Die Soča mäandert kurvenreich durch das Talbecken rund um Bovec, umgeben von den Gipfeln am westlichen Rand des Triglav-Nationalparks. Der Fluss mit seinen verschlungenen Wasserläufen, begleitet von Wasserfällen, Schluchten und Stromschnellen bietet etwas für jeden Naturliebhaber. Canyoning, Wildwasserkajak und Rafting sind hier die dominierenden Freizeitaktivitäten. Entsprechend stehen in und um Bovec umfangreiche Angebote zur Verfügung. Etwas außerhalb von Bovec direkt am Flussufer gibt es mehrere Campingplätze, die vor allem von Wassersportlern frequentiert werden. Allein zum Anschauen eindrucksvoll sind der Virje-Wasserfall nur drei Kilometer entfernt bei Pluzna und der Boka-Wasserfall etwa sechs Kilometer südwestlich von Bovec mit einer Höhe von 144 Metern.

Natürlich gehört hier rund um Bovec auch das ganz normale Badevergnügen zu den Attraktionen. Während die Soča generell etwas frisch ist, suchen sich die meisten Badefreunde lieber die Ufer und Gumpen entlang der Flüsse Nadiza und Gorejca. Vor allem entlang der Nadiza, die etwa 20 Kilometer südlich von Bovec nahe der italienischen Grenze verläuft, locken einige schöne Badeplätze, darunter ein sehr idyllischer unter der alten steinernen Napoleonbrücke. Dafür muss man allerdings gute 15 Kilometer die Soča flussabwärts bis Kobarid fahren und dort rechts abbiegen.

AUCH DAS KRISTALLKLARE WASSER DER NADIZA, HIER BEI DER NAPOLEONBRÜCKE, SIEHT SEHR ERFRISCHEND AUS.

Zeugen der kriegerischen Vergangenheit

Bovec hat aber auch für Ausflüge auf zwei oder vier Rädern einiges zu bieten. Eine Attraktion ist die Maangartska Ceste, die Mangartstraße. Die höchste Straße Sloweniens ist eine alte Militärstraße, die hinauf zum Mangartsattel führt und sich bei Motorradfahrern und sportlichen Radlern äußerster Beliebtheit erfreut. Allerdings ist die mautpflichtige Straße sehr kurvenreich und eng. Da kann es bei Gegenverkehr schon mal knapp werden. Diese Militärstraße ist kein Einzelfall, rund um Bovec findet man noch viele Relikte aus früheren kriegerischen Zeiten. Vor allem die Front im Ersten Weltkrieg zwischen 1915 und 1917 hat hier ihre Spuren hinterlassen. Bovec wurde damals weitgehend zerstört. Freilichtmuseen in Celnik und Ravelnik oder die Festung Kluze erinnern daran, ebenso wie alte Soldatenfriedhöfe in Bovec, Trenta und in Long Pod Mangartom Richtung Mangartsattel, wo es abseits der Straße einen historischen Kaiser-Franz-Josef-Hilfsstollen gibt. Der knapp fünf Kilometer lange Stollen unterquert den Predilpass Richtung Italien.

Deftige Küche

Wer abseits der Hauptstraßen unterwegs ist, dem begegnen oft Schafherden, die in dieser Region eine wichtige Rolle spielen. Denn die Bovec-Schafe liefern den Rohstoff für den guten Käse, der ebenso wie Lammfleisch eine Hauptzutat der tendenziell recht deftigen Küche ist. Nach ausgiebigen Touren auf oder neben dem Wasser kann man diese erst so richtig in vollen Zügen genießen.

BESUCH BEIM BIOHOF

Für Familien und Feinschmecker interessant ist der Biohof Bogata am Ortsrand von Bovec. Der Hof liegt zwischen dem Stadtzentrum und dem Ufer der Soča, umgeben von grünen Wiesen. Die Kühe, die hier weiden, haben wirklich viel Platz. Auf dem zertifizierten Ökohof sind rund 130 Kühe zuhause, die den Rohstoff für Käse liefern. Auf dem Hof werden Führungen angeboten, es gibt spezielle Schauräume für Besucher, und man erhält hier nicht nur einen Einblick in die ökologische Landwirtschaft, sondern auch in die lange Tradition der Käseherstellung im Tal. Dazu werden auch Produkte der Käserei Planika und der Salamerie Alpija aus Tolmin mit ihren mehrfach ausgezeichneten Salamis angeboten.

WEITERE INFORMATIONEN

Bovec Tourist Information
Rupa 17
SI-5230 Bovec
Tel. 00386 05 3029 647
www.soca-valley.com/de

76

BOHINJSEE – EIN SEE WIE EIN GEMÄLDE

BADEURLAUB IM TRIGLAV-NATIONALPARK

Ein malerischer Bergsee mit kristallklarem Wasser, ein Paradies für Wassersportler und Wanderer und im Winter ein kleines Skigebiet – der Bohinjsee bzw. Wocheiner See, eingebettet in die Kulisse der Julischen Alpen, bietet sehr reizvolle Freizeitaktivitäten.

Der Triglav ist ein Wahrzeichen und Wegweiser zugleich. Der kantige Gipfel des 2864 Meter hohen Bergs, dem höchsten Gipfel der Julischen Alpen im Norden Sloweniens nahe der österreichischen Grenze, ist von weitem sichtbar und ein guter Orientierungspunkt. Und er ist zudem Namensgeber für den 838 Quadratkilometer großen Nationalpark. Wenige Kilometer südlich des Triglav versteckt sich zwischen steilen Bergen ein kleiner, idyllischer Bergsee. Der deutschsprachige Name Wocheiner See ist dabei deutlich einfacher auszusprechen als Bohinjsee oder auf slowenisch Bohinjsko Jezero. Der See ist nur vier Kilometer lang und einen guten Kilometer breit, aber bis zu 45 Meter tief. Mit Wasser versorgt wird er von den beiden Flüssen Große und Kleine Savica. Die Fahrt dorthin gestaltet sich etwas aufwendiger. Von Norden erreicht man ihn über den Karawankentunnel und vorbei an Bled. Von Villach sind es knapp 80 Kilometer.

Ungetrübte Naturerlebnisse

Was diesen See so reizvoll macht, ist vor allem, dass seine Uferbereiche wenig bebaut sind. Am Südufer führt eine Straße von Ribcev Lac bis zur Ortschaft Ukanc, wo es auch diverse Lokale und Unterkunftsmöglichkeiten gibt. Am Nordufer gibt es nur Wald und einen Wanderweg. Wer den See mit seinem etwa 13 Kilometer langen Ufer umwandern will, muss wenigstens drei Stunden rechnen. Unterwegs

WOLKENMEER UNTERHALB DES GIPFELS DES TRIGLAV. MIT 2864 METERN IST ER DER HÖCHSTE BERG SLOWENIENS.

warten auch einige reizvolle Aussichtspunkte. Für Wanderer bieten sich zwei Parkplätze am Südufer und am Nordufer nördlich des Abflusses der Wocheiner Save unweit des Gedenkparks zum Zweiten Weltkrieg an. Zu den bekanntesten Sehenswürdigkeiten rund um den See gehört die mittelalterliche Kirche Johannes des Täufers am östlichen Uferbereich.

Großes Wassersportangebot

Besonders bei Wassersportlern ist der See beliebt. Man kann hier im kristallklaren, aber recht frischen Wasser schwimmen, mit dem Kanu oder Kajak fahren und sich selbstverständlich auch am Stand Up Paddle probieren. Dafür stehen am See mehrere Bootsverleihe und eine Kajakschule parat. Stand up Paddle kann man sich ebenfalls ausleihen oder an organisierten Touren teilnehmen. Wer es eher bequem angehen möchte, fährt von Ribcev Laz mit dem elektrischen Ausflugsschiff über den See und genießt das Panorama, legt vielleicht eine Pause am anderen Seeufer ein und verbindet dies mit einer etwa halbstündigen Wanderung zum spektakulären Savica-Wasserfall. Mountainbiker kommen bei Touren in den Triglav-Nationalpark voll auf ihre Kosten.

Unterkünfte in jeglichen Kategorien

Wer einen längeren Aufenthalt am Wocheiner See plant, findet eine gute Auswahl an Unterkünften jeweils am West- und am Ostufer. Am Ostufer ist die Auswahl mit mehreren Häusern im Drei- und Viersternebereich etwas größer. Am ruhigeren Ostufer gibt es einige Pensionen, Ferienwohnungen und die reizvollen und komfortablen Alpik Chalets. Direkt am See gäbe es dann noch einen Campingplatz, nur ein paar Meter von der Talstation der Seilbahn entfernt.

DER VOGEL HAT VIELE QUALITÄTEN

Der Vogel – man spricht ihn Wogel aus –, was so viel wie Ecke bedeutet, ist der bekannteste Gipfel rund um den See. Das hat mit der Seilbahn zu tun und mit dem kleinen Skigebiet, das bis kurz unter den 1922 Meter hohen Gipfel reicht. Im Sommer nutzen die Gäste die Bahn mit den großen Kabinen für Ausflüge zur Bergstation auf 1537 Metern. Dort oben gibt es viele Optionen: von Wanderungen zu besonders schönen Aussichtspunkten, über einen archäologischen Themenweg bis zu einer Almkäserei. Für Sportler steht ein Bike Park zur Verfügung. Dazu zieht es auch Drachen- und Gleitschirmflieger hinauf zum Berg. Mountainbiker können sich die steile Auffahrt sparen und oben ein Bike leihen. Oben kann man gut einkehren und in Chalets oder einem Hostel übernachten.

WEITERE INFORMATIONEN

Triglav National Park
Ljubljanska cesta 27
SI-4260 Bled
Tel. 00386 4 578 0200
www.tnp.si

REGISTER

BILDNACHWEIS

Innenteil:

4l. TVB Oberbayern/Peter von Felbert, 12, 13o. Sonnenalp Resort, 13u. Guenter Standl, 14, 15o., 27, 45o., 48, 49o., 49u., 52 re., 52li. 54, 55o., 55u., 68, 70, 71u., 78re., 80, 81o., 81u., 89o., 137u. Georg Weindl, 16 Schloss Elmau, 17o., 17u. Das Kranzbach, 18 TVB Oberbayern/Peter von Felbert, 20, 21 TVB Oberbayern/Peter von Felbert, 22 Forsthaus Adlgass, 23o., 23u. Chiemgau Tourismus, 25 Berchtesgadener Land Tourismus, 31u. www.koerbersee.at, 33u. © Golm Silvretta Lünersee Tourismus GmbH Bregenz, Stefan Kothner, 36, 37o. Achim Meurer, 43u. Christian Mair, 45u. Hasibeder Chris, 47u. Gabriele Griessenboeck, 53 ZVB Hochpustertal, 56 Stiegl-Gut Wildshut/Marco Riebler, 57o. Wildshut Bassler, 61 Selina Flasch, 63u. Ingo Pertamer, 65o., 65u. Ammererhof, 66 Heinz Mayer (Nationalpark), 67 Kärnten Werbung, 71o., 73u. slowfood travel24_wolfgang, 72, 73o. ©almwellness.com, 74, 75 Alpinhotel Pacheiner, 78li. TVB Ausseerland, 79 Hotel Wasnerin, 83u. Hochberghaus, 85u. @Murauerbier, 98/99o. San Luis Hotel, 99u. TV Hafling-Vöran-Meran 2000 /Marion Lafogler, 102 Stefano Scatá, 103o. CHENG_Meng, 111u. Gasthof Kohlern, 117u. kuerbishof.it, 124, 125o., 125u. Villa Tempesta (Fabio Staropoli, fotofiore.com), 130, 131o., 131u. Nicola Angeli, 143o. FVB Turismo, 146, 147 Bürgenstock Hotels & Resort, 162, 164 fondazione monte verità, 183u. Olivier Walther, 163o. Capanna Cadagno, 165o. Stiftung Monte Verita, 170, 171o. Whitepod Eco Luxury

Shutterstock:
S. 1 (Denis Belitsky), 15u. (Chris Redan), 19u. (footageclips), 24 (Taiga), 26li. (Animaflora Pics Stock), 26re. (Harald Muc), 30 (bikemp), 31o. (Phillip Minnis), 34, 35o. (Marco Taliani de Marchio), 35u. (Yulia Furman), 37 u. (Chamille White), 38, 39o. (Santi Rodriguez), 39u. (mindscapephotos), 40 (Labutin.Art), 4m, 41 (Simon Dannhauer), 42 (Torben Knauer), 43o. (Trambitski.), 44 (Filip Fuxa), 46 (sasimoto), 47o. (matti12seven), 50 (simlinger), 51 (inavanhateren), 57u. (Patrick Daxenbichler), 58 (Martin Erdniss), 59 (Andreas Krumwiede), 60re. (Martin Erdniss), 60li. Geertvan Keymolen, 63o. (Uta Scholl), 67u. FooTToo, 69re. (trabantos), 76 (David_Chrastek), 82 (Mykhailo Brodskyi), 83o. (fivetonine), 84 (Travellaggio), 85o. (Menno van der Haven), 86 (David Irlweg), 87o., 89o. (Karl Allen Lugmayer), 87u. (Richard Semik), 88 (Jakub Zdeblo), 89u. (staclu), 90 (Edler von Rabenstein), 4r., 92, 159o. (Chris Rinckes), 93o. (Claudio de Luongo), 93u. (moreimages), 94 (Fabio Lotti), 95o. (Stefan Rotter), 96 (Editz Czech), 97o. (GTK), 97u. (Image Source Trading Ltd), 100 (ReneGamper), 101o. (TavaS), 101u. (Armin Terzer), 103u., 105o., 113u. (lorenza62), 104 (stefano cellai), 105u. (Karl Allgaeuer), 106 (Martin Froyda), 107o. (DaLiu), 107u. yangshuo, 108, 109u. (Hanna Gottschalk), 109o. (RudiErnst), 110 (bikemp), 111o. (saiko3p), 113o. (by Paul), 114 (CreaForge), 115u. (Volker Rauch), 116 (LuX Clara), 118 (Andrew Mayyovsky), 120, 123u. (Michele Vacchiano), 121 (Simone Felisati VM), 122 (Andrew Mayovskyy), 5m, 123o. (pixelshop), 126 (Stefano_Valeri), 127o. (Mattia Riccadonna), 127u. (Luca Giubertoni), 128 (Andrea Berg), 129o. (Merlino82), 129u. arjma, 132 (Dario Racane), 133o. (LianeM), 133u. (Alberto Masnovo), 134 (REDB4), 135o. (Maurizio Sartoretto), 135u. (Frimu Films), 136 (Sergio Delle Vedove), 137o. (Tommaso lizzul), 138, 139o. (Taljat David), 139u. (Aydin Hassan), 140, 141u. (pio3), 141o. (Marco Taliano de Marchio), 142 (Elisabetta Danielli), 143u. (Nathalie Thai), 148 (Rasto SK), 149o. (David Young), 149u. (Eder), 5r, 150 (Rebecca Schreiner), 151o., 151u. (Benny Marty), 152 (michelangeloop), 153o. (Alberto Masnovo), 153u. (mapman), 156 (Paolo Bona), 159u. (Racoonbtc), 160 (Hoppe, Steffen), 167 (Jojo Photos), 169o., 169u. (Stefano Ember), 171u. (supergenijalac), 172/173 (Ben Gingell), 174 (EQRoy), 175o. (Mario Krpan), 175u. (Christian Guerra), 176/177 (Pete Stuart), 178 (Hobby Snapper), 179o. (pedrosala), 179u. (Lorena Montoya), 180 (Celli07), 181o., 183u. (vouvraysan), 181u. (lukaszimilena), 182 (Margarita Hintukainen), 183o. (sigurcamp), 184/185 (Jenny Sturm), 186 (Gaspar Janos), 187o. (Dziegler), 187u. (Gunter Nuyts), 188 (zkbld), 189o. (Foto Matevz Lavric), 189u. (Olga Koberidze)

Lookphotos:
S. 2/3, 9u. (Mueringer, Christian), 8, 9o., 64, 95u., 144/145, 165u. (Strauß, Andreas), 10/11 (Mayer, Norbert L.), 28/29 (Bischof, Manuel), 32 Mirau, Rainer, 33o. Greune, Jan, 112 (© lookphotos / ClickAlps), 115o., 117o. (Seehauser, Othmar), 154, 155o. (Kürschner, Iris), 155u., 158, 168li. (clickalps), 157o. (Haug, Arnt), 157u. (look/Jalag/Standl, Günter), 166, 168re. (Wothe, Konrad),

Umschlagvorderseite: Die Marienkriche am See Bled in Slowenien, mit dem Schloss Bled und den Julischen Alpen im Hintergrund (zgphotography / Adobe Stock).
Umschlagrückseite (v.o.l.n.u.r.): Am Gasthof Kaiserhaus wird Tradition noch gelebt (Georg Weindl); die schöne österreichische Stadt Murau (Travellaggio/shutterstock); am San Pellegrino Pass weiden die Kühe ganz entspannt (Nicola Angeli); der Holzhafen in Talloires am Annecy-See (ukaszimilena / Shutterstock).

Der Autor:
Georg Weindl arbeitet als Journalist in den Bereichen Touristik und Wirtschaft für verschiedene Tageszeitungen und Magazine. Vor allem Südtirol und Italien gehören zu seinen Spezialgebieten, in denen er mehrere Monate im Jahr verbringt. Neben zahlreichen Artikeln hat er dazu auch mehrere Reisebücher geschrieben.

IMPRESSUM

Verantwortlich: Carola Holzer
Redaktion und Satz: Clemens Hoffmann
Korrektorat: Mareike Weber
Layout: Octaviz Studios, Tanja Clauss
Umschlaggestaltung: Regina Degenkolbe
Repro: LUDWIG:media
Kartografie: Huber-Kartographie, Heike Block
Herstellung: Alexander Knoll
Printed in Slovakia by Neografia

Sind Sie mit diesem Titel zufrieden? Dann würden wir uns über Ihre Weiterempfehlung freuen.
Erzählen Sie es im Freundeskreis, berichten Sie Ihrem Buchhändler, oder bewerten Sie bei Onlinekauf. Und wenn Sie Kritik, Korrekturen oder Aktualisierungen haben, freuen wir uns über Ihre Nachricht an Bruckmann Verlag, Postfach 40 02 09, D-80702 München oder per E-Mail an lektorat@verlagshaus.de.

Unser komplettes Programm finden Sie unter 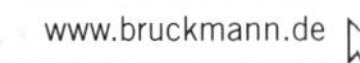

Alle Angaben dieses Werkes wurden von den Autoren sorgfältig recherchiert und auf den neuesten Stand gebracht sowie vom Verlag geprüft. Für die Richtigkeit der Angaben kann jedoch keine Haftung übernommen werden, weshalb die Nutzung auf eigene Gefahr erfolgt. Sollte dieses Werk Links auf Webseiten Dritter enthalten, so machen wir uns die Inhalte nicht zu eigen und übernehmen für die Inhalte keine Haftung.

In diesem Buch wird aus Gründen der besseren Lesbarkeit das generische Maskulinum verwendet. Weibliche und anderweitige Geschlechteridentitäten werden dabei ausdrücklich mitgemeint, soweit es für die Aussage erforderlich ist.

Die Deutsche Nationalbibliothek verzeichnet diese Publikation in der Deutschen Nationalbibliografie; detaillierte bibliografische Daten sind im Internet über http://dnb.d-nb.de abrufbar.

Infanteriestraße 11a, 80797 München
ISBN 978-3-7343-2328-7